本书是以下项目研究成果：教育部人文社会科学研究青年基金项目（项目编号：17YJCZH178）：基于社交网络大数据的网络舆情涨落机制研究。

教育部人文社会科学研究规划基金项目资助
（17YJCZH178）

基于网络大数据的网络舆情涨落分析方法与机制研究

王贤明◎著

经济日报出版社

前　言

本专著系统研究了基于网络大数据的网络舆情涨落分析方法。内容方面主要是围绕着网络舆情的涨落研究而系统展开的。具体来说包括以下几个方面。

1. 网络舆情的含义和媒体平台特性研究。作为大数据处理的前置环节，结合前人的研究成果和客观实际情况，笔者对网络舆情的含义进行了解读和延展，并对各大媒体平台进行了较为深入的研究，提出了一些新的观点，例如操作代价和操作收益等。

2. 网络数据抽取研究。作为大数据研究的基础，自动化的获取和对网络数据的处理是研究者的一种必备技能。因此笔者将深入地研究各类网页的信息提取及结构化处理方法。主要包括基于逻辑链接块的网页正文抽取、多特征融合的网页正文抽取等。

3. 网络舆情热点识别研究。舆情研究必须找到研究的对象，因此通过机器自动化识别网络舆情热点就成为舆情涨落研究的基石。网络舆情热点识别最重要的方面之一即文本聚类分析。在该部分我们研究了基于随机 n-Grams 文本相似度计算的随机策略以及相应的文本聚类方法。

4. 网络舆情数据的网络分析及内容分析研究。网络分析和内容分析是舆情研究的两个极其重要的方面。针对这两个方面，笔者在前人研究的基础上做了有益的尝试和探索，并分别提出了基于词项距离的共现分析法和基于网络拓扑和权值的虚拟团伙识别方法。

5. 网络舆情的涨落研究。针对舆情的涨落研究，基于前述各个方面的研究，笔者提出了多维度的舆情演化研究范式，并将舆情的研究归结为时间维度、用户维度、媒体维度、内容维度等几个方面。

6. 网络舆情的案例研究。在本书的多个章节，笔者利用相关知识，列举了多个应用案例研究。如第 3 章基于内容抽取的应用案例研究，第 5 章基于社交网络相关知识的应用案例研究等。

7. 网络舆情中形形色色的安全问题研究。在此部分，笔者对网络舆情相关的安全问题从三个方面进行了阐述，分别是网络舆情载体平台的安全问题、网络舆情载体的内容安全问题以及基于网络舆情载体的信息隐藏安全问题。其中网络舆情载体的信息隐藏安全问题，此前在舆情研究中一直没有受到应有的关注。

本书是笔者主持的“教育部人文社会科学研究青年基金项目（项目编号：17YJCZH178）：

基于社交网络大数据的网络舆情涨落机制研究”的研究成果。因此感谢教育部人文社科基金对我的资助，使得笔者可以潜心地进行项目研究。

另外，基于本项目的研究和积累，笔者申报的国家社科基金项目“基于网络舆情大数据的主流媒体公信力和影响力测度及其建设研究”成功获得立项。由于两个项目在基本技术和数据集上存在一定的重叠，因此本书也是笔者国家社科基金项目的阶段性成果。

最后，感谢我先后工作过的温州大学和温州理工学院为笔者提供了良好的办公环境，使得我可以在工作之余安心写作而不受干扰。

目 录
CONTENTS

1 引论

1.1 舆论

舆论是一个历史悠久的词语，其不仅是诸多社会科学相关学科中的重要概念，也是日常生活中的高频词汇。在西方，学界公认舆论最早是由法国思想家卢梭在1762年出版的《社会契约论》中提出并进行深入阐述的。在我国，据赵锡元（1999）考证，该词最早于三国期间出现。虽然其出现时间早、使用广泛，且不同时期的多位专家学者都对其进行了定义，然而至今仍没有一个公认的定义。中国社会科学院语言研究所词典编辑室（2012）编写的《现代汉语词典》对“舆”的释义为“众多，众人的”，对“舆论”的释义为“公众的言论”，该释义包含了其最核心的含义。更为全面的诠释，则需要参阅一些专业性文献。

由甘惜分教授主编并于1993年出版的《新闻学大辞典》，其中对舆论的定义是：社会或社会群体中对近期发生的、为人们普遍关心的某一争议的社会问题的共同意见。并提出构成舆论的三个要素是：（1）必须有一个现实的，有争议的公共问题，这个问题与人们的现实利益、社会关系、社会观念的相关程度足以引起人们的普遍关注；（2）必须有相当多的个人对这个问题表明态度或发表意见，经过这些众多的个体意见的充分互动，最终达到某种为一般人普遍赞同、且能在心理上产生共鸣的一致性意见；（3）这种一致性的意见，对公共问题的存在和变化及与此相关的人们的行为能产生直接或间接的影响，即产生某种实际效力。20余年后，由甘惜分教授担任顾问，由童兵担任主编的《新闻传播学大辞典》，仍然维持了舆论的这一定义。

以辞典的权威性地位，该定义却并没有被广泛引用。这充分表明了这样一个看似普通的词汇，界定其内涵也并不是一件轻松的事情。其他各种定义也如雨后春笋般地涌现了出来。

刘毅（2007）广泛总结了当时舆论的各种定义，并总结出舆论的共同点：（1）舆论是多数人的意见；（2）舆论是共同的、一致的意见；（3）舆论是经过各种形式公开发表的意见。可以说，该总结以及大方向与该总结一致的定义都是值得商榷的，甚至是存在硬伤的。显然，舆论既不一定是一致的意见，也不一定是大多数人的意见。不然舆论也无须引导，或者去制造新的舆论干扰现有舆论。舆论指向公开意见或者公开言论是较为常见的，也是合理的。但是公开不代表多数人认可。现实中，常有少数人的怪异舆论，经过各种策略手段，将大众带偏，当然也存在引导失败，被网民骂得狗血喷头。不管是哪种情况，都表明上述论断是值得商榷的。

侯东阳（2009）认为舆论是公众对新近大家普遍关心或感兴趣的事件和问题公开发表的意见。刘建明等（2009）将舆论分为狭义和广义两类，其中狭义概念是指对某种舆论而言，即在一定社会范围内，消除个人意见差异、反映社会知觉的多数人对社会问题形成的共同意见。广义上的概念是指社会上同时存在的多种意见，各种意见的总和或纷争称作舆论。段然（2019）对该词的历史、与西文“public opinion”语义的接引及其内涵的演进做了极为详尽的阐述，同时也重点讨论了不同时期的专家学者对待舆论作用的态度。陈力丹（2012）的定义是“舆论是公众关于现实社会以及社会中的各种现象、问题所表达的信念、态度、意见和情绪表现的总和具有相对的一致性、强烈程度和持续性，对社会发展及有关事态的进程产生影响。其中混杂着理智和非理智的成分。”谭伟（2003）总结了若干舆论定义的要点并给出了其定义，“网络舆论就是在互联网上传播的公众对某一焦点所表现出的有一定影响力的、带倾向性的意见或言论”，同时总结了舆论的一些特征。李昌祖等（2009）将舆论定义为“社会民众参与社会生活过程中所产生的一种社会政治态度，它必须是集合化了的公众意见”。张志安等（2016）则认为“舆论，一般指公众针对公共事务相对一致的看法和观点，与民意有共通之处”。

陈力丹（2012）总结提出了舆论的八要素，即舆论的主体——公众；舆论的客体：现实社会，以及各种社会现象、问题；舆论自身；舆论的数量；舆论的强烈程度；舆论的持续性（存在时间）；舆论的功能表现：影响舆论客体；舆论的质量：含有理智与非理智成分。

虽然舆论是一个历史悠久的词汇，但是它单独作为一个学科研究领域，却是从现当代才开始的。舆论研究历史上的奠基作品当数美国著名学者、普利策新闻奖获得者沃尔特·李普曼（Walter Lippmann）教授于1922年出版的《Public Opinion》，该书在国内已有多个译本。

国内关于“舆论”的研究，时间早且数量多。按照检索到的数据，最早的论文发表于1920年（罗素、徐甘棠，1920）。近年在国家社科基金、国家自然基金等的资助下，相关研究呈井喷式增长后就一直维持高位。其在中国知网的各类文献量如图1–1所示，近数十年文献的具体趋势如图1–2所示。

图 1–1 中国知网“舆论”相关文献概况

从图可见，舆论研究在20世纪80年代后期达到了一个小高峰，此后自90年代初开始就一直处于上升态势，尤其是在21世纪最初的10年呈现井喷式发展，此后除了2016年出现一个明显的峰值，其他年份都维持在一个相对稳定的高位状态。因此可以说，舆论研究趋势体现出了一种思想解放的态势。

图 1–2　中国知网“舆论”相关文献发表趋势（年）

关于舆论，其具体研究内容主要包括舆论引导（邓新民，2003；方雪琴，2004）、舆论监督（郭镇之，2000；陈力丹，2003）等。国内的知名研究团队或代表人物包括中国人民大学陈力丹、刘保全、郑保卫，复旦大学童兵、张涛甫，中国传媒大学王灿发、赵新利、王永亮，南京大学丁柏铨、双传学，南京师范大学靖鸣、顾理平，中国社会科学院尹韵公、黄楚新、孟威，华中科技大学赵振宇，清华大学刘建明等。

1.2 舆情

与舆论类似，舆情也是一个历史悠久的词语。舆情虽然起源早，然而在国内研究的兴起则比较迟。据刘毅（2007）考证，“舆情”最早出现于唐昭宗在乾宁四年（897 年）的一封诏书，诏书表述为：“朕采于群议，询彼舆情，有冀小康，遂登大用”。宋焕斌等（2011）等认为西方的舆情研究起源于古希腊的民主政治研究，现代西方对舆情的研究则主要通过民意来进行。中国古代的舆情思想则主要起源于先秦时期的民本论思想。

舆情的定义也较多，不过舆情至今也尚无公认的定义。

《现代汉语词典》对其释义为“公众的意见和态度”。学界的定义虽然千差万别，但是基本都包含了这一要义。其中，最为简单的理解是“网络舆情，舆者，舆论也；情者，情况矣。”（苏云升、周如俊，2005），即将舆情理解为“舆论情况”，这种理解显然颠倒了舆情和舆论之间的逻辑关系，无法令人信服。刘毅（2007）大量考证了当时多种网络舆情的定义，并提出了他的看法：舆情是由个人以及各种社会群体构成的公众，在一定的历史阶段和社会空间内，对自己关心或与自身利益紧密相关的各种公共事务所持有的多种情绪、意愿、态度和意见交错的总和。约 10 年后，由童兵教授主编的《新闻传播学大辞典》，采用了与苏云升同样的定义，并集成了刘毅的定义解释，其完整的表述为：舆论情况的简称，泛指公民社会中的公民意见，也可称为群众看法、群众意见，简称群情、民情。指在一定公共社会系统中或空间内，民众主体围绕相关共同关注的客体事件产生的态度和意见及这种态度和意见的发展和变化情况，尤其是指相关大多数人对社会管理层面及政治价值取向的态度，是他们表现出的信念、态度、意见和情绪等的总和。齐中祥（2015）则认为：“舆，公众也；情，情绪也”，亦即公众的情绪，这个定义还是有一定道理的。流传较广的定义来自王来华（2003）编写的国内第一部舆情专著《舆情研究概论——理论、方法和现实热点》：“舆情是指在一定的社会空间内，围绕中介性社会事项的发生、发展和变化，作为主体的民众对作为客体的国家管理者产生和持有的社会政治态度。”不过该定义将舆情限定得过于狭窄，将舆情的全部内涵归结于民众的社会政治态度，在无形之中，舆情的外延被缩小了（丁柏铨，2007）；张元龙（2009）同样表达了对舆情狭义定义的不赞同，并提出了其舆情的“五体说”，即舆情主体、客体、激体、本体、承体；张云龙逻辑构件上的考虑还是值得肯定的。

与“舆论”相比，国内关于“舆情”的研究，由于时间晚，数量也少得多。检索到的最早文献发表于 1992 年（吉小安、龙克虎，1992），若不限定标题，则检索到的最早文献发布于 1949 年（杜若，1949）。在中国知网的各类文献量如图 1–3 所示，具体趋势如图 1–4 所示。

图 1–3 中国知网“舆情”相关文献概况

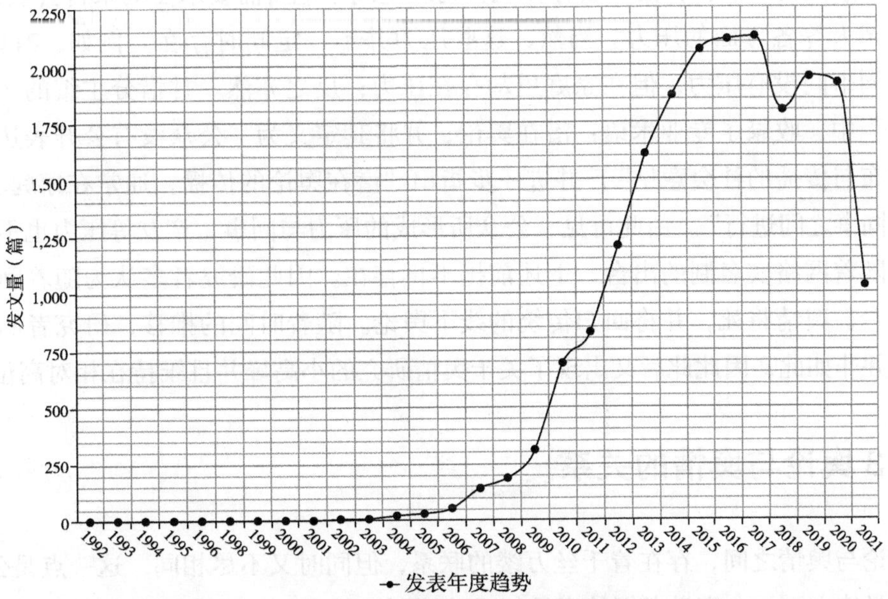

图 1–4 中国知网“舆情”相关文献发表趋势（年）

对比“舆论”的相关文献，两者还是有明显区别的。舆论相关的学术期刊和报刊文章明显多于舆情。在标准方面，舆情为0，但是舆情的相关成果却多于舆论。标准意味着研究的成熟，可见舆情相较于舆论，是一个更为年轻的研究领域，但舆情领域相关成果却较多，意味着近些年舆情研究是一门正在蓬勃发展的领域。

顺便提及一个令人意外的事，甘惜分教授主编的《新闻学大辞典》收录了舆论，却没有“舆情”一词。以甘惜分教授的资深业内地位和庞大而豪华的编写队伍，却没有收录“舆情”，也从另外一个侧面印证了舆情研究较舆论研究的滞后性。这个时期舆情研究还未走入公众视野，学界也并未关注。多年后，由甘惜分教授担任顾问，由童兵担任主编并于2014年出版的《新闻传播学大辞典》中，才收录了“舆情”，而此时已经是舆情研究的黄金时期。

对比图1–2和图1–4，有一个共同的特征，即对“舆论”和“舆情”的研究都在2017—2018年前后大幅降温，这或许与2017年出台的《互联网跟帖评论服务管理规定》和《互联网论坛社区服务管理规定》，亦即最早由清华大学李希光所提出的“网络实名制”有关。网络空间和物理空间本来是两个并行的空间，虽然在多方面存在信息流动且具有一定的对称性，但其最主要的空间实体——人，却基本没有对称关系。假如我们将网络空间视为物理空间的一面镜子，透过这面镜子，我们可以看到现实物理社会中的很多物体和事件，但唯独在人的方面，我们无法在两个空间中找到人的对应关系。例如，可能我们在网络中看到了一个能言善辩的知名账号，然而我们不知道在现实物理空间中他具体是何人，或者是不是也如此的能言善辩。甚至有可能这个网络上能言善辩的大V就是我们身边某一位沉默寡言的不起眼的人物。正因如此，人人都可以在网络上畅所欲言，而不会存在现实物理空间中他所需要承受的来自公众、同事、领导、亲人等各方面的压力。当然，这些压力并不一定同时存在。例如，有些观点、事件在同事间没有压力，但在家庭里却存在压力；反之亦然。甘惜分主编的《新闻学大辞典》中，收录了专业术语：潜在舆论，并将其定义为“公众没有公开表达，只在私下散布与传播的社会意见”，并进一步指出“潜在舆论的传播，通常在家庭、亲友、邻里或同事之间进行”。由此可见，公众所形成的压力与同事、亲友等压力也不一样。

但随着网络实名制的出台，上述前提不再存在。因此研究者多认为随着网络实名制的出台，舆情将死，并将回归传统的线下舆论。随着时间的推移，研究者们发现实际情况并非如此，因此此后又出现了关于舆情研究的小高峰并且维持在相对高位上。

1.3 舆论与舆情的关系

舆论与舆情之间，存在着千丝万缕的联系，但同时又不尽相同，这一点是公认的。不过在具体方面，专家学者们的意见却千差万别。

王来华等（2004）认为舆情包括公开和不公开的部分，而舆论则是公开的；舆情有自身的社会心理构造，而舆论则不强调这一方面；舆情侧重于民众对社会各具体事务的情绪意见等，而舆论则有国家和公众之别。4年后，作者继续强调了两者的如上不同，并更进一步指出了网络舆情和舆论之间的相互转换问题（王来华，2008）。

刘毅（2007）总结对比了大量舆论和舆情的定义，给出了舆论和舆情的区别。其核心要旨包括：（1）舆情的范围广于舆论，因为舆情是包含多种情绪意见等的总和，舆论只是一类意见而已；（2）舆论需要经过表达，而舆情则可以内隐；（3）舆情内隐，其通过调查而外显，舆论就包含于外显之中；（4）舆论强调共同意见，而舆情强调不同意见的集合。不过，笔者前面已经论及该文中对舆论界定存在瑕疵，因此这种对比也仅作一家之言。

张元龙（2009）认为，舆情发展到高级阶段就会变成舆论，也就是舆论是舆情的高级形态。该论点在逻辑上是没问题的，不过所谓的高级形态说却并不具有说服力。

南京大学新闻研究所丁柏铨教授（2007）认为：舆情即民意情况。舆论与舆情之间既有联系也有区别。舆情常常借助于热门话题而形成或体现，但它并不是热门话题本身。并将舆情和舆论的相同之处总结为4个方面：（1）它们都是人类特有的精神现象，都具有社会政治、文化和心理方面的内涵；（2）它们涉及的客体都是人们的社会生活，且以热点问题和人们切身利益问题为主；（3）它们都与人们的群体性心声和意愿密切相关；（4）舆论基本都基于相应的舆情。将不同之处总结为3个方面：①主体差异，舆论主体可以是官方，也可以是民众，而舆情的主体是民众；②内涵差异，舆情重“情”，即重在客观形态的状况。而舆论重“论”，即议论活动；③存在形态差异，舆论形态为公开表达的意见，而舆情不一定是。应该说此处的总结总体上还是到位的。

李昌祖等（2009）则提出了舆情和舆论的4个相同点和4个不同点。4个共同点是：（1）两者本质一致，它们都是民众参与社会公共事务的公众态度，是民众对某一社会公共事务的意见的集合体。（2）两者都是一种公开的言论形态。（3）两者的运行状态是一致的，其运行都是封闭的循环系统，也是一个信息运行的过程。两者的运行过程都可以分为起始、扩散和整合三个阶段，且在这三个不同阶段中，信息的流转是按照不同的要求在传递。（4）两者的运行都需要依托载体，现代舆论已经脱离口口相传的模式，步入互联网时代，因此网络成为两者共同的载体。4个不同点是：（1）两者的客体不同，并将舆情的客体限定为治国理政的国家管理者，而舆论的客体还包括非公权力的运行主体，如企业等。（2）两者产生的内容不同，李昌祖等提出刺激舆情产生的内容就是将合法公权力非法行使的行为；而刺激舆论产生的内容还应该包括社会公共领域中的社会管理行为和公众关注的人物、事件、现象、问题甚至观点所引发的言论内容。（3）两者产生的机制不同，李昌祖等提出舆情的产生机制是一种特定的具体事件的刺激反应，具有即时发生、反应针对性强和反应强度大的特点。同时他们提出舆论产生除了上述特点外，并没有具体特定事件的刺激，是民众纯粹出于自我参与社会意见的需求反应。（4）应对要求及其强度不同，李昌祖等提出了舆情应对是政府部门的职责所在，应对必须专业化并具有即时性，具有较高的强度。而舆论则要求的程度较低。

上文所总结的共同点，整体上还是合理的。其不同点的总结主要是基于狭义的舆情定义，有很大的值得商榷的空间，也与目前被广泛接受的舆情外延不同。

如前文所述，虽然舆情和舆论内涵外延都不尽相同，网络舆情和网络舆论也同样如此。不过，抛开对基础概念的论述，在具体的研究方面，网络舆情和网络舆论的研究其实基本是同质化的。因此在下文论述中，若不是很有必要，则不再做过多区分。

1.4 广义舆情

1.4.1 舆情的定义

广义舆情也被多位研究者提过，例如张克生（2004）将广义舆情定义为“国家决策主体在决策活动中必然涉及的、关乎民众利益的民众生活（民情）、社会生产（民力）和民众中蕴藏的知识和智力（民智）等社会客观情况，以及民众在认知、情感和意志基础上，对社会客观情况以及国家决策产生的社会政治态度（民意即狭义舆情）”；蒋乐进的广义网络舆论定义是“网络舆论就是依靠网络作为传播渠道而形成的舆论，或者说公众通过网络传播媒介而形成的舆论”。虽然都是力图扩展舆情范畴，但是大家的意见并不一致。

结合多年对网络舆情的研究，我们提出了对舆情的广义理解方式，也是一种对网络舆情全方位的解读。当然，提出如下理解，一方面是基于自己长久以来积累的理解所致，另一方面也是出于对实际工作的总结。

我们认为：所谓舆情，就是民众对环境刺激的一种反应。

基于上述定义，也可以直白地讲，所谓舆情，就是大众的情况。即将“舆”解释为“大众的”，这与目前普遍的解释一致；将“情”解读为“情况”，这个词看似普通，但是其覆盖面却很广，即大众对当前环境的应激情况。齐中祥（2015）将其解读为“情绪”，的确有一定的道理，尤其是限定在狭义的舆情概念下，这么解释是完全没有问题的。然而，在广义的舆情概念下，情绪的覆盖面有限，无法囊括舆情方方面面的情况。

基于上述定义，也可以给出狭义的舆情定义。即，通常意义上狭义的舆情，可以理解为民众对特定环境下特定事件的反应。

此外，围绕舆情还有几个常用名词，例如敏感舆情，热点舆情。其中敏感舆情，是针对舆情关注者而言的。因此，关注者不一样，则舆情的敏感程度也会不一样。通常层面的敏感舆情都是站在社会管理方（如政府部门）的角度来讲的。热点舆情则是针对舆情的热度而言的。敏感舆情和热点舆情之间没有必然的联系，敏感舆情不一定是热点舆情，热点舆情也不一定是敏感舆情。

下面，我们将从多个角度来展开阐述。

1.4.2 反应

前文中，我们将舆情定义为民众对环境刺激的一种反应，其主干也就是“舆情是反应”。那么哪些是反应呢?

民众对环境刺激的反应，亦即民众对环境刺激所持的观点、态度、情感或所做出的行动。而这些可以通过多种方式表达出来。这种反应可能呈现为文字、图像、声音、音频、视频、情绪（表情、氛围等）、动作等多种形式。

虽然民众反应的形式多样，但是只有以数字化存储的数据才适合进行分析。例如文字、图片、音频、视频等。其中尤其以文字最为常见，这也是接下去讨论的重点舆情载体类型。

在民众的反应中，亦即各类信息中，有些是广受关注并被广为传播的，这类舆情信息称为明舆情信息。聚合概念的“舆情”的聚合对象往往就是明舆情信息。此外，更多的信息则是“默默无闻”的，它们未被发现或者未被传播，从而也不会得到关注，这类舆情信息称为暗舆情信息。暗舆情在一定的环境条件下，是可能向明舆情转化的。

另外，从上面我们也可以看出，将舆情的“情”理解为情绪是不完善的。

最后，需要特别交代的是，严格来讲，数据和信息是两个不一样的概念，也是不同层面的概念。不过信息由数据来表达，数据中包含信息。因此在下文论述中，虽然更多地使用了“舆情信息”这一表达，但也可能根据具体情况，使用“舆情数据”。虽然其微观含义不同，但是在宏观理解上，将其等同对待并不会有太大问题。

1.4.3 环境

舆情不是凭空产生的，其存在和传播也离不开一定的环境（下文有时也会称为环境空间或空间）。所谓环境，就是由一定的时间、空间、心理要素及周边或当时的各种自然和社会要素所确定的。因此环境是一个含义覆盖范围很广的概念。根据研究目的和场景的不同，我们往往仅仅只是关注环境的某一个或几个侧面，而非全部。下文在没有特别分析目标而举例时，往往会把环境限定在某个空间和某个时间，“此时此刻、此情此景”就是对环境最简单的诠释。环境是舆情赖以生存和传播的基础性条件。舆情研究中的环境，可以从多个视角或层次来认知。视角和层次不同，环境也将不同。其分类也将不同，常规的分类如下。

从虚实来看，可以将其分为真实环境和虚拟环境。其中沃尔特·李普曼（2018）所提出的“拟态环境”可以被认为是一种虚拟环境。

从规模来看，可以分为宏观环境和微观环境。

从共享性来看，可以分为共享环境和私密环境。共享环境为多个个体或者群体所共享的环境，而私密环境则是为个体所独有的环境，因此对每个个体而言，环境必然是不同的。

从研究对象所处环境的叠合性来看，可以分为部分叠合环境、包含叠合环境、完全叠合环境和全空叠合环境。其中，部分叠合、包含叠合、完全叠合都是存在叠合的情况，即叠合非空；全空叠合则是不存在叠合的情况。实际中以部分叠合最为常见，即研究对象所处环境存在一定的重叠但又不完全相同。完全叠合只是一种理想状况。如图 1–5 所示。

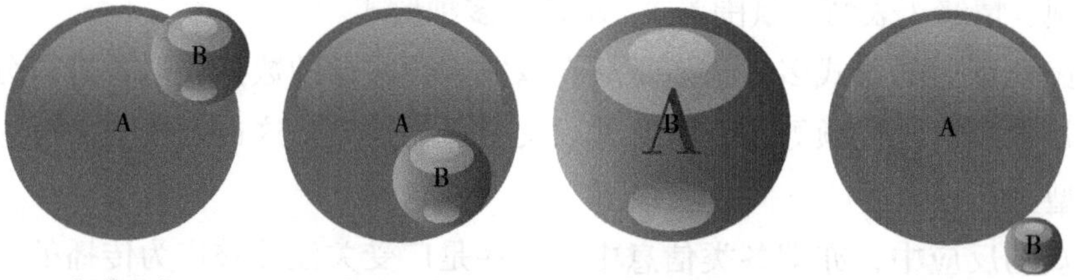

图 1–5　叠合环境的种类

以常说的“同一个世界，同一个梦想”为例。“同一个世界”是一种共享环境、宏观环境、物理空间环境。“同一个梦想”则是一种虚拟空间环境。出自宋代陈亮《与朱元晦秘书书》的“同床异梦”，“同”字表达的是一种完全叠合的环境，而“异”字传递的是一种全空叠合环境的意思；若按字面意思来理解，“床”表达的是一种真实的物理环境，而“梦”表达的是一种虚拟环境。

作家杨绛曾写过一句话：“当你身居高位时，看到的都是浮华春梦，当你身处卑微时，才有机缘看到世态真相。”这表达的就是即使身处同一个宏观的物理空间环境，但只要个体局部环境不同，就可能呈现不同的认知框架。环境的改变，某些社科领域的知名理论也会失效，如“沉默的螺旋”（郭小安，2015）。

环境往往也是相互影响的。这种影响方向主要是宏观环境影响微观环境、真实环境影响虚拟环境、共享环境影响私密环境。然而这也不是绝对的，反过来也是成立的。例如人们对外部世界地改造，我们就可以理解为是一个反向作用或反向影响。

环境是可以跨越物理时空的。即，即使时空发生了变化，舆情的反应也可以通过持久性存储和传播的舆情信息而得以延续并跨越时空。

1.4.4 刺激

刺激是舆情产生的源动力。刺激可以分为内部刺激和外部刺激，其中内部刺激主要是针对舆情信息的消费者或者生产者的私密环境而言，即舆情信息消费者或生产者所接收的信息与其固化信息的冲突激荡而形成。外部刺激的一般表现形式——事件，即因事件而产生刺激，因此可以说事件是舆情源。下文中，刺激和事件两种都会用到，其表意相同，不再特别交代。

与上文环境类似，事件可以分为物理事件和虚拟事件。物理事件是真实物理社会中所发生的事件；虚拟事件则非物理空间中的事件，往往来自虚构。例如网络中的虚构事件、电影中的虚构事件、书籍作品中的虚构事件等。特别地，有些事件的真伪无法确认，并且事件的真伪也不重要，但这并不妨碍其成为一个动力十足的刺激源。

示例：贾君鹏，你妈妈喊你回家吃饭

2009 年 7 月 16 日，一名网友在百度的魔兽世界贴吧发表的一篇标题为《贾君鹏你妈妈喊你回家吃饭》、内容为“RT（如题）”的帖子，具体可以参见网址 https://tieba.baidu.com/p/6195676507?red_tag=2097875313。

短短几个小时后，该帖子即吸引了数十万网友的关注或回复，并迅速引发了运营方的管控。随后几天时间内该帖的内容迅速出圈，成为网络流行语，贾君鹏也成为整个互联网的狂欢恶搞对象，甚至不少“贾君鹏”式的广告语、商品、公益活动也出现在网络上，至今网络中仍然散落着不少相关的图文资料。时至今日，在绝大多数回帖已被删除的情况下，贴吧上仍然保留了大量的回帖，并仍然会不时的被网友回复。

“贾君鹏”事件的真假已不可辨，虽然有不少网友对贾君鹏真人的存在性等好奇，但是整体上，这一事件在演化的过程中，网民并没有将关注重点放在事件真伪上。从该事件也可以清晰地看到刺激对于舆情演化的驱动作用。当然，也有不少专家表示，这也在一定程度上表明了网友内心的空虚，一个看似普通的小刺激，在其私密环境（魔兽游戏贴吧）中激起了一个极大的涟漪，最终形成一种现象并出圈，对更广泛的人群（社会各阶层）形成了刺激。

刺激与环境是息息相关的。当环境发生变化，可能我们平常所认为的“同一个刺激”，其实便不再是同一个刺激。音乐人伍洲彤说过：“其实每一首歌就是一个完整的生命。当你唱完一遍，这个生命就结束了。当你再去唱它的时候，是赋予了这首歌一个新的生命。”一首歌视为一个刺激，同一首唱两次，得到的是两个刺激，而不是一个。这是因为环境变了，至少时空要素就不会完全等同。

根据事件的表达，我们可以很容易地得出：事件是分粒度的，并具有多样化的呈现表达。即对于同一个客观存在或者虚拟的事件，站在不同的角度或层次，提取的要素往往不同。因此同一个事件，在不同的呈现下，可以被冠以不同的名称。

例如，假如某村的张三、李四斗殴，最终演变为两者所在的团体冲突。针对这一事件，可以描述为“张三李四斗殴事件”，也可以描述为“某村冲突事件”等。

1.4.5 舆情要素

如上舆情定义中，一个关键就是民众的反应。围绕着民众的反应，我们会产生如下几个问题，笔者将对各个问题进行展开与论述。

（1）民众为什么有反应？其直接原因是什么？民众之所以有反应，最直接的原因是他们从外界获取了舆情信息，并且该舆情信息在其心理环境中处于一种不均衡的博弈状态。

（2）舆情信息来自哪里？舆情信息不可能凭空产生，它们是由舆情生产者所生产的。

（3）舆情生产者为什么会生产舆情信息？之所以有舆情信息被产生出来，是因为有刺激产生，并且该刺激在生产者的心理环境中，建构了一个非平衡的博弈状态。

（4）仅仅只是刺激足够支撑舆情生产者的生产热情吗？这里有两个主要原因。俗语说“酒逢知己饮，诗向会人吟”。这其中的“知己”和“会人”正是舆情信息的消费者。正是这些消费者，使得期望通过环境获得认同或者和外界进行交流的舆情生产者有了生产热情。此为原因一。另一方面，经济学上也认为有需求才有供给，从供给一方（生产者）来讲，舆情的生产能为其自身带来利益，这种利益既包括物质层面的，也包括精神层面的。

（5）舆情信息生产后，如何到达消费者？答案就是中间需要经过载体的封装和媒介的传输。

结合如上问题以及我们对舆情的理解和长期的舆情研究总结，我们提出了舆情的七要素。它们分别是环境、事件、生产者、消费者、舆情信息、载体与媒体。接下来笔者将围绕这 7 个主要要素展开论述。

（1）环境

环境的确定依研究的对象或研究目的的不同而不同。虽然我们也可以设定一个宏观的环境，并在同一个环境中纳入所有要素，但是，在更多的情况下，我们在一个相对中观或微观的层面来研究和考虑会更为合理。在现实环境中，刺激（事件）、生产者、消费者、舆情信息、载体可能在同一个时空环境中，也有可能在不同的时空环境中。这其中，对一个特定的舆情来说，刺激、生产者、消费者往往处于一个相对比较单一的环境之中。

相对而言，舆情信息和载体则是跨环境的。舆情信息产生之后，便可以通过各种载体传播至其他的环境之中。不过，环境的变化也有可能导致信息的失真。一部《红楼梦》，洋洋洒洒 70 余万字，详尽地描述了当时社会生活的各个方面，并创造了若干形象丰满的人物。纵然如此，百余年后，以王国维（2012）、胡适（2015）、俞平伯（2005）、周汝昌（2012）等为代表的多位专家对《红楼梦》进行了多方位的解读和考证，在不少方面大家并未形成共识。这正是因为信息的失真所造成的。这个例子或许有些宏大，我们再举一个更为具体的例子来说明舆情信息在传播或者跨环境过程中所造成的失真问题。

示例：舆情信息在传播或跨环境过程中的失真

运动场正在激烈地进行一年一度的田径运动会。赛场上，来自计算机专业大一（3）班的潘俊同学一马当先，远远跑在队伍的最前面。

班级同学不停地为其摇旗呐喊，高喊“潘俊加油，潘俊加油”。负责报道班级运动会的信息员张珊一边写稿，一边通过微信向辅导员报喜：“潘俊超厉害，拿第1名了！”辅导员收到信息后，及时将该信息转发到了学院的教工群，向大家报喜。

某教师办公室里，没有参与运动会的教师周华看到了群里辅导员所转发的消息，十分意外，情不自禁地发出了感叹：“没想到这个潘俊超，这么厉害！平时没发现啊！”同一办公室的郑小晓附和着：“的确，我跟潘俊超同事几十年了，而且他还就在我们隔壁办公室，整天一起吃饭，我都从来不知道他这么厉害，隐藏的真深啊！”

从上述事例我们可以看到，舆情信息在跨环境的过程当中出现了失真。在上述例子中，舆情信息是“潘俊超厉害，拿第1名了”，在比赛现场这个环境里，更具体一点说，在比赛现场该班同学这个环境里，该信息是明确的，也不会造成失真。但是当该信息由运动会现场这个环境传播至教师群这个新环境的时候，出现了失真现象，即将舆情事件当事人“潘俊”误解为“潘俊超”。这只是一个极小的信息传播失真的例子，在现实中当舆情信息更为复杂的时候，面临更为复杂的环境，其失真现象将更为严重。

（2）刺激

刺激是一个舆情生命周期开始的激励源。没有刺激源就不会有舆情的产生。舆情的刺激可分为两类：真实的刺激和虚拟的刺激。真实的刺激例如真实发生的事件，如“中国好声音”节目；虚拟的刺激则往往是存在于文学作品、影视作品、生产者心理环境中等的事件。

从刺激的角度，我们可以很容易看到，虚拟的刺激所导致的舆情可以传播至现实物理空间中，而真实的刺激导致的舆情，也可以传播到虚拟网络空间中。因此现实社会舆情和网络舆情是互为关系的，认为“网络舆情只是社会舆情的一种表现形式”（徐晓日，2007）是欠妥的。

（3）生产者

生产者是舆情信息的创作者。刺激只是为他们提供了生产信息的素材和灵感。生产者分为两类，分别是原生生产者（一级生产者）和消费型生产者（二级生产者）。原生生产者往往是刺激的亲历者或现场目击者，是刺激的忠实记录者，当然也有可能是虚拟刺激的构造者。

同时，需要重点指出的是，上述只是强调原生生产者记录的忠实性，即真实记录，并未强调记录的全面性。因此可以简要的将原生生产者的特点概括为“只求真，不求全”。正因为这个特点决定了原生生产者群体经常是当事人或者现场报道的记者。但这并不是说所有记者、当事人都是原生生产者。

此外还有一类生产者，我们称之为消费型生产者。详见下文。

在美国知名传播学学者库尔特·勒温（Kurt Lewin 1890–1947，又译卢因）的体系中，“把关人”是一个重要概念。生产者正是一类重要的把关人对象。

从功能上讲，所有生产者承担了相同的功能。但是站在信息传播的角度，每个生产者的贡献却又可能极度悬殊。因为在传播网络中，不同的生产者在网络上处于重要性不同的位置，其重要性是通过其多种附加属性来确定的。一般地，我们都称这类用户为意见领袖或 Hub 用户。不过若将其称为意见领袖、Hub 用户（节点）或核心用户（节点），则无法区分其生产者或消费者的角色。因此在下文中，若无须区分其生产者或消费者角色，我们将用意见领袖或 Hub 用户称呼他们，但是若需要区分他们时，则分别采用“大生产者”和“大消费者”来称呼他们。

（4）消费者

消费者即舆情信息的接收者。舆情信息经由生产者生产并发布，当其在网络中传播时，可能经由四类传播节点，其分类和简介如图 1–6 所示。

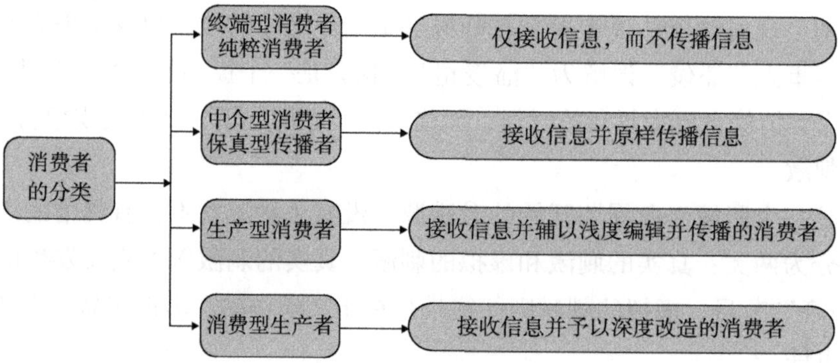

图 1–6　消费者的分类

因此，消费者所接收的信息，不一定直接来自生产者，而往往是直接来自其他消费者。当然，其信息传播网络的源头只能是生产者。

如果从传播的角度来看，那么当刺激发生后，刺激的直述者即生产者，转述者为消费者。

（5）载体

载体是舆情信息的承载容器，是实现舆情信息存储和传播的关键。载体可以是任何能承载舆情信息的容器。需要注意的是，此处的容器不一定非得是看得见摸得着的物理实体，也可以是一种虚拟的容器。例如书籍和报纸等典型的信息承载体，因此我们可以说书籍和报纸是信息的容器，并且是一种看得见摸得着的实体容器。在现实生活中，我们经常通过打一个嘘声的手势，示意别人安静，此时，我们要传递的信息是通过这个手势动作而承载的，因此此时的容器就是手势，手势并不是手，手是一个物理实体，而手势则是一个概念。当我们在网络发送信息时，其载体容器也是虚拟的，此时我们待发送的信息被封装在 HTTP 协议包中。

当容器为物理实体时，这些信息承载容器可以由多种材质所制造。例如各种材质（纸质、木质、竹质、布、金属等）的书籍、电子存储、人脑记忆等。其中，我们广泛接触的网络信息的载体都是电子存储方式。

（6）媒介

所谓媒介，就是一切能够使得舆情信息发生位移的物体或方式，即媒介具备位置变化的能力。此处的物体并非物理、化学中严谨的物体概念，而是一种广义概念。例如在物理化学中，我们通常称水为物质，而非物体，但此处我们并不做此区分。我们将所有具备传递信息能力的实体或方式手段统称为媒介。当我们笼统地说人能够传递信息的时候，此时的媒介就是人；当我们驾着马运载书籍的时候，此时的媒介就是马；当用信鸽传递信息的时候，此时的媒介就是信鸽；当用漂流瓶传递信息的时候，媒介就是漂流瓶；当通过网络传递信息时，媒介就是网络（当然，根据网络类型的不同，可以细分媒介，不过一般没有特殊情况，不必做更为精细的划分）。

（7）舆情信息

舆情信息经由生产者而依附于刺激，即舆情信息是由生产者根据刺激而生产出来的且和刺激相关的信息。具体而言，它包括符号（文字也可以视为符号的一种）、语音、图像等。从舆情信息产生，其典型的生命周期如图 1–7 所示。

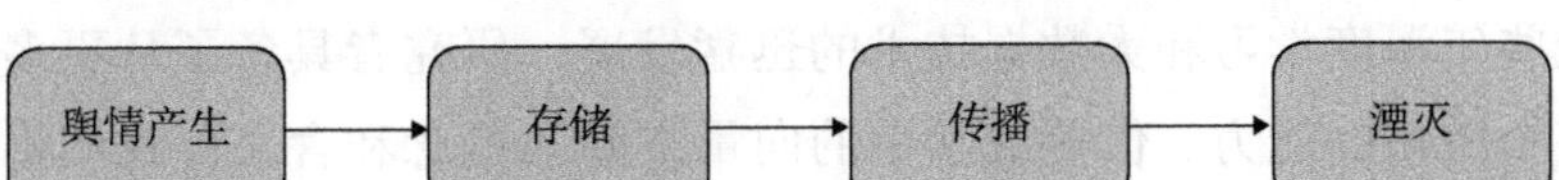

图 1–7 舆情信息生命周期

其产生是由生产者完成的，既包括原生生产者也包括消费型生产者。舆情信息的存储是通过载体来完成的。一般而言，舆情的传播是由载体以及舆情的消费者协同完成。湮灭则是绝大多数舆情信息的最终宿命，我们甚至可以说湮灭是所有舆情信息最终的状态。

舆情的产生和多个因素相关，例如外部刺激和内部刺激。外部刺激因素很好理解，内部刺激因素主要是指每个个体心理环境中的固有认知与外部信息的博弈，对外部信息的不认可激发了其转化为生产者的潜在可能。其中，心理环境中固有的认知在一定程度上可以理解为沃尔特·李普曼（2018）的刻板印象或者我们通常所说的首因效应。

为了便于理解，下面列举一个例子对舆情的几个要素进行说明。

示例：舆情要素举例

知名明星张逸风（虚拟人物）来到甲市演出，刚出机场，就被其粉丝李惴兴（虚拟人物）发现。于是李惴兴赶紧发消息到社交平台：张逸风来啦。

关注了李惴兴的平台用户叶艾瑞（虚拟人物）打开浏览器浏览该平台时，看到了上述信息。

在上述描述中，舆情要素分别如下（注意，由于没有确定具体的研究目标和场景，因此部分要素的表述其实不是唯一的，因此下面只是一种可供参考的要素表达）：

事件：张逸风到甲市机场

生产者：李惴兴

信息：张逸风来啦

载体：HTTP 协议包

媒介：网络

消费者：叶艾瑞

环境：本例暂不涉及研究目标和内容，因此简单地理解为“机场的当时”

1.4.6 舆情空间

无论是在现实社会中，还是在互联网上，每天都有大量的舆情信息。传统的舆情研究方式，更多的是以案例的方式进行，即以某个舆情为研究对象，对其进行多方位的深入研究。

随着近些年深度学习和大数据技术的迅猛发展，研究者具备了从更多角度、更深层次研究多个舆情的能力。借鉴数学中的向量空间的概念和含义，我们将由研究的多个舆情及其要素所组成的研究范围称为舆情空间，我们也可以简单的将其理解为舆情的集合。

为了方便下面的论述并使表述系统化，我们用符号标记各概念，具体如下。

（1）事件：O

事件可以被视为事件要素的集合，用O表示，要素具体包括事件发生时间段o_t、事件发生地点o_s、事件相关人物（主要是当事人）o_p、事件描述o_d等。因此可以将事件表示为$O=\{o_t,o_s,o_p,o_d\}$。

在无须具体化各个要素的情况下，可以用o_i笼统的进行表达，即$O=\{o_1,o_2\cdots\cdots o_n\}=\sum_{i=1}^{n}o_i$，

$n = Card(O)$ 表示事件数量，注意此处 Σ 不代表求和的意思，它用于表示各个要素的共同作用。

（2）环境：E

环境包含了时间、空间、心理要素及周边或当时的各种自然和社会要素，用 E 表示。其中的空间一般不应被隔离来看，而是要结合周边自然和人文社会等情况，将空间及周边要素作为一个整体记为 e_s；同样，时间也不应被隔离来看，也需要结合当时的时代背景，将时间及相关的时代背景记为 e_t；此外，微观的心理环境虽然极大的受到宏观时空环境的影响，然而微观环境毕竟还存在一定的私密性和独立性，因此将其作为环境的第三大要素，记为 e_p。更进一步，时间、空间、心理微环境也应该作为一个整体来考虑，此即环境 E，因此我们记 $E = \{e_s, e_t, e_p\}$。

（3）生产者：P

虽然在前文将生产型消费者放在消费者部分介绍，但是在构建舆情空间时，一般都将其归结为生产者之列。因此，生产者就有两类，分别为原生生产者 p_f 和消费型生产者 p_s。由于在很多情况下不需要区分其类型，因此也可以记为 $P = \{p_1, p_2 \cdots\cdots p_n\}$，$n = Card(P)$ 表示生产者数量。

对于两项舆情，可以定义其叠合生产者比 $r_p = \dfrac{Card(P_1 \cap P_2)}{Card(P_1 \cup P_2)}$，$r_p \in [0,1]$。

一般地，该值都较小，根本没有接近其上限值 1 的可能。显然，叠合比越大，表明两项舆情的共性激励要素越多，在并发舆情涨落关联分析时，其应被赋予更高的关注度。通俗地讲，这意味着并发舆情可能主要由同一群体在背后策划推动。不过，叠合比越小，虽然在直观上其间的关系越弱，但是实际上并不意味着其间真的呈现如表现出的那样的弱关系。因为这种弱关系有可能是有意为之，主要用于转移受众注意力。此时可以结合事件 O 的发生时间 o_t、事件描述 o_d 等进行进一步的分析。当并发舆情间存在极强的主题相关性时，且在相近的环境 E 和相同的媒介 M 下，接近下限的叠合生产者可能存在极大的人为干扰要素。

直接应用上述 $r_p = \dfrac{Card(P_1 \cap P_2)}{Card(P_1 \cup P_2)}$，有时可能容易受到干扰，尤其是当舆情规模比较大的时候更是如此。因此在实际应用过程中，可以将该指标进行退化，退化的两种形式分别为 $r_p' = \dfrac{Card(P_1 \cap P_2)}{min(Card(P_1), Card(P_2))}$ 和 $r_p' = \dfrac{Card(P_1 \cap P_2)}{max(Card(P_1), Card(P_2))}$。通过退化形式来快速发现候选分析对象。

（4）消费者：C

消费者可细分为 3 类，分别记为终端型消费者 c_t、中介型消费者 c_m 和生产型消费者 c_p。在不区分消费者类型时，可以将其记为 $C = \{c_1, c_2 \cdots\cdots c_n\}$，$n = Card(C)$ 表示生产者数量。

与生产者类似，也可以定义其消费者比 $r_c = \frac{Card(C_1 \cap C_2)}{Card(C_1 \cup C_2)}$。

（5）信息：I

舆情信息可表达为未经处理的相关文档集合。之所以强调未经处理，因为我们可以对最原始的文档做挖掘提炼，所得到的依然是舆情相关的信息。记舆情信息为 $I = \{doc_1, doc_2 \cdots\cdots doc_n\}$，$n$ 表示舆情相关文档数量。

舆情信息是对舆情事件进行描述的过程中产生的。在描述过程中，每个不同的描述，都会成为舆情事件一个不同的映射版本。借由不同版本而产生的舆情信息博弈，也常成为舆情发展演化涨落的原始驱动力。

设事件 $O = \{o_1, o_2 \cdots\cdots o_n\} = \sum_{i=1}^{n} o_i$，并设事件记录作用为 f，则 $o_i' = f(o_i)$，因此记录的事件为 $O' = \sum_{i=1}^{n} o_i'$。

显然，O' 与 O 虽然存在着极为密切的关系，但其间并不存在着特定的关系，而是存在着多种可能的关系。O' 与 O 可能的关系及相应的解释如表 1–1 所示。

表 1–1　O' 与 O 的关系及其解释

序号	O' 与 O 的关系	解释
1	$O' = O$	事件被忠实的记录，既不遗漏也不自由发挥
2	$O' \subset O$	仅仅如实记录了事件的一部分要素或事实描述
3	$O' \supset O$	完整地记录了事件，并进行了延展
4	$O' \cap O = \varnothing$	纯粹的捏造，各种添油加醋，改头换面
5	$O' \cap O = U \neq \varnothing$，且 $O' \cup O \neq O$，$O' \cup O \neq O'$	此为常态。 如实记录了一部分事实，同时又有扩展。这种拓展既有可能是深度挖掘，关联分析，也有可能是捏造内容

注：$\varnothing$ 表示空。

由于上述关系 5 为现实中的常态，因此下面对其几种典型情况稍做深入讨论。

①当 $Card(U) \ll min(Card(O), Card(O'))$ 时（其中，$Card(\ )$ 表示求取集合中元素数），记述和事实相隔甚远。对这类情况，需要消费者具备足够的分辨能力，否则极易被错误信息引导。这也是现实中需要重点防范的问题。

②当 $Card(U) \approx Card(O) \ll Card(O')$ 时，基本包含了全部的事实记录，并有大量的延拓性信息。在现实中，这往往对应着一些负责任的深度报道。

③当 $Card(U) \approx Card(O') \ll Card(O)$ 时，仅包含了部分事实记录，并无扩展性内容。在现实中，这往往对应着一些快讯。

（6）载体：V

载体即舆情数据的容器。一项舆情所涉及的载体往往不止一种，也不是简单地按照先后次序出现的，他们是错综复杂交织在一起的。不过，一般在确定具体的研究领域后，其载体往往就比较单一。例如当确定研究某个网络舆情时，关注的往往就是网络载体。可以将载体记为 $V=\{v_1,v_2\cdots\cdots v_n\}$ ，n表示涉及的载体数量。

（7）媒介：M

由于媒介与载体有很强的相关性，因此在一项舆情研究中，往往也会涉及多种媒介。我们将媒介记为 $M=\{m_1,m_2\cdots\cdots m_n\}$ ，n表示涉及的媒介数量。

（8）单项舆情的标记 s

舆情可以表达为各个舆情要素的函数，即 $s=f(O,E,P,C,I,V,M)$ 。

（9）舆情空间的标记 S

由于舆情空间为舆情个体的集合，因此记舆情空间 $S=\sum_{s=1}^{n}s_i$ ，其中 Σ 不代表求和，也不代表线性组合，仅用于表示多项舆情的叠加作用。

根据研究的需要，我们来构建相应的舆情空间。舆情空间的大小，应该根据自己的需要创建，并不一定必须得包含所有舆情，也不一定只包含当前舆情。当然，若各类软硬件条件富余，将所有舆情纳入舆情空间也是没有问题的。构建合适的舆情空间，利用其中的要素，可以实现对舆情的定量化研究。

例如，为了计算舆情间的关系，如何表达舆情就成为关键。可以利用单项舆情的各类要素，构建其向量化表达，基于此可以利用各类数学化的手段实现舆情及其间关系的定量计算。再例如，利用不同舆情间消费者、生产者的叠合情况及舆情信息量随时间的演化曲线等，可以研究同一舆情空间中若干舆情之间的相互涨落关系。

1.4.7 舆情中的时间问题

在舆情研究中有4类时间，它们分别是：

（1）事件发生时间。即事件 O 中的事件发生时间段 o_t 。虽然事件的发生时间是时间首次触发的时间，但是实际中，更受公众关注的是事件发生至其受到关注所持续的时间。也就是说，此处的事件发生时间并不单纯是一个时间点，而是一个时间段。该时间对所有该舆情相关的生产者、消费者而言都是共享的；并且也是此4类时间中最早开始的一个时间。

（2）舆情信息的生产时间。即舆情生产者生产舆情数据并将其公之于众的时间，这是仅次于事件发生起始时间的一个时间。在网络舆情研究中，生产时间即相关信息的发布时间，亦即标注在页面上的时间。该时间是明确的且是有持续记录的。通过舆情信息生产时间的分布，可以分析舆情演化涨落的关键时间节点，并借此深入分析深层的舆情演化激励要素。

（3）舆情信息的消费时间。即舆情消费者消费舆情信息的时间。作为第三方，终端型消费者的消费时间难以获取，因此此处消费者重点指向中介型消费者和生产型消费者。当然，若站在平台运营方的角度，终端型消费者的时间同样可以被轻松地获取。在网络舆情研究中，该时间一般指的是舆情信息的转发或重新发布时间。

（4）分析时间。即舆情分析者执行分析的时间。一般而言，该时间处于4类时间的最后。不过，对于正处于演化过程中的舆情，则不一定，这在实际过程中也极为常见。例如，敏感舆情常在演化过程中即被分析，而不是舆情湮灭后才被执行盖棺定论式的分析。

1.5 网络舆情

近20年来，网络舆情由于其好坏参半的作用（彭鹏，2005），以及相关软硬件技术的发展，网络舆情研究迅猛发展。在其发展过程中，出现了各种不同的定义。刘毅（2007）编写的国内第一部网络舆情专著《网络舆情研究概论》中的定义为：网络舆情就是通过互联网表达和传播的各种不同情绪、态度和意见交错的总和。同时，他也在论文中概述了网络舆情的特点、表达等（刘毅，2007）。姜胜洪（2008）给出的定义是：网络舆情就是民众通过互联网对政府管理以及现实社会中各种现象、问题所表达的政治信念、态度、意见和情绪的总和。后来他又认为“网络舆情可以认为是公众对互联网上传播的‘热点’和‘焦点’所表现的具有一定影响力和倾向性的言论和观点，主要通过BBS论坛、博客、微博客、新闻跟帖、转帖等实现并加以强化”（姜胜洪，2010）。谢科范（2010）则借鉴王来华（2003）关于“舆情”的定义，认为：网络舆情，是指在一定的社会空间内，通过网络围绕中介性社会事件的发生、发展和变化，民众对公共问题和社会管理者产生和持有的社会政治态度、信念和价值观。它是较多民众关于社会中各种现象、问题所表达的信念、态度、意见和情绪等表现的总和。李昌祖等（2010）认为“网络舆情是指在一定的互联网空间内围绕中介性社会事项的发生、发展和变化作为舆情主体的民众对国家管理者产生和持有的社会政治态度”。夏立新等（2020）认为“网络舆情是公众以网络平台为载体，围绕已经发生或即将发生的舆情事件发布的意见、观点、情感和态度的信息集合”。来自企业界的彭作文认为：网络舆情是以网络为载体，以事件为核心，广大网民情感、态度、意见、观点的表达、传播与互动，以及后续影响力的集合。从上面可见，狭义的网络舆情比较偏向国家和政治层面，这也是有一定道理的，一些实证研究也表明了政治类舆情的占比很高（李振鹏等，2020）。

前文中，我们将舆情定义为民众对环境刺激的一种反应，并且提出了舆情的七大要素。

相应的，我们将网络舆情定义为：网络用户通过网络载体对环境刺激的一种反应。同理，网络舆情模型同样包含7大要素，它们是：环境、事件、生产者，消费者、舆情信息、载体与媒介。但是，与普通舆情相比，在网络舆情下，生产者、消费者、载体及媒介都有所窄化。简单来讲网络舆情中的“网络”主要是指生产者和消费者的网络属性以及信息的网络属性，在网络舆情下，生产者和消费者有时也被我们统称为网络用户或网络实体。不过严格地讲，这些网络用户不一定对应着现实社会中的人，还有可能对应着一些机器人（即一些自动化程序），因此有时为了避免网络用户被误解为与人对应，我们也可称之为网络实体。

为更好地便于理解，针对网络舆情模型的7大要素，我们分别进行说明。

（1）环境。在网络舆情下，这可能是一个极其容易让人误解的要素。也就是说，虽然在“舆情”前面加了“网络”二字进行限定，但该限定并不会影响到前文所讲的环境，即网络舆情的环境并不要求必须是网络环境。很显然，即使是在现实物理环境中的刺激，并不影响生产者和消费者通过网络来生产和传播该物理环境中刺激的相关信息。

（2）事件。事件即刺激的一种具体化表示之一。显然，无论是物理环境中的事件还是网络环境中的事件，都可能呈现为网络舆情。因此，网络舆情下的事件与舆情下的事件并没有差异。

（3）生产者。在网络舆情下，生产者被限定为网络用户。虽然，这存在一定的不合理性，但在网络舆情的研究范畴下，很难追踪线下的生产者，因此在无法继续溯源的情况下，我们不妨将生产者限定为网络用户。

（4）消费者。与生产者一样，在网络舆情的范畴，消费者也被限定为网络用户。

（5）舆情信息。网络舆情除了用户的网络限定，另外一个就是舆情信息的网络限定。因此，舆情信息也就是依托网络媒体所传播的信息。

（6）载体。在网络舆情下，由于舆情信息被限定为网络信息，因此其载体被认为是数字存储。不过，针对网络舆情，我们经常不必过于在意网络舆情信息究竟承载于何处，例如是哪个城市哪个机房的哪台设备上。因此，在谈论网络舆情时，我们经常将载体与下述的媒介统称为载体（或媒介），不再区分两者的功能。即我们可以认为网络舆情信息存储于网络，并通过网络传输；也就是网络同时承担了载体和媒介的任务。不过这并非本书重点，这里不再展开。事实也证明，网络媒介已经是与电视、报纸、广播等传统媒介并列的新型媒介，并成为网络舆情赖以生存和传播的平台。

（7）媒介。由于舆情信息被限定为网络上所传递的信息，因此媒介也被限定为传播网络信息的媒介，例如网线等相关基础网络设备，但这些往往并不是我们的重点研究内容，因此我们将媒介笼统地称为网络（也不区分网络类型，例如是有线或无线，是 WiFi 或数据网络）。上已述及，网络舆情下，载体与媒介不再做区分，用载体或媒介都可以指代“载体 + 媒介”组合，只是严格来讲，其实二者是有所区别的。

由于刺激的多源性，它既可以来自实在的物理空间环境，也可以来自网络等虚拟的空间环境，因此，网络舆情也是多源的。网络舆情与物理空间舆情由于在生产者和消费者之间存在大比例的重叠，因此两类舆情之间其实是不可分割的关系，在一定条件下，它们之间相互影响，并最终在一定程度上同化。物理空间的舆情存在于群体事件、热点事件、公共场所的公开讨论、茶余饭后的闲聊、家庭亲友的密谈之中。这其中，部分会被转移至网络，可能的转移者包括记者、自媒体作者等。没有转移的舆情信息往往难以被自动化获取，只能依赖人工的方式进行调查访谈实现；转移至网络的舆情信息则以电子存储的方式进行，因此往往可以采用自动化采集技术而获取，效率高，实时度好。

网络舆情信息采集的常见源头平台包括新闻门户、微博、微信公众号、论坛、博客、视频网站等，其中尤其以新媒体的微博为主。

1.5.1 网络舆情的传播过程

网络舆情的要素及其传播过程如图 1–8 所示。

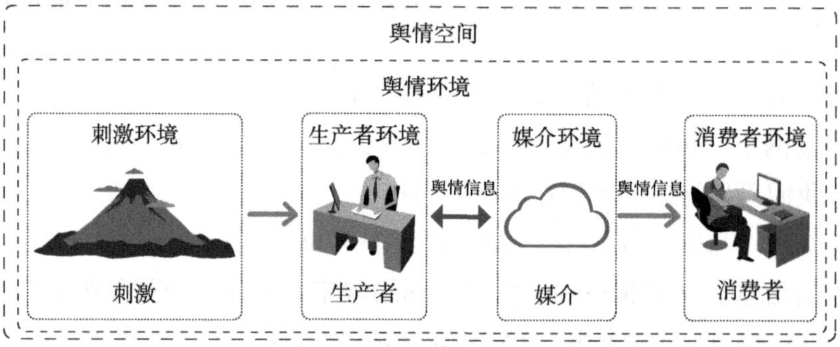

图 1–8　网络舆情的要素及其传播过程

从图 1–10 可见，网络舆情传播的核心过程是：刺激生成，由生产者针对刺激进行记录创作而生成舆情信息，并通过网络媒介发布，消费者通过网络媒介接收舆情信息。

针对上图，我们将从如下几个方面来进行特别说明。

（1）该图中的生产者包括了原生生产者和消费型生产者。严格来讲，单纯的原生生产者与媒介之间是单向箭头，即舆情信息是由原生生产者向媒介流动；消费型生产者与媒介之间是双向箭头，即消费型生产者既会生产舆情信息，也是舆情信息的消费者。

（2）如前文所示，在网络舆情中，我们将媒介与载体合二为一，统称为媒介（或载体）。因此，该图中的媒介包含了媒介与载体，并不单纯的只指媒介。

（3）该图中的消费者是指终端型消费者、中介型消费者和生产型消费者。因此该处的舆情信息箭头是单向的，意味着舆情信息流动的单向性。不过，如果我们将视野放开，不再局限于网络环境下，则此时的终端型消费者不一定真的是舆情信息流动的终端。因为他们可能是舆情信息线下的中介型消费者或者生产型消费者。

（4）生产者和媒介之间的舆情信息与媒介和消费者之间的舆情信息理论上应是完全相等的，事实上，它们经常是不等的。这就是舆情传播中的信息失真问题。消费者所消费的“舆情信息”可能是生产者所生产的“舆情信息”的原装、改装或封装版本。

（5）刺激、生产者、媒介、消费者等往往分别处于不同的环境，尤其对生产者和消费者而言，其私密环境必定是不同的。不过，这些环境之间往往是一种叠合环境。此外，由于环境具有层次性，因此当我们把层次提升到某个程度时，也可以将前述环境统一为一个舆情环境。

（6）当某项舆情的生产者、中介型消费者和生产型消费者数量很多的时候，尤其当其中某些流量很大的时候，此时的传播是一个极其复杂的网络传播状态，并且极容易造成舆情爆发，否则一般的舆情将自行湮灭。

1.5.2 网络舆情的生命周期

舆情的生命周期划分多种多样，例如崔鹏等（2018）将其划分为六个阶段：酝酿阶段、爆发阶段、扩散阶段、反复阶段、消退阶段、长尾阶段。王平等（2013）则将其划为三个阶段：发生期、扩散期、消退期。

在我们早期的著作中，我们将网络舆情的传播分为四个阶段（谷琼等，2020）。本节参考了早期著作，并对其进行了部分改进。

我们将网络舆情的生命周期分为萌芽期、爆发期、高位期、衰退期和休眠期五个阶段，如图 1–11 所示。萌芽期即一个舆情开始逐渐成形，相关信息仅在一定范围内传播，没有大规模扩散，消费者或生产者数量有限，此阶段尚属于暗舆情。该阶段是舆情应对最理想的时期，不过，该阶段的舆情相对来说也比较难以发现。另外，并不是所有的网络舆情都有明显的萌芽期，典型的例子如突发性舆情，该类舆情从产生到爆发只需要很短的时间；但是如果按时间细分，仍然可以发现其存在萌发期。爆发期的标志是消费者和生产者在数量上的剧增，从而导致舆情信息快速扩散。在该阶段，舆情信息量大，来源广，观点情感多元。高位期是网络舆情的博弈期。在此阶段，个体之间、团伙（并无贬义，仅表明为一个群体）之间、舆情信息之间都存在着博弈（孟骊超等，2020）。正是在这种博弈之中，舆情向前演化着。博弈的终极状态，就是信息观点的群体极化（郭光华，2004；王楠，2021）或两极化、团伙站队的明晰化，其中，群体情绪尤其需要重点关注“惊”“恶”“愁”“惧”“怒”（王英杰，2021）。例如在网络舆情前期，观点摇摆不定的个人或团伙，随着信息接收的增加或者舆情的明朗化，其观点逐渐固化，因此宏观上极性呈现降低的趋势。衰退期即生产者和消费者注意力被转移，从而对舆情的关注度逐渐降低的一个过程。该过程可能是一个自然的过程也有可能是人工干预的一个结果。休眠期即舆情进入暂时性或永久性沉寂状态，不被称为湮灭期或类似的名称，是因为某些舆情，在一定的条件下有可能会被再次激活。当网络舆情被再次激活时，其随时间的演变态势仍然遵循图 1–9 的五个阶段。

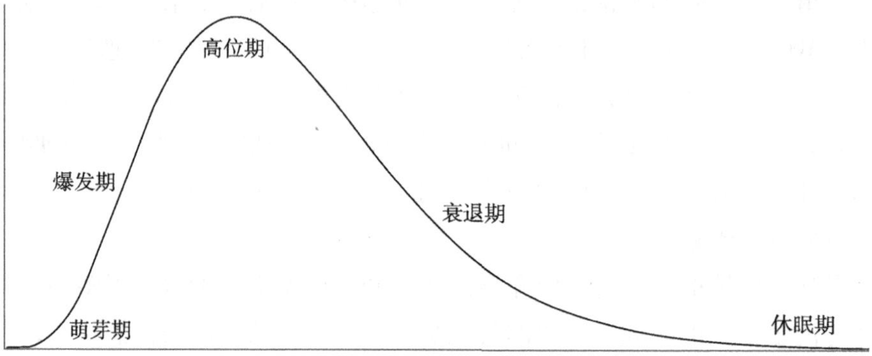

图 1–9　网络舆情演化的五个阶段

1.5.3 网络舆情的特性

在我们早期的著作（谷琼等，2020）中，总结了网络舆情的若干特性。不过由于定稿较早，且国内互联网技术及管理政策方面更新较快，因此很多方面已经发生了较大的变化。结合这些变化以及对网络舆情新的理解，我们对网络舆情的特性也做了重新梳理。

网络舆情的特性取决于网络舆情的核心要素。因此，只要我们对网络舆情的核心要素有了足够的了解，那么网络舆情的特性也就成了自然而然的事情。下面笔者将围绕网络舆情的核心要素，将网络舆情的特性总结如下。

（1）环境

环境是叠合或独立的。不同的生产者、消费者、刺激之间，其各自拥有的环境，是绝对不会相同的。其关系往往是叠合或独立的。严格来讲，独立也是不可能的。这就决定了在舆情分析时，我们既需要考虑生产者或消费者之间环境的叠合部分，也要考虑其间各自独立的部分。研究内容和目的的不同，往往也就决定了不同的关注点。例如在执行舆情信息情感分析时，在已探测出用户团伙的情况下，由于团伙内部往往在心理环境上存在较多的共性，并且情感分析更多地取决于个体的心理环境，因此可以仅检测其中一位成员对某舆情信息的情感倾向，其他成员则以前述结果看待，这样一方面不会有太大的偏离，同时也可以节省大量的分析时间。

环境是分层的。正如图 1–8 所示，不同的生产者或消费者之间，是否处于同一环境下，取决于研究目的。例如，在某舆情事发现场有两名目击者，他们为此发布了舆情信息，但其观点却截然不同。当我们聚焦于舆情信息差异原因研究时，显然他们主要是分别处于各自不同的私密环境下；但当我们仅仅只是聚焦于舆情现场人员方面时，就可以把他们归属到同一环境中来。又例如，在公交车上曾经发生过的一幕，多人要求其中一位女乘客应该给他人让座，事后公众才知道该女子身体欠佳。显然，从事件发生场所来说，他们都处于同一公交车这个物理环境，然而显然身体欠佳女子和其他人处于不同微观环境下。

环境是多变的。环境的多变性不仅体现在针对个体，针对群体也是一样。我们经常说“世易时移”，体现的就是环境针对群体的多变性。因此在进行舆情分析的时候，应尽可能地考虑舆情的局部环境，不能以假设的自身所处环境推测当事人的环境。“此一时彼一时”“未经他人苦，莫劝他人善”都体现了这一点。

环境作用的持久性和固化性。这是一个极容易被忽略的问题。同一家庭长大的两个孩子，很有可能性格各异，认知悬殊。因此，两个普通的舆情用户个体，即使处于同一物理空间中（例如舆情刺激现场），都有可能出现极大的观点差异。其深层次原因，就在于个体成长过程中所接触的各自的局部私密环境不同，环境的持久化作用，就会构建出个体微观心理环境中的固化部分——认知框架。当个体去观察分析各种现象时，都会基于其既有认知来进行，不同的认知基础，显然极有可能导致截然相反的结论。这正是环境的持久性功能及对个体认知的固化作用。

（2）刺激

对于网络舆情，刺激是多源的。不仅有来自物理空间环境中的现实刺激，也可能来自虚拟网络空间中的虚拟刺激。常规舆情，则刺激源往往都在物理空间中。

另外，刺激一般是不可预测的。尤其对于一些突发性事件更是如此。由于网络打破了空间的限制，使得庞大的地球成了“地球村”；同时也打破了时间的限制，不再受现实物理空间中时差等的影响。因此这些都为不可预测的突发性事件爆红网络提供了可能。

（3）网络用户（生产者和消费者）

自从网络实名制执行，生产者和消费者可以说失去了隐匿性的特点。不过，这仅针对平台方或管理部门而言；对普通网络用户而言，这一点还是成立的。因此，网名实名制对用户隐匿性的去除，影响的主要是涉及部分敏感主题的舆情，对娱乐、生活类则基本没有影响。

隐匿性是网络舆情能够爆发的最重要心理性驱动因素之一，它使得网络用户可以脱离现实社会道德和现实社会关系的约束，无所顾忌地自由表达其思想，同时使得网络能够传递来自民间最真实的发自内心的声音。不过这也同时使得部分不法分子可以在网络摇身一变，充分利用信息的不对称性，在网络利用流量，捏造虚假的惹人眼球的事件，造谣中伤他人。这些都给网络和社会及管理机构造成了不必要的麻烦，甚至造成了一些消极影响，影响社会正常秩序。

网络用户具有虚拟性，与物理空间中的人不具有一一对应关系。即一个网络用户（账号）不一定只对应一个实体人，例如可能存在多人共享一个账号的情况（例如微信即可手机和平板同时登陆，有可能平板使用者和手机使用者并非同一个人）；反之，一个实体人也不一定只有一个网络账号。

网络用户具有避害及趋利效应。网络的开放性，使得网络用户可以基本零门槛进入网络并使用网络。网络用户不分职业、性别、年龄、地位、地域等，无论其是何种文化类型、思想意识、价值观念、生活准则、道德规范，都可以在网络中找到其志同道合者。虽然现在各个网络平台都具有一定过滤和管控功能，过滤掉了很多敏感内容。但是这些是人工选择的，是存在偏好的。这也就意味着，突破这个自动化过滤或者目前管控标准的，都会被认定可以较为合理的存在。这就给很多靠流量逐利的网络用户找到系统的喜好，避开管控领域，利用该喜好去做对国家社会不利的事情。应该说，目前网络存在不少这类找到当前过滤系统及管控手段喜好的网络用户，他们不择手段的吸引流量，通过流量盈利。这类用户常用的手段包括：直接捏造、移花接木、断章取义、主干不变而在细节上动手脚等。其常用的文字套路如："据报道""据说""据传"等，给人以假象。其能够成功得逞的原因主要在于：①本身具有流量优势，而网络用户多元，无论其有何种观点，总可以召集到一群支持者，进而形成影响力。②利用信息的不对称，大量的网民不具备信息的验证能力或手段。③部分网络用户认知层次不够。网络用户的组成群体特性决定了大量网络用户的心智和认知层次还不足以鉴别信息的真伪。④深度支持者的无条件支持。很多网络用户拥有大量粉丝，这些粉丝在某些场合，失去了判别力或者根本不在乎具体内容观点，对其支持者都是无条件支持。⑤部分网络用户比较"懒"，即使有局部鉴别的能力或者手段，也无意去耗费大量的时间去验证。因为乐于造谣者，往往不会给出明确的出处，即使有意鉴别，也不是一件轻松的事情。

网络用户的 Hub 驱动性。网络用户在宏观上是平等的，但具体而言，却并不平等。有些用户发文无人阅读，即使质量很高；而有些用户一个简单的表情甚至一个字符，也可以掀起网络狂欢巨浪。也就是说，虽然网络用户都平等地拥有发布权限，但有些用户手里仅仅只是握有一个能传递到几十人的"麦克风"，而有些人却拥有了可以震动整个网络的"火热电视台"。这里表达的正是用户网络中的 Hub 用户驱动性。网络舆情正是依赖于用户网络中的 Hub 用户所驱动的，例如一些媒体用户、网红、专业水军、网络公关账号等。这些人员通晓网络基本知识和操作技能，深谙网络传播规律和民众心理，并由于长期的积累，往往都有一定的影响力沉淀，可以较为容易的通过各种精心策划、导演的干扰手段，转移民众关注视线，从而实现间接控制网络舆情的形成和演化轨迹，实现自己的商业经济利益或者其他意图。即使在没有任何非正常干扰的舆情演化中，也可以发现自然的 Hub 用户的作用。没有 Hub 用户的驱动，网络舆情往往很难发展为热点。

网络用户具有马太效应。在用户网络中，有两类用户更容易吸引注意力。其一是占据“先入为主”之利的早期用户，另一类就是当前已是 Hub 用户的那些关键用户。这两类用户在传播的过程中，较普通用户更能吸引更多的用户关注，最终呈现出强者愈强、弱者愈弱的“马太效应”。

（4）媒介（含载体）

网络具有放大作用。网络本身的网络拓扑结构以及高速的传播速度，决定了其传播速度远远大于现实物理空间的速度，可以迅速地以燎原之势席卷整个网络空间，并扩展到现实物理空间。基于该物理拓扑的网络，依托各网络平台，逐渐构建起了平台网络和用户网络。从舆情信息在用户网络（或平台网络）中节点的流动来看，则呈现类似树状组织的传播链。类似于舆情从一棵树的根部注入，舆情沿着树的主干沿上传播，再传播至各个支干，接着传播至各个树枝直至各个树叶。这是一种典型的链式网状传播方式，正如原子核的裂变过程一样，该特性在社交网络中表现得尤为明显。这在宏观上就体现为网络的放大作用，即传播的广而远。

网络电子存储决定了舆情信息具有无限次即时快速传播的能力。在网络上，只要复制粘贴，信息就能得到重新传播。相比较传统媒体若干次传播的有限性，网络舆情具有无限次传播的潜能。

（5）舆情信息

前述网络的放大作用在微观方面的体现是与舆情信息相关，具体包含两个方面。在纵向方面，其放大作用体现为网络用户对舆情的讨论层次越来越深；在横向方面，其放大作用体现在对舆情论题的讨论越来越广、信息传播覆盖面越来越大、传播平台更加多样化（如由微博到博客、论坛、新闻门户等），这种变化可能体现为由小及大、由点到面的特点，次生舆情即是由于传播平台对舆情的横向放大所致。顺便提及，在广义的舆情或网络舆情定义下，一般不应称为“次生灾害”，不应只盯着其反面作用（张卓，2019），而无视其正面作用，而称之为“次生舆情”更为合理。

需要注意的是，放大效应尤其对于“坏事”的作用更为明显，而对“好事”的放大作用则稍弱。正如常言所说，“好事不出门，坏事传千里。”

与网络用户一样，舆情信息也具有马太效应。虽然其间关系密切，但仍然与网络用户的马太效应稍有差别。对于占据先发时机的网络用户，其马太效应主要体现在舆情信息的传播上，即并不是该舆情信息的发布用户受人关注而导致该信息快速扩散，而是因为舆情信息受人关注导致该舆情信息出现马太效应，进而影响到相应的用户。但是对于后续的消费者用户或者二级生产者用户，则往往是因为其用户本身巨大的影响力，从而导致其传播的舆情信息及其自身双重的马太效应。

舆情信息具有多元性及情感极化性，然而话题则具有集中性。每天，来自不同社会各阶层、各职业、各年龄层次及不同性别的网络用户生产了海量的信息。由于用户的多元性，在其各自不同的认知框架下，势必会产生多元的信息。不过，随着舆情的演化，在马太效应的加持下，各方博弈的最终结果往往会导致无数的离散观点，只有若干个典型观点被保留下来，并呈现出意见的多极化特性。因此在某种程度上可以说马太效应是意见极化的前奏，有了马太效应，才导致了意见极化。另外，虽然网络空间环境中各类舆情信息很多，涉及人类社会的各个方面，但是网络空间中的话题却非常集中，只集中在极少数的几个领域（如娱乐）。不过，由于网络舆情具有突发性，这就导致了网络舆情话题的随机性，这些突发的舆情往往也会构成一些集中话题领域（如政府官员贪腐等）。

舆情信息存在失真，且随着传播深度的增加而可能愈发严重。这是客观存在的一种现象。其原因是多方面的。首先，由于网络用户的隐匿性免除了现实物理空间中的道德约束和人际关系约束，这就导致了网络用户所传播内容的可靠性问题和偏差性问题。其次，纯粹的主观因素造成的失真。这类以造谣为主，或为利，或为流量，当然最终目的还是利。再次，由于传播主体的客观条件所限，对部分资源的访问权限不足，导致其传播的信息出现不全面、不完整甚至错误等偏差性问题，即使其主观意愿并不希望如此，然而该情况亦不可避免。此外，即使传播主体主观意愿良好，对相关资源的访问权限亦不受限，然而由于其粗心或者其他不可抗拒性原因，仍然可能导致内容偏差问题。另外，该问题还需要站在动态的角度来看待，即网络用户作为有自主意识的人，随着接收信息的增多，以及和外界的各种交流探讨，其观点态度会发生变化。因此对同一信息的传播，也可能会出现不同。最后，由于网络的放大效应，一个话题可能会被发散扩展为若干个话题，并且其主题甚至会有所偏移，出现真假无可分辨，甚至导致集体认知失真的现象，“三人成虎”即是最好的解释。此时呈现的是宏观失真。

1.6 国内网络舆情的文献分析

1.6.1 网络舆情的研究趋势

前文已经讲过，舆论和舆情之间的区别应该说是公认和明确的；因此网络舆论和网络舆情之间存在一定差别也是必然的。但是，从国内相关学术文献来看，网络舆情和网络舆论之间事实上并没有太本质的差别。在知网以“网络舆情”“网络舆论”为篇名进行关键词搜索，具体搜索结果如图 1–10、图 1–11 所示。可见目前对网络舆情一词使用的更为广泛。

图 1–10　知网“网络舆情”相关文献量

图 1–11　知网“网络舆论”相关文献量

由于早期舆论的研究者众多，伴随着网络的兴起，提出并进行网络舆论的相关研究便成为自然而然的事情。参考知网的检索结果，可见网络舆论早于网络舆情。网络舆论的最早公开发表见于周晓燕（1999）的论文，若限定于标题，则最早的论文由谭伟（2002）发表。而网络舆情最早的论文由熊绍辉等（2000）发表，若限定于标题，则最早的论文是由郭乐天（2005）发表。

当然，限于知网的文献收录范围，如上信息与实际可能是有偏离的。不过对于我们大概了解两者的简况，仍是有参考价值的。

由于知网搜索并不精确，即使限定于标题搜索，仍然会出现并不符合条件的文献被显示在结果列表中。不过相对而言，限定于标题搜索，这个误差值整体将会更小。因此下面仅以标题作为搜索范围，对网络舆情和网络舆论的研究趋势做简要的说明。

以网络舆情、网络舆论、两者以“OR”关系分别作为标题的关键词，搜索结果如图 1–12 所示。需要指出，该搜索结果仅针对中文文献。

图 1–12　知网篇名包含“网络舆情”的文献发表趋势

从上图我们可以看出：

（1）整体上而言，自 2002 年左右至今，相关主题的研究热度一直在上升，至 2017 年前后到达峰值，此后也一直基本维持在高位。从图 1-12 我们可以看出，在 2003 年文献数量有了显著的增长，虽然该增长对总量来说微乎其微，不过对于一个刚刚兴起的领域，也是极有意义的。正因为如此，陈明等（2004）将 2003 年定为“网络舆论年”，还是有一定道理的。因此从整体上说，我们也可以将 2003 年界定为网络舆情研究的元年。

（2）对比上述曲线，可以清楚地看到，国内的相关研究都是从 2008 年开始进入爆发期，该暴涨势头一直持续到 2017 年前后。因此，我们可以将 2003—2008 年确立为国内网络舆情研究的发展期，2008—2017 年这 10 年是网络舆情研究的黄金 10 年。虽然 2021 年的数据暂不全面，但是根据当前的时间，并且期刊的每月刊文量相对固定，再考虑到部分期刊可能在年底会有增刊等例外情况，综合预测 2021 年的相关发文量大概率低于上一年度。因此，也许从 2017 年开始，网络舆情研究进入稳定的衰退期，甚至极有可能从 2022 年前后进入快速衰退期，并最终近似稳定于某个低位阶段。

（3）对比“网络舆情”和“网络舆论”两条曲线，可以看到，从 2013 年左右开始，网络舆论的相关研究即步入缓慢下滑的阶段，而网络舆情的相关研究却继续上升。也就是说，对该主题仍然是研究热点的时候，网络舆论研究却降温了。事实上，这并不能说明网络舆论的研究在降温，我们可以给出另外一种解读：经过若干年的研究与发展，网络舆论和网络舆情研究逐渐同质化，网络舆情这个词逐渐被更广泛的研究者、企业人员、政府部门人员所接受。因此，网络舆情的使用者越来越多，使用范围越来越广，而网络舆论的使用者越来越少。但在研究内容本质上，它们其实并没有太大的差异。

总之，我们可以将网络舆情的研究趋势简单的总结如下：

（1）网络舆情和网络舆论是同一个研究领域的两种不同关键词的表达形式，并无本质差别。因此下文如无特别需要，我们不再区分网络舆论和网络舆情，而统一称之为网络舆情。

（2）网络舆情真正作为一个广受重视和接受的研究领域，始于 2003 年，因此我们称 2003 年为网络舆情的研究元年。

（3）2003—2008 年为网络舆情研究的发展期。

（4）2008—2017 年这 10 年是国内网络舆情研究的黄金 10 年。

（5）从 2017 年开始，网络舆情研究进入一个相对稳定的衰退期。

（6）网络舆情研究极有可能从 2022 年前后开始进入快速衰退期，直至最后近似维持在一个相对的低位。

1.6.2 网络舆情研究的主要内容

网络舆情研究已经走过了20年的历程。在这20年中，在国家社会科学基金、国家自然科学基金、教育部人文社会科学项目基金、国家高技术研究发展计划项目基金、国家重点研发计划、各省的哲学社会科学基金（或类似基金）及自然科学基金、中国博士后科学基金等的资助下，培养了数量众多的研究人才和团队，在多个研究方向上取得了丰硕的研究成果。

分析总结历年经典文献，可以总结出涉及的主要研究内容或主题如下：

（1）网络舆情理论研究。例如概念、内涵、外延、特性、辨析等。这些研究有利于厘清网络舆情的研究范围，对研究的规范化起到了积极作用。

（2）网络舆情监测相关基础研究。这方面的研究主要包括舆情监测系统的设计研究，既包括纯理论性的设计，也包括实施开发型的研究。

（3）网络舆情传播演化相关研究。该方面的研究不仅吸引了大批的社科研究者，也吸引了众多的自然科学相关研究者。社科研究者主要围绕传播学相关理论从事社科类的思辨式研究为主，当然也有传播案例式的研究。而自然科学相关研究者则主要是采用各类模型算法（陈福集等，2014；祁凯等，2020；宋英华等，2021；张继东等，2021；桑春艳等，2021）对网络舆情的演化做模拟仿真（庄穆妮等，2021；张亚明等，2020；刘怡君，2016；孙玲芳等，2014；杜智涛等，2013）来进行研究。

（4）网络舆情分析方法研究。这是一个极为多样化的研究方向，各种学科背景的研究者都可以从个人知识背景出发，采用各类方法对舆情从各种角度进行百花齐放式的研究。

（5）网络舆情治理、风险评估和应对研究。这类研究主要定位于各类突发事件、群体事件等的治理（刘美萍，2021；袁红等，2021）、风险评估（王铁套等，2012；张玉亮，2012；张一文等，2012；王青等，2011）和应对策略研究。其中主要包括舆论引导研究、应对策略研究等。整体上以人文社科方向的研究者为主。

（6）网络舆情案例研究。这也是一个多样化的研究方向，涉及的案例既有属于传统意义上敏感的舆情，也有其他一些更为宽泛、概念上的网络舆情。

（7）特定领域的网络舆情相关应用研究。虽然网络舆情研究涉及的行业领域多种多样，但是最为典型的则集中于高校、政府机关（尤其以公检法最为显著）、医疗等领域。

网络舆情的研究对象、内容及其本身特征决定了该领域是一个综合性的研究领域，其主要涉及的学科方向包括新闻、传播、情报、计算机、统计、法制、教育、管理、经济、社会学等。因此相关研究成果的刊发期刊主题分布也较广，其中最多的三个类别可以归结如下：

（1）新闻传播类：《新闻研究导刊》《青年记者》《新闻与写作》《当代传播》《新媒体研究》《现代传播（中国传媒大学学报）》《新闻界》等。

（2）情报类：《情报科学》《情报杂志》《情报理论与实践》《图书情报工作》《现代情报》《情报探索》等。

（3）管理综合类：《法制与社会》《中国党政干部论坛》《人民论坛》《人民日报》等。

当然，具体的工程化或商业产品研究也有很多，例如方正舆情系统（北大方正技术研究院，2005）等。

如前文所述，虽然舆情和舆论的内涵外延都不尽相同，网络舆情和网络舆论也同样如此。不过，抛开对基础概念的论述，在具体的研究方面，网络舆情和网络舆论的研究其实基本是同质化的。因此在下文论述中，若不是很有必要，不再做过多的区分。

1.7 网络舆情及其涨落研究的意义

随着互联网的飞速发展和社交网络的兴起，网络中的信息共享和传播日益广泛，网络对网民的生活、工作和学习渗透地更为深入。中国互联网络信息中心发布的第48次《中国互联网络发展状况统计报告》统计数据表明，截至2021年6月底，我国网民规模为10.11亿，手机网民规模达10.07亿；其中农村网民规模近3亿、微博网民规模为3.31亿，网民中使用手机上网的人群占比提升至78.5%。另外，网民的学历以初高中为主，占据了近70%的比例。网民人均每周上网时长达26.9小时。庞大的用户群，时刻不离身的手机等移动设备，多样的社交平台和错综复杂的社交连接关系等，最终产生了海量的数据。网络舆情信息正是包含在这海量的数据中。网络舆情传播速度快、范围广、影响大。在大数据的背景下，网络舆情在数据体量、产生速度和关联复杂性等方面也发生了极大的变化。舆情研究需要“尊重新闻传播规律，创新方法手段”，这样才能切实提高新闻舆论的传播力、引导力、影响力、公信力。因此舆论和舆情的研究也具有重大的现实意义。尤其随着互联网络和通信技术的飞速发展，其对社会公众的聚合能力极强，力量更不可小觑。有人指出：舆论是以社会公众的普遍感受为基础的社会智力的混合结果，其力量强过立法机关（谢耘耕、陈虹，2016）。

大数据概念的提出和大数据应用的兴起，不仅为不少传统理论和方法提供了新的应用场景，例如机器学习、自然语言处理等；也为社交网络的海量数据挖掘分析提供了一些新的解决问题的思路，并促进了相关技术的发展，例如目前较为新兴的社会计算、深度学习等技术。社交网络中存在海量的非结构化或半结构化数据，如社交网络主体的属性数据、主体间的连接数据、主体对应的内容数据、主体间的交互数据等，在大数据时代吸引了诸多专业领域的研究人员和工程人员的青睐，例如新闻、传播、情报、统计、社会学、管理、计算机、逻辑、控制、物理、数学等。网络舆情研究的跨学科性，决定了其在理论和实际应用方面都具有潜在的价值。

（1）理论价值。本书以海量的社交网络数据为研究对象，基于大数据的思维，结合社会计算、社会网络分析、自然语言处理、传播等相关理论或技术，分析提取社交网络中特定网络舆情的各类实体数据、属性数据、连接数据、内容数据等，进而通过分析时间维度的演化以确定网络舆情演化过程中最为主要的宏观涨落，并分析挖掘用户网络中的虚拟用户团伙（凝聚子群），同时挖掘用户网络中的核心节点（意见领袖）并研究其影响力扩散和评价模型、从而确定舆情演化涨落的核心激励个体性用户及社群团伙。此外，在各个典型的时间横断面上针对内容数据做情感分析、聚类分析等，以探究在博弈、用户情感倾向的变化、用户观点极化的变迁。这些内容的深入研究，对社交网络分析框架及目前方兴未艾的社会计算、社会网络分析、大数据等都具有重要的意义。

（2）实际应用价值。社交网络中信息内容繁杂多样，既有大量健康、有益的信息，也有不少非法内容。网络虚拟空间以其开放性、虚拟性、隐蔽性、渗透性及群体极化等特点，已成为人们表达个人想法的重要渠道。然而，庞大的网络用户群体和多样化的网络平台，各类移动平台与网民生活工作学习的深度嵌入以及用户之间的频繁互动，产生了海量的社交数据。这导致无法通过人工或一些简单的方式来判断分析网络舆情的传播演化脉络，更难以推断其演化涨落背后的激励因素。本研究借助社会计算和大数据处理等相关理论和方法，建立或完善社交网络中舆情数据的采集、处理、分析、挖掘、决策的一体化框架体系，实现网络舆情应对的科学化和预见性，有利于全面掌握社情民意，对网络舆情的演化趋势作出客观准确的判断，这对维护社会稳定也具有重要的社会应用价值。

1.8 本书组织架构

本书撰写的宏观技术思路是：先宏观介绍，再各个展开；先介绍技术与理论，再辅以详细案例讲解。具体而言，本书剩余章节的内容组织逻辑和架构如下所示。

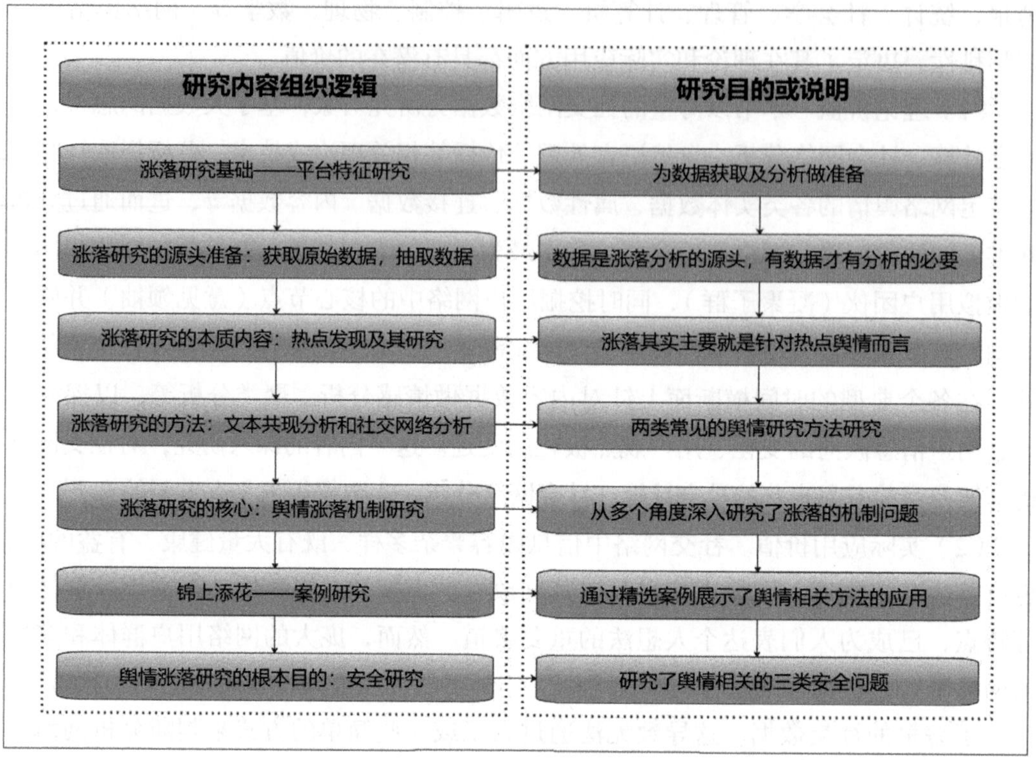

图 1-13　全书内容的组织逻辑和架构

各章主要内容及其宏观逻辑关系简介如下。

（1）网络舆情涨落研究之基——网络舆情媒体平台特征研究。该章主要是对平台的特性研究。巧妇难为无米之炊。倘若将网络舆情涨落分析比作为做一餐饭，则数据就是米，数据的产出地就是各类媒体平台。因此涨落分析的首要任务就是对大米的产出平台要足够熟悉，这样才能更好地收割更多更好的大米。本章将对舆情涨落分析数据采集所涉及的几类典型平台做必要的介绍和研究，这与后续数据获取具有紧密的联系。

本章具体的平台类型包括新闻门户、论坛、微信公众号、微博等。

（2）网络舆情涨落研究之源——网络舆情大数据信息的获取与抽取研究。本章主要是研究数据的获取和抽取。上文将数据比作大米，其实将其比作谷物更合理。获取数据即获得“谷物”级数据的过程。此时的数据一般不是能直接分析的对象，一般应将其加工，提取谷物中有用的信息——“大米”。在网络舆情涨落分析中，“谷物”级数据即最原始的 Web 页 HTML 代码，对 HTML 代码可以按需抽取其中的相关“大米”级数据。具体平台类型不同，“大米”也将不同。如对新闻、博客、微信公众号等页面类型，“大米”级数据可能包括标题、正文、发布时间等。并且，正文（新闻页、公众号页、微博正文、论坛各层跟帖帖文等）对很多分析还只是“粗大米”。我们还经常需要从粗大米中提取更为精细的营养成分，如提取其中的各类命名实体、关键词等。

本章具体的研究内容包括提出了一个通用的网络舆情信息获取框架、基于逻辑链接块的网页正文抽取、基于多种特征融合的网页正文抽取等。

（3）网络舆情涨落研究之本——网络舆情热点发现研究。涨落研究的对象是网络舆情，然而并非是无选择性的。实际的涨落分析对象常常是热点舆情，而热点舆情研究的第一要务是从海量的 Web 数据中发现舆情热点。

本章首先介绍了网络舆情热点形成的一般模式，基于随机 n-Grams 提出了一种语言无关性的文本相似度计算方法，并对其随机策略进行了较为深入的研究，进而在前述相似度计算方法的基础上提出了一个用于发现舆情热点的快速聚类方法。

（4）网络舆情涨落研究之术——网络舆情大数据内容分析及网络分析。获取了热点网络舆情数据后，其分析方法多种多样。本书重点研究了内容分析和网络分析两种方式。其中内容分析主要研究了词云分析、基于词项距离的共现分析，并且词项距离也是后续文本网络分析的一项基础性改进。网络分析主要是利用社交网络分析的方法分析用户网络，识别其中的虚拟团伙，此外，其另外一个方向即将网络分析应用于词项网络分析。

（5）网络舆情涨落研究之心——网络舆情涨落机制研究。本章主要是关于网络舆情涨落的内在机制研究。基于多年的网络舆情研究及思考，我们探索了网络舆情涨落的关键内在激励要素在于刺激与失真。其中，外部刺激是网络舆情涨落的基本原因，内部刺激则是舆情涨落的关键。舆情信息在传播中的失真是激发生产者和消费者群体创作热情和参与热情的关键，而生产者的创作热情和消费者的参与积极性会进一步导致舆情向更广范围扩展。笔者还总结了网络舆情涨落研究的一般范式、较为细致地阐述了网络舆情在时间维度、用户维度、媒体维度等方面的研究；总结了可能导致舆情暴涨的一些不当做法。

（6）网络舆情涨落研究之花——案例研究。本章精选了若干案例，这些案例都是通过我们采用本书所述的采集和抽取方法来完成数据的采集和抽取的，并采用舆情热点发现方法来发现的一些热点舆情。其中第 3 章案例“网页内容抽取及分析”包括了命名体识别（地名、行业等）及结构化数据抽取等的应用演示，第 5 章案例“论坛监测及内容和网络分析”则包含了网络舆情数据更新技术、网页正文抽取技术、网络分析、网络精简技术、网络团伙识别、内容分析等。

（7）网络舆情涨落研究之因——网络舆情中形形色色的安全问题。近些年网络舆情研究之所以吸引了来自学术界、企业界、政府部门的关注，其根本原因在于网络舆情可能导致的安全问题，如大规模群体事件及其可能引发的局部甚至全局动荡。本书研究了 3 类安全问题，分别是网络舆情载体平台安全、网络舆情载体的内容安全、基于网络舆情载体的信息隐藏安全问题。其中信息隐藏是一类早已研究、但并未被舆情研究人员关注的安全问题。

[illegible]取[illegible]细[illegible]，如[illegible]其中[illegible]类[illegible]

[illegible]通用的网络[illegible]

[illegible]主义[illegible]

（4）网络[illegible]——[illegible]

[illegible]

（5）网络[illegible]——网络[illegible]

[illegible]

（6）网络[illegible]研究[illegible]

[illegible]“网页内容[illegible]分析”[illegible]

[illegible]

（7）网络[illegible]研究[illegible]——[illegible]

[illegible]

2　网络舆情涨落研究之基——网络舆情媒体平台特征研究

媒介的形式多种多样，例如传统的报纸、广播、电视等，以及随着技术发展而诞生的依赖于互联网或移动互联网的新媒介，如电脑、手机及其他终端设备。新媒介的形式多种多样，传统的如新闻门户、论坛、博客等，当下主流的如微博、微信、直播等自媒体也是新媒介的表现形式。

网站、微博、微信、论坛是当前互联网信息最为主要的发布、传播和消费平台，也基本囊括了互联网上绝大多数的媒体平台。它们每天发布大量的话题和信息，并经由传播、扩散和交流，产生了海量的互联网大数据。

本章研究主要基于互联网下的媒体大数据。结合当前实际情况，确立研究平台为新闻门户、论坛、微博、微信。

为方便下文讨论，笔者将媒体界定为在网络中具有信息发布功能的账户或虚拟机构。具体而言，媒体有如下几类：（1）微博账号。（2）微信公众号账号。（3）新闻网站，如网易、新浪、中国新闻网等。需要注意的是：这里可以根据情况决定站点粒度大小，例如网易科技（tech.163.com）与网易新闻（news.163.com）是视为一个媒体还是两个单独的媒体，可以根据需要而定。（4）网络新闻的源头媒体，即某些并无自己的网络发布平台、其信息主要通过纸质或者合作的网络媒体发布的媒体。从这里也可以看出，在微博和微信公众号下，媒体是用户，用户也是媒体，因此笔者在下文表述时，所说的网络用户或者网民是同一指代。

网络舆情涨落研究需要大量的舆情数据、用户数据、媒体数据等作为支撑。这些数据分散在整个互联网中，并主要存在于新闻网站、微博、微信公众号、论坛等。网络舆情涨落研究需要充分利用这些互联网大数据，而利用的前提就是要掌握这些数据的细节特征。

2.1 新闻网站

网站是一种历史悠久的媒体平台形式，在早期的互联网普及和各类信息传播中功不可没。即使互联网历经几轮的起伏，曾经几乎与之并驾齐驱的论坛、博客已极度萎缩甚至销声匿迹，但网站尤其是门户网站仍然是网民了解网络信息的主要渠道之一。网站自行采编的消息或者转发合作方的消息，主要来自记者等专业的采编人员，网民则作为接收方通过网站浏览这些信息。从结构和内容上来看，网站中页面种类繁多，根据不同的分类标准其划分也会不同，其结构也多种多样。不过，网站最为主要的信息载体即其中的新闻内容页面。

网站中页面种类繁多，根据不同的分类标准可以划分为不同的类型，其结构也多种多样。不过，根据研究目的，对于网站形式，下文主要讨论新闻内容页面，也就是网站最为主要的信息载体。无论哪个新闻站点，都具有基本固定的宏观结构和内容要素，它们是：新闻标题、信息来源、发布时间、正文内容。如图 2-1 所示。当然，其中正文部分往往包含着噪声内容——广告，链接中，同样常常包含广告链接块。这些都是后续网页内容抽取过程中需要去分析和避免的内容。正文中的时间、地点、人物、事件等则是网络舆情演化分析的重要基础支撑数据。热门信息（新闻）和相关新闻则是实现高效网络数据爬取的关键支撑。用户评论部分目前并非新闻网页中的普遍性内容，不过这部分内容可用于跟踪用户的情感演化变迁情况，对舆情的深入分析和研判作用明显。

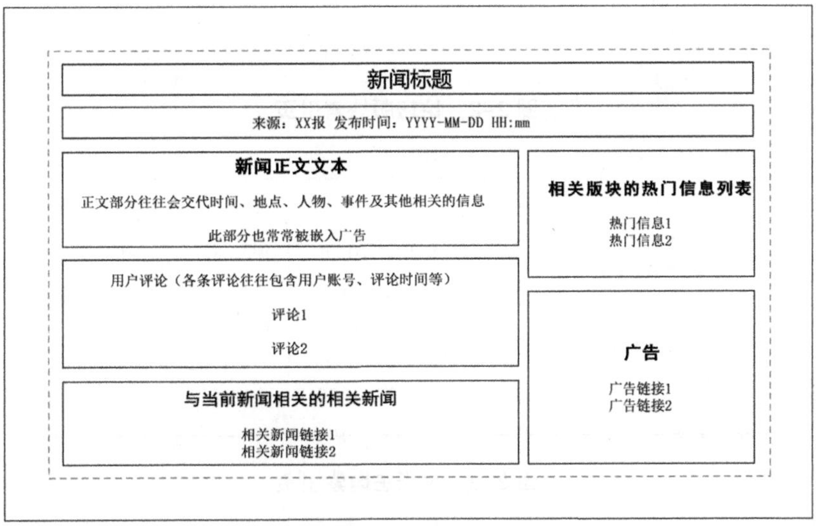

图 2-1 典型的新闻网页内容要素

此外，对很多新闻页面来讲，在页面底端还存在大量的用户评论内容。这些也是网络舆情分析的重点内容。

2.2 论坛

论坛曾经红遍整个互联网，也发展起来了多个开源或商业版本的知名论坛程序。时过境迁，论坛的发展已大不如前。不过仍然在运营的论坛数量，其实也不少。并且跳出论坛本身，我们从论坛的结构出发，其实能够开发出很多通用性更好的内容数据提取程序。因此在舆情研究中，将论坛纳入研究范畴是很有必要的。

虽然论坛程序多种多样，甚至是同样一个论坛程序，由于版本不同，其外观和布局也不尽相同，但幸运的是，在某个抽象层次上，他们是具有共同特性的，这也就为实现通用论坛数据提取提供了可能。

每个论坛都包含了成千上万甚至更多的论坛主题。但是，从页面功能来讲，其典型页面一般只有3个：论坛版块索引页、论坛主题索引页、论坛内容页，分别如图2–2、图2–3、图2–4所示。

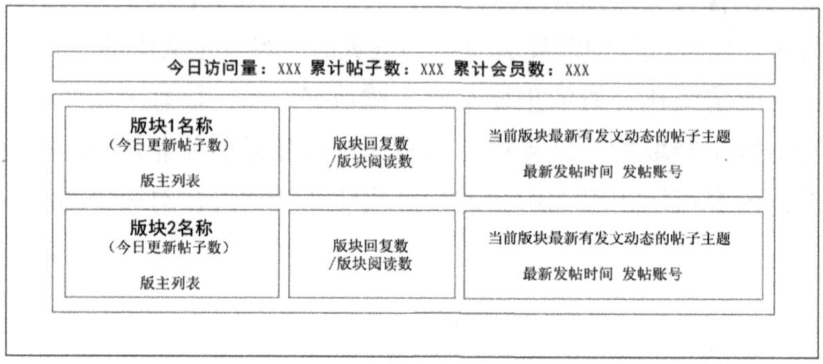

图2–2　论坛版块索引页

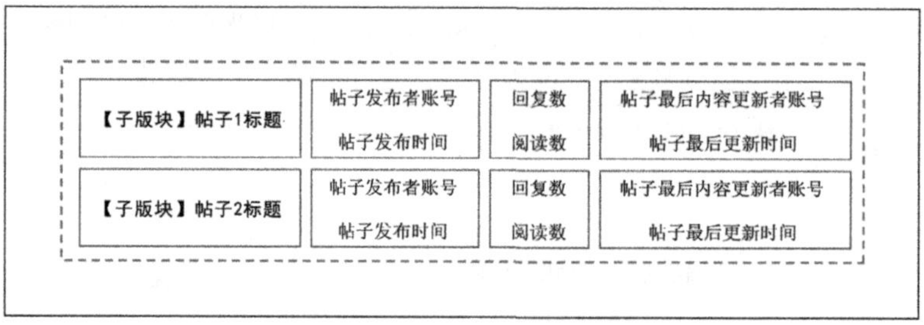

图2–3　论坛主题索引页

论坛版块索引页是论坛管理方用于展示自家论坛所有版块的页面，可以视作整个论坛网站的一个重要入口。该页面往往会包含如下要素：各版块名称、各版块的版主、各版块的今日更新量、累计回复量、累计阅读量、最新发帖主题、最新发帖的账号、最新的发帖时间等。

当对论坛进行宏观动态跟踪时，研究者可以根据今日访问量、累计帖子数、累计会员数等进行。例如通过累计帖子数和累计会员数的增量判断论坛的发展状况及活跃状况，后文中笔者对论坛的案例分析即使用了该方法。

当进行论坛数据采集时，最近更新时间可以用于判断该版块是否需要进行增量采集。当然通过相邻两次采集的更新量差值，不仅可以判断是否需要执行增量采集，也可以用于采集策略的设计，即该版块的采集间隔应该设置为多少。这是因为，对于一个更新频率很低的版块，研究者可以降低采集的频率，从而减少采集的次数；而对一个更新频率很快的版块，则可以增加采集频率从而加大采集次数。这样既可以实现对数据的全面性采集，同时也不至于给论坛造成太大的压力。

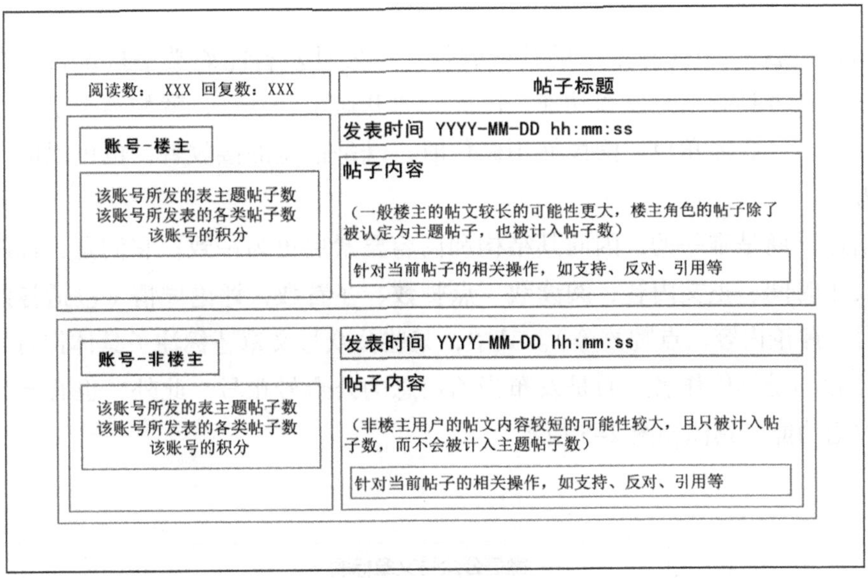

图 2-4　论坛内容页

另外由于论坛的发帖量往往具备一定的规律性，因此研究者也可以在一个较长的时间线上，采用机器学习的手段对发帖量进行预测，进而从较为宏观的层面控制采集策略。

论坛主题索引页是用于展示某个版块下若干最新主题的页面。该页面一般包含如下要素：帖子标题、帖子的发布者及发表时间、帖子的最新回复者及最新回复时间、帖子的阅读数和回复数、帖子的页数。

在执行论坛数据采集时，可以根据回复数或者阅读数来判断帖子的热度；为了更合理地判断出热门帖子，还应该考虑时间要素，避免陈年旧帖依赖于长时间的积累优势而“霸榜”。毕竟，在网络舆情研究中，我们往往更加关注的是“黑马”型帖子主题，即在最近一段时间内的热帖。

从更长的采集时间角度来看，则可以获取到某个版块下的活跃用户，以及各个帖子主题发展背后的推动用户。当然我们也可以通过帖子主题级的用户共现，构造用户网络，进而实现深层分析，此处不再展开，详见后文。

论坛内容页是论坛各个帖子主题具体内容的页面。这也是论坛内容分析的核心。其中一般包含了如下要素：各参与回帖的用户账号信息（如账户名、发帖数、回帖数、积分数等）、帖文发表时间、帖文具体内容等。

从帖子内容页出发，更容易实现对某个版块下的活跃用户，以及各个帖子主题发展背后的推动用户的获取；当然也更加容易构建用户网络。

此外在整个论坛系统中，各类索引页都以超链接导航为目标，只有内容页以表意为重点。这也就构成了论坛文本数据挖掘的基础，例如用户情感分析等。

2.3 微信

微信是一款于 2011 年推出的社交软件，主要针对智能终端手持设备。微信平台中，微信公众号具有信息发布功能，因此只要开通了公众号，就相当于手握了一个麦克风，成为一个媒体角色。网民使用微信时，既是信息的接收者，也可以同时是信息的发布者。

微信运营商是唯一的，因此其结构和内容要素也更为一致。它们是：标题、发布媒体、发布时间、正文内容、阅读数、点赞数、在看数，评论详情（包括各条评论的评论账号、评论内容、点赞数等）。其中，某些公众号文章还标注了具体作者，但此处发布媒体并不是具体作者，而是发布当前信息的公众号账号。此外，也有部分微信公众号无评论功能。具体如图 2–5 所示。

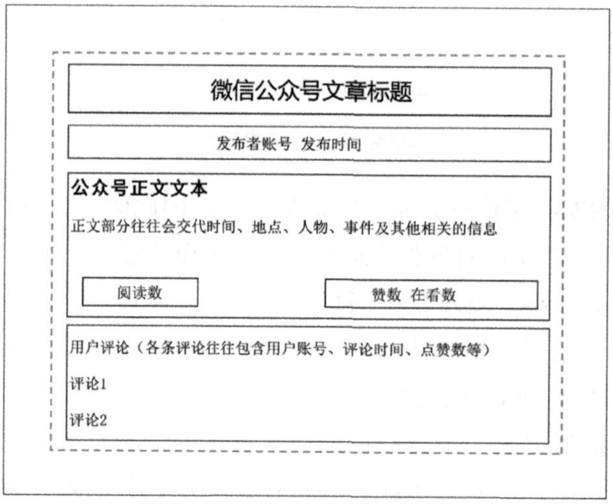

图 2–5 微信公众号结构及要素

至于微信公众平台的其他特点，由于很多与网络舆情类似，不再赘述。其他一些特性可以参考姜胜洪（2014）、王玉珠（2014）等论文。

2.4 微博

微博在国内于 2009 年推出，微博集娱乐、休闲、社交、营销于一身，满足了人们在碎片化时间里弱关系低强度的上网沟通需求，吸引了大批重量级用户。从此开启了自媒体众生喧哗的新气象，人人都是记者，人人都拥有一个麦克风。网民不再是媒体信息的单向接收者，他们同时也承担着媒体的角色，利用所有可能的碎片化时间向其他网民提供自己的所见所闻或者他们感兴趣的内容。虽然微博存在多个运营者，不过在过去相当长的一段时期内，其实是一家独大。并且从结构和内容来看，各家微博的差异并不大。因此我们只讨论单一的微博平台。由于运营平台单一，因此具有统一的结构和内容要素。它们是：账号、发布时间、正文内容、转发数、评论数、点赞数及评论详情（包括评论账号、评论时间、评论内容、评论点赞数等）。如图 2-6 所示。

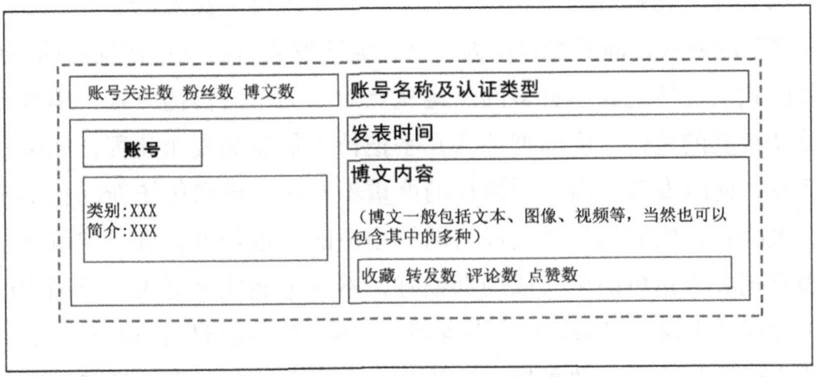

图 2-6 微博页面的内容要素

另外，与网站数目不同，微博平台的数量极少，即使全部纳入研究范畴，也不存在太大的差别和难度。因此我们仅讨论目前主流的微博，同一个微博平台下，虽然媒体不同，内容也不同，然而它们都具有相同的结构布局，这为数据的处理提供了极大的便利。

上述数据决定了基于微博网络舆情应对的重要性：①微博用户规模庞大，微博舆情可以利用微博平台迅速在网络传播；②初高中生比例大，而他们都处于思想相对不太成熟的阶段，性格较为冲动，这为舆情的传播创造了基础条件；③重量级用户是网络上的意见领袖，他们的加入，驱动着微博舆情的爆发。

网络的高速发展，带来了网络传播媒体的多元化。其中微博作为草根媒体的代表，更是为网络舆情的传播带来了前所未有的契机：一方面网络舆情在微博平台中的传播速度快；另一方面任何一个微博用户都掌握着发言的"麦克风"，能轻松将自己的意见向整个微博平台发布。正是由于这种高自由度和微博信息传播的高速度，以及微博内容的不可预见性和传播的难控制性，给相关管理机构带来了各方面的挑战。

与传统媒体平台相比，微博内容趋于平民化、生活化，表达方式更为贴近普通民众的喜好，利用文字、图片、视频、声音构筑活泼多变的表达，而舍弃了传统主流媒体偏离平凡生活的内容和偏离民众常规的严肃死板表达；从而打破了传统媒体的垄断地位。目前，大量的官媒微博账号也融入了微博的表达风格，表达和内容更受消费者欢迎。

与大多数的传统媒体平台相比，微博内容具有更强的实时性。因为微博的很多内容都来自现场网民的实时文本或者视频照片抓拍，远比传统的采编发行率高。该特征在突发事件中表现得尤为明显。

微博具有更好的共享性和交互性。在微博平台中，转发、转发＋评论及@为微博平台的共享和交互带来了更好的体验，这也是微博平台有别于其他平台的地方。虽然其他平台同样可以分享和交互，但是其方式及便捷程度与微博都还是有明显差异的。任何人发布的公开信息都可以被其他人共享，并实现极为高效的交互。不再是传统的把关人"宣讲"的方式，即消费者作为受众，无法发表自己支持或反对的意见。

在传播模式上，传统媒体更多的是遵从点对面的单向传播方式，消费者作为受众只能处于被动接受的地位，中间把关人几乎把持了信息的发布流程，如决定了发什么内容，如何发，何时发等。由于话语权的严重不对称，导致传统新闻在某些新闻方面的可信度大大降低，内容偏好及选择与网络用户的贴近程度也有一定偏离。中间把关人往往代表着把关人角色的个人或局部偏好，不一定能代表更为广泛用户的内心期盼与喜好。对管理者来说，只需要控制住某些点的声音，就可以把握整个面的舆论导向。因为核心节点的数目有限，故可以轻松管理。韩运荣（韩运荣，2012）则将传播模式较为细致的分为了漩涡蔓延型、星系扩散型和节外生枝型。

2.5 关于媒体平台的几点深入探讨

在多年的网络舆情研究中，基于部分网络平台，尤其是在对微博平台的深入研究基础上，我们提出了如下一些观点。

2.5.1 记忆效应

记忆效应用于表达这样一个概念：某用户由于其在所属领域树立了权威影响，导致在所属领域有吸引眼球的事件发生时，其他人员都是通过定向方式在该账户获取相关信息的这样一种现象，即称记忆效应。

上文中的"定向方式"表征的是一种主动性和目的性。例如通过直接或间接的方式直达目标账户。具体而言，例如通过直接输入 URL 或者通过通用搜索引擎或者平台的搜索功能直接定位至目标账号，这些都属于定向方式；通过其他用户介绍目标账户而进入指定账户的情形也认定为定向方式。而通过搜索某些关键词的方式从而进入某账户的方式则不属于定向方式。

与"记忆效应"相关的字眼就是持续性影响力、权威等。在人们头脑里形成了一种类似于"有事拨打 110""有火拨打 119""看新闻打开 XX，看短视频打开 XX，找工作上 XX"这样的效果，这就是记忆效应的持续性影响力。

在网络舆情涨落研究中，经常需要设定某些排名指标。指标综合排名的最终目标就是：按照账户类型（领域），分别挑选出各个领域对广大同领域账户（甚至跨领域账户）具备记忆效应的那些账户。

与“记忆效应”相对应的是“非记忆效应”，即随机性、非定向性。通俗地说就是这样一些字眼：隔三岔五、昙花一现、有上顿没下顿。例如某些账户可能会由于某个特殊性、偶然性的事情而火爆一次，但随着事情的降温，这些账户也就慢慢淡出大众视野，并被逐渐遗忘，由于其“昙花一现”，没有对广大用户形成“记忆效应”。另外，部分商家经常通过周期性（如某些特定节假日）或者非周期性的促销活动等在某些平台中进行链式营销，从而导致短期内“火爆”。表现在排行榜上，就是那些黑马账户。

上述“记忆效应”即是广告学领域中的品牌广告的目的：追求产品的品牌效应，追求长久的转化率，而非短期的促销带来的暂时性的高转化率。

2.5.2 操作代价

操作代价用于表达这样一个概念：用于产生一条信息所需要的体力活动量（键盘操作、鼠标操作）或者脑力活动量（原创性创作或者二次性创作）。其中体力活动量是脑力活动量的直观呈现表征。举例来说，要发表一篇微博，博主首先要进行思维和结构安排（脑力活动），然后以键盘操作和鼠标操作将脑力活动的成果表征出来。原创微博和评论同时具备脑力活动和相当的体力活动量；收藏、关注等则往往可能只存在简单的脑力活动量，而体力活动则几乎没有；转发微博则介于两者之间。

依据上述表达，不难知道各项指标的操作代价大概经验排序：

原创＞评论≥转发＞互粉＞关注＝粉丝≥收藏

探讨操作代价的意义在于：首先通过操作代价这一概念可以更好地认识网络用户的某些特性，从而对某些现象进行解释；其次通过对操作代价这一概念的理解，也为网络舆情涨落研究的指标权重设置提供了依据。

对如上排序解释如下：

（1）原创的操作代价首先体现在脑力活动量上，属于智力创作范畴。与文学作品的创作相比，其创作特点主要体现在：篇幅短小、时事性强、表达简易通俗。原创的操作代价还体现在鼠标操作或者键盘操作量大，会有大量的击键动作。

（2）评论的操作代价与转发相当，但一般均小于原创。虽然转发或者评论都有智力活动存在，但是与原创不同的是，转发或者评论都是在已经有明确的范畴限定的条件下进行的，即已有主体信息的存在，相当于对主体信息进行二次扩展创作。转发和评论之所以基本持平，首先在于它们都是对主体信息的二次创作，脑力活动相当；其次在体力活动量方面，评论肯定存在键盘和鼠标操作，而转发只能确认鼠标操作存在，击键动作却不一定存在。即在评论的过程中，可以确认一定存在脑力活动量和体力活动量，而在转发的过程中，体力活动量可能几乎不存在（直接转发而不带任何评论），也可以带大量的体力活动量（在转发的同时附带自己的认真评论）。

（3）关注和粉丝完全同义，只是方向不同，所以两者操作代价相等。

（4）互粉包含关注和粉丝的双向关系，包含了双方的操作代价，故互粉的操作代价应高于关注和粉丝。

（5）收藏之所以最小，是因为针对一个收藏的操作代价仅体现在针对一条信息的脑力活动量；而关注或粉丝的操作代价不仅仅体现在针对群体性信息的脑力活动量。除此以外，两者的体力活动量可以认为等量。通俗地说，收藏动作基于一条信息（例如某一篇发文）即可确定，即看到一条感兴趣的信息就可能导致收藏；而关注动作则往往是基于对某个用户整体性的认识（例如通过其多篇发文来判断他的水平、与自身感兴趣的相关度等）而决定的。

2.5.3 操作收益

与上节“操作代价”对应，本节提出“操作收益”的概念。作为社会性动物，人的一切活动都希望有收益，收益可能是精神层面的，也有可能是物质层面的。

“收益”就是期望通过社交网络获取精神或物质层面的收益。在社交网络（如微博）中，物质收益一般是营利性用户（如各类商家、网红、流量变利用户等）所追求的，而精神收益则一般是非营利性用户所追求的，如与人交流、被人传播、认可或关注等。“操作收益”就是通过支付“操作代价”换取到的收益。如通过精心的脑力活动（脑力操作代价），组织起“骗人于无形的广告”，并付诸文字（体力操作代价），从而在社交网络上广泛传播并为自己带来物质利益。

一般而言，能导致传播更广、更容易被接受认可、更能引起关注、更能带来物质利益的操作，都是具有高操作收益的操作。

与 Web2.0 相比，微博等新兴社交平台的优势在于快捷高效的互动（由于有了明确持久的链接关系，从而有利于信息流的传播）。而作为社会中的实体——人，正是渴望着交流、认可或关注。自娱自乐的毕竟是少数，希望被人认可的则是绝大多数。

基于上述原因，就不难理解国内社交媒体上为什么更多的是新闻时事、笑话娱乐、商业广告、生活琐碎等类型。这些更容易吸引大众眼球，获取关注（即收益），同时也不会触碰政策红线。

从指标的角度来看，各指标相关操作的收益大概排序如下：

转发≥原创＞评论＞互粉＞关注＝粉丝≥收藏

对如上排序，对转发和原创着重解释如下：

转发与原创之间，之所以一般转发的操作收益更大，主要基于如下几个原因：首先转发的操作代价更小。在操作收益近似的情况下，网民当然更愿意采取更小的操作代价；其次一个被转发的信息（尤其是多人转发的信息）本身往往代表着是一个当前的热点，显然热点更容易受到关注。对于具有记忆效应的账号而言，原创的收益与转发的收益可以认为基本持平。除此之外，原创的收益均小于转发。

对热门舆情信息的转发和评论的收益更高。从新浪微博相关技术角度也可以印证这一结论。

举例解释如下。

（1）对于某不具有记忆效应的微博

假如某用户发布一篇原创文章，虽经精心编排，但是由于自身“默默无闻”，被人发现的概率很小，更难入“大号”“权威号”（具有记忆效应）用户的法眼。由于没有进入传播网络，无法经由核心节点的“中转”，因此该帖子虽然操作代价很大（精心组织编排，逐字键入），但却基本无收益（除自己看，几乎不会被发现，埋没于茫茫“信息之海”之中）。该帖子被发现最大的可能性是通过微博平台提供的搜索功能，不过在很多社交平台的排序算法之下，该默默无闻用户的文章估计排在数十数百页之后，被发现的可能性几乎为 0，亦即无收益。

现在假设某用户转发一篇热门帖子（往往产生于影响力大的用户或者经由大影响力用户的中转转发），虽然该用户本身并无影响力，但是由于转发动作的发生，该用户已在“大号”那里留下了蛛丝马迹（相当于在公共广场给自己留了个位子），被发现的可能性大大增加。从微博相关技术角度来看，由于转发关系的存在，该用户可以直接通过相关 API 被发现，而不再是一个孤岛，而是与外界联系了起来。

（2）对于具有记忆效应的微博

无论是转发还是原创，只要是其被认可的领域，其收益都是一样的，而转发的操作代价则小得多。

有了操作代价和操作收益的概念，就不难理解微博的一些特点了。

2.5.4 链式营销

本节的“链式营销”不同于常规意义的链式营销（常规的链式营销含义为：链式营销是把产品“打包”，让服务“组合”起来卖的营销模式。顺便提一下，私自以为该概念很有问题，定义为组合营销或者捆绑营销更贴切点）。

本节的“链式营销”是指借助于社交网络中节点之间的链接关系而实现营销效果在社交网络中进行链式传播的营销模式。

社交平台作为商家推广的一个战场之一。商家推广的重要目标是让更多人知道，让推广广告传播得更广更远，从而实现其终极目标。借助于社交网络的节点链接关系，可以实现营销广告达到链式指数级扩张（类似于裂变，1 变 2，2 变 4……）。当然传播距离和扩张范围并非无限延伸，而是受“六度影响力”限制。

2.5.5 马甲营销

所谓“马甲营销”，是指某些商家，为了最大限度提高推广效果，注册多个平台账号来推广自己的产品，并且很多推广内容是完全复制的，伪装程度很低。这种情况很常见，例如下面的例子：

3322088464	2013-9-4 8:00:24	大S说“就要白得像日光灯一样，白得像卫生纸一样”！！只有皮肤白的女生才有出息啊！！！简单教你一招，轻松蜕变为白雪公主~~脸上、脖子上、大腿、脚趾缝都能一起白~~白富美，女神们全都珍藏的《EMMA身体美白乳》:http://t.cn/z8feoJE
3319240180	2013-9-4 8:00:24	大S说“就要白得像日光灯一样，白得像卫生纸一样”！！只有皮肤白的女生才有出息啊！！！简单教你一招，轻松蜕变为白雪公主~~脸上、脖子上、大腿、脚趾缝都能一起白~~白富美，女神们全都珍藏的《EMMA身体美白乳》:http://t.cn/z8feoME

图 2-7　微博账号内容截图

上述两条微博内容，除了最后的短链接不一样之外，其他内容完全一样。而实际访问上述两个短链接，则对应的同一家淘宝店。

通过查阅上述 UID 得到信息如表 2-1 所示。

表 2-1　两个账号的信息

字段	账户 1	账户 2
UID	3319240180	3322088464
昵称	射手座 2013 人生感悟	天秤座 1986 之心灵感应
注册日期	2013-4-11 23：13：00	2013-4-13 20：35：20
是否认证	False	False
微博 URL	http：//weibo.com/u/3319240180	http：//weibo.com/u/3322088464
省份	浙江	浙江
城市	温州	温州
更新日期	2013-9-4 0：00：00	2013-9-4 0：00：00
微博信息量	7023	6393
收藏量	0	0
关注量	1981	1986
粉丝量	3822	3637
互粉量	888	918

对比可以看出，两个用户账号各项指标都非常接近，无疑应该对应着同一个实体人。比较有趣的是，两个账号的昵称：一个含射手座，另一个含天秤座。据此甚至可以怀疑，该用户很可能至少注册有 12 个账号，分别含有 12 星座的名称。由于系统所含账号有限，无法穷尽所有的账号，故此仅为笔者推测而已。

2.5.6 关于赞

很多社交平台目前已推出“赞”的功能，这本是推荐系统的一个基本而又重要的功能，但在社交平台中，该功能基本毫无意义。推荐系统是目前计算广告学、推荐系统相关研究领域的一个热门。“赞”本是推荐系统中实现推荐的一个重要的基石，是推荐系统赖以存在的必需。但是在推荐系统中，至少存在两个选项：赞（顶、支持、鲜花等）和贬（踩、反对、鸡蛋）。

目前很多社交平台中，赞属于“推荐系统”的不成功抄袭版本。其无意义表现如下。

（1）社交平台的“赞”表意不明确。虽然社交平台下该功能设计者的初衷可能是“支持”的意义，但是网络用户却不一定认可，或者在网络用户心目中其具有另外一些意思。例如，某条让人义愤填膺的平台发文，虽然其内容可能被万人唾骂，基本不会有人认可，但是“赞”的人可能很多，因为网络用户更希望以这种“赞”的方式来顶该条信息，让该信息传播得更远，被更多的人知道，从而促使其解决。所以这也就意味着，对信息内容认同的人可能会去“赞”，但某些不认同微博内容，却希望微博内容能引起更大关注的人也可能会去“赞”。相关例子很多，此处不再列举。

（2）有对比才有意义，无对比的数据不能说明任何问题。在社交平台中，只有一个“赞”，而无表达“踩”这层意义的操作。这也就意味着无论有多少人“赞”，也无法得到什么结论，因为“踩”的人有可能更多，只是无法知道究竟有多少而已。被“赞”超过 10000 的帖子，有可能是因为它本身关注度高，希望“踩”它的用户可能超过 1000000；而被“赞”100 的帖子，有可能“踩”的人为 0。

2.6 小结

本章主要介绍了本书所涉及的一些媒体平台，例如新闻门户网站、论坛、微信公众号、微博等。其中比较具体地介绍了这些媒体平台下的半结构化数据特征，并且基于长期的研究经验，总结并提出了媒体平台的几个深入问题，具体包括记忆效应、操作代价、操作收益、链式营销、马甲营销以及关于赞的问题。

本章的研究是为了下一章网络数据采集的针对性、叙述的便利性以及易理解性做准备。

3　网络舆情涨落研究之源——网络舆情大数据信息的获取与抽取研究

本章主要研究网络舆情原始 Web 数据的获取，以及获取后对页面内特定数据的抽取，尤其是正文文本数据。

本章首先介绍了通过网络舆情信息获取框架的设计思想，进而研究了一种针对新闻、博客等网页的正文抽取方法——基于逻辑链接块的网页正文抽取方法，此外还研究了一种针对循环结构网页的网页正文抽取方法——基于多特征融合的网页正文抽取方法，该方法可以被广泛应用于对论坛、各类网页评论的获取。最后笔者通过一个例子讲解了相关方法的应用思路并进行了分析。

3.1 通用网络舆情信息获取框架的设计理念

基于大数据的网络舆情越来越受到重视，相关研究近年来明显增加（黄微等，2015；夏火松等，2015；李金海等，2014；刘继等，2019；王晰巍等，2020）。不过，网络舆情数据的获取是进行舆情涨落分析的第 1 个重要步骤，数据的可获取性及量都是关键要素（唐涛，2014）。因此舆情信息的采集是一项基础而又重要的环节。该步骤相对比较简单，并不需要高深的理论知识，其框架如图 3-1 所示。

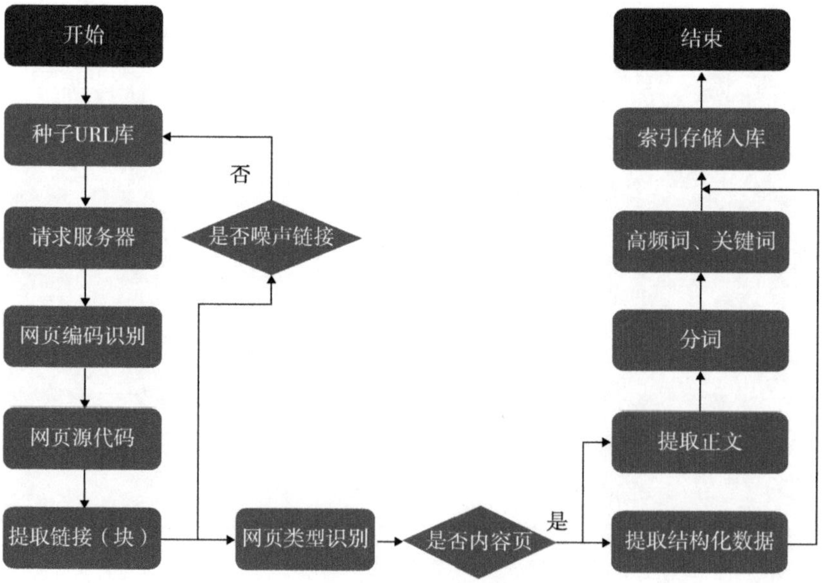

图 3-1　通用网络舆情信息获取框架

为了后文表述方便，这里首先给出两个定义。

（1）定向采集：限定了采集范围的采集称为定向采集。即通过给定初始采集种子，并且在后续采集当中，仅仅只是限定采集种子所在的域名，而不会在种子之外的域上进行采集。例如若给定种子 www.abcd.com，且设定采集模式为定向采集，则后续只会在 www.abcd.com 域内进行采集，类似 www.abc.com、www.1234.com 等域名，爬虫程序是不会去采集的，即使在 www.abcd.com 的首页上有 www.abc.com、www.1234.com 亦是如此。

（2）主题采集：限定了所采集网页内容主题的采集。即只有当某个网页的内容隶属于指定的主题的时候，才会被纳入采集范围，否则不予考虑。例如当执行舆情热点追踪的时候，一般都采用主题采集模式。主题采集一般通过指定关键词或者关键词的组合来实现。

简而言之，定向采集就是限定所采集网址 URL 所在的域，而主题采集则是限定网页当中的内容。

除了以上两类，其他的都属于普通采集，上面两类也可以视为普通采集的特例。

下面将针对部分重要部分稍做阐述。

（1）种子 URL 库。该库可以根据需要进行设计，既可以统一为一个库，也可以分为两个库，即人工审定的种子库和在数据采集过程中自动发现的新 URL 库。当很清楚自己的采集目标及范围时（定向采集或主题采集），可以分为两个库，这样后续可以通过在自动发现的新库中挑选中意的 URL 的方式将其放入人工审定的种子库中，该方式一般采集效率较高，采集范围也被限定在一个固定的范围内。

（2）请求服务器。当执行无特定目标的采集时，可以直接利用种子 URL 请求服务器；但是在有特定主题的采集时，为了提升采集效率，初始时也可以利用搜索引擎来进行，此时在请求时不仅需要 URL，还需要根据采集主题，在请求的同时发送相关主题信息，例如某些关键词。

（3）网页编码识别。一般地，绝大多数网页文件的实际编码、网页所声明的编码及 HTTP 协议的头部信息中的编码是一致的，此时不会出现乱码，因此无须特别的操作即可获得网页源代码。但是，也存在部分网页出现声明编码和实际编码不一致的情况，此时就可能导致乱码。因此为了避免乱码，一般需要对网页的编码进行识别以获取正确的网页源代码。

（4）提取链接或链接块。一般地，在数据采集场合，采集的对象不仅仅只是提供种子的 URL。况且，一般种子 URL 并非具体的内容页，它们往往是索引型页面，即以超链接为主体的页面。无论是采用深度优先遍历还是广度优先遍历，都需要从种子 URL 向更广的采集范围扩展，这些扩展的 URL 正是来自采集过程中所提取的链接。

（5）链接判断。无论是内容页还是索引页，页面上都不可避免的包含很多噪声链接，如广告链接等。因此链接的提取并非毫无选择地全部提取，往往需要一定的策略支持，具体分为两种：噪声去除和主题链接优选。对噪声去除策略，一个有利的现象是：网页中的噪声链接往往是呈块状分布的，由于块常常比单独的链接包含了更多的信息，因而通过分析链接块来实现链接的提取或去除是一个不错的选择。例如我们曾经提出了基于区块树及逻辑链接块的方式来进行网页链接块分析的方法，可以用于辅助链接块的优选提取。对主题链接优选，一般可以采用超链接的锚文本来快速确定，该方式的优势是效率高，但缺点也较为明显，即可能会出现漏采现象。

（6）网页类型识别。在Web大数据时代，基于网络的数据采集和信息抽取，一般不太可能依赖于人工来进行提取。但自动化的抽取面临的第一个问题即网页类型，这是因为网页类型不同，其结构布局和内容安排都将不同。例如论坛页面和新闻页面显然差异较大。目前现有的关于各类网页内容的抽取研究，基本都是假设网页类型已知且类型一致。例如仅针对新闻网页或仅针对论坛网页，这离实际应用和全自动化还有一段的距离。这个距离正是体现在网页类型的自动识别上。根据多年的研究积累，我们将网页类型总结为：索引型（各类网站的首页，如新闻网站的首页或频道首页、论坛首页或版块首页等）、单主题页面（不支持回复或者没有回复的新闻页面、博客页面、微信公众号页面等）、中心主题页面（即带回复的博文、新闻页、微博、微信公众号等）、循环型页面（论坛、贴吧等）等。

（7）提取结构化数据。目前，在商用场合，为了确保各类信息的提取正确率，一般都以人工制作信息抽取模板的方式为主。不过事实上，页面一些特征性的半结构化数据的提取一般相对较为容易。这些特征性数据主要包括发布时间、来源、标题、作者等，他们在自身或位置上都有较为明显且固定的特征。例如，发布时间经常以正则表达式的方式来进行提取，结合其位置信息，便能比较准确的确定。

（8）提取正文。网页正文的提取较之上述特征化数据更难，因此相关研究也更多，方法也更多种多样。但由于网页类型不同，则正文所呈现的位置或方式便不一样，因此一般需要先判断网页类型在执行正文抽取。后文将提出两类网页的正文提取方法。

（9）分词。分词是自然语言处理中的基本技术手段，例如词袋模型、文本向量空间模型等都直接或间接的需要分词支持。目前，由于分词的重要性，相关工具或开源代码也较多，且效果也非常好。知名的例如结巴分词 jieba（https：//github.com/fxsjy/jieba）、北京理工大学 NLPIR（https：//github.com/NLPIR-team/NLPIR，前身即中科院计算所 ICTCLAS）、哈工大 LTP（http：//ltp.ai/）、HanLP（https：//github.com/hankcs/HanLP）、斯坦福大学中文分词工具 Stanford NLP（https：//nlp.stanford.edu/software/segmenter.shtml）、清华大学 THULAC（https：//github.com/thunlp/THULAC-Python）、复旦大学 FudanNLP（https：//github.com/FudanNLP/fnlp）、北京大学 PkuSeg（https：//github.com/lancopku/pkuseg-python）、SnowNLP（https：//github.com/isnowfy/snownlp）等。值得一提的是，前述这些工具往往具有的并不仅仅是单一的分词功能，还具有丰富的

自然语言处理相关功能。

（10）高频词、关键词提取。高频词的提取较为简单，分词完毕，高频词根据频次即可获得。因此关键在于关键词的提取。前文的 jieba、NLPIR、HanLP、SnowNLP 等都具备关键词提取的功能。知名的关键词提取算法有 TextRank（夏立新等，2020）、TF-IDF（王曰芬等，2020；丁晟春等，2021）、LDA（李振鹏等，2020）等，新开发的相关算法更是层出不穷。

（11）索引存储。该步骤可以根据具体需要来确定是否进行索引，或者具体如何存储。

随着大数据的兴起，人们对数据的需求与日俱增，数据的价值逐渐被人们所重视。网络在人们日常工作生活学习中的渗透日益深入，从而成就了网络成为大数据宝库的地位。不过不幸的是，网页作为网络上最主要的数据载体，所承载的数据基本都是非结构化或半结构化的，这给人们的分析和研究造成了无法逾越的一道坎。因此，信息抽取成为 Web 大数据研究的一个重要课题。网页中的信息纷繁复杂，根据其所在的平台不同，网页所包含的信息也将不同。不过，对绝大多数的网页而言，网页正文抽取是信息抽取最为重要的内容之一。

下面将介绍我们对网页正文抽取的研究。

3.2 基于逻辑链接块的网页正文抽取

3.2.1 引言

网页中包含着两类最为丰富的资源：文本和链接。这两类资源往往混杂在一起，给人们的信息抽取和利用带来了很大的困难。

由于网页本质上就是由特定标签和文本构成的文本文件，并且研究者很早就发现了网页布局的嵌套性和层次性，因此发明了 DOM 技术来对网页进行处理。在 DOM 技术的加持下，网页的信息组织变得层次分明，即文本和链接呈现出一定的规律性——块状分布。基于 DOM 技术的网页信息抽取方法非常多，如李桐宇等（2018）的工作，为网页大数据的语料库等的构建做出了巨大贡献。

3.2.2 相关工作

网页信息抽取是指根据具体的分析和应用需求，从网页中抽取特定的信息内容。网页正文抽取是该研究的主要方向之一，其研究历史较长，相关方法众多。有学者将网页的抽取方法总结为基于 Wrapper、模板、机器学习、视觉布局特征、HTML 特征等五类（AL-GHURIBI S M et al，2013），其中 Wrapper 和模板法的通用性一般认为较差，且一般需要人工参与，并需要持续地更新维护，极为耗时费力。鉴于此，无须模板支持或人工监督的 Wrapper 算法被提了出来，并取得了较好的效果（WANG J F et al，2009；HE J et al，2013）。机器学习的方法需要借助合适的训练集和适量的特征（PETERS M et al，2013；Hassan A et al，2014），且难以完全脱离人工监督；利用视觉布局特征方法的典型代表即 VIPS 及类似方法（Cai D et al，2003；Michael Cormier et al，2016；Jan Zeleny et al，2017），该方法虽然准确率较高，但是对网页的解析要求过于精细，计算消耗大，面对大量非规范化的网页时其健壮性难以保证，且在当前普遍采用 CSS（W3C，2021）来控制各页面标签的视觉呈现效果的情况下，还需要另行解析相关 CSS，最终导致解析任务量大，程序健壮性欠缺；基于 HTML 特征的相关方法大多偏向一些启发式规则（XUE Y et al，2007；AHMADI H et al，2012；JI X W et al，2010；WANG J Q et al，2008；Patricia Jim é nez et al，2016）或一些统计规律，通用性有待提高，且各种抽取规则的制作也较为耗时费力。此外，也有研究者提出了其他的一些方法，例如利用模糊神经网络实现页面分块的方法（CAPONETTI L et al，2008），MSS 页面分块方法（PASTERNACK J et al，2009）等；此外也有将上述方法进行一些融合的方法，例如文献（王海艳等，2016；Leandro Neiva Lopes Figueiredo et al，2017）。文献（Emilio Ferrara et al，2014）对各类抽取方法都进行了分类。目前关于网页信息抽取的相关方法基本都是基于标签树（WONG T L et al，2009；SON J–W et al，2013；UZUN E et al，2013）进行的，而 DOM（W3C，2021）是构建标签树最为常见的一种方式，XPath 则经常基于 DOM 进行内容分析及抽取（ÁLVAREZ M et al，2008）；其他方法也基本都以 HTML 标签树或 DOM 为基础（ÁLVAREZ M et al，2008；李志文等，2013）。这类方法都对 HTML 的规范性提出了较高的要求。另外，在基于解析 HTML 的 DOM 的方法中，常需结合文本或链接密度（刘鹏程等，2018；郗家贞等，2016；廖建军等，2018；朱泽德等，2013）、标签比率（David Insa et al，2013；Yu–Chieh Wu et al，2016）、标签路径（Wu Gong–Qing et al，2016）信息等进行正文抽取，这些方法在处理正文很短的页面时效果欠佳，因此短正文的情况已获得研究人员的关注并取得一些成果（郗家贞等，2016）。

现有的网页信息抽取相关方法，尤其是基于标签树的各种方法需要网页遵从较好的规范，这种规范既包括 HTML、XHTML 等标签语法规范，也包括语义设计方面的规范。但实际上，在海量的 Web 页面中，有相当数量的网页并不遵从 HTML 等标签语法规范和语义设计规范。此外，基于 DOM 的分析还受 CSS、背景图、Flash 等的影响（Ahmet Selman Bozkir et al，2018）。这就决定了基于标签树或 DOM 的各种方法仅能在设计规范或易于矫正的网页中获得良好的效果，而在非规范化网页中则显得捉襟见肘。

基于长期的网页解析经验，我们发现：网页中的链接，除了可以站在 DOM 解析的角度来进行标准块状切割，也可以站在另外一种角度来审视——逻辑链接块。我们

（Wang，X.M. et al，2015）提出了代码距离、文本距离、链接距离，并基于此提出了逻辑链接块的概念及其识别方法。该文的逻辑链接块发现方法，避开了传统链接块识别所不可或缺的标签树解析或者 DOM 解析过程，从而也就无须在标签树解析或 DOM 解析上耗费大量的计算资源，同时避免了解析纷繁复杂且缺乏规范的 HTML 时的各种问题；另外，逻辑链接块的判别规则简单、无须复杂计算，对 Web 页面进行一次扫描即可同时完成逻辑链接块的发现与判别。其分析速度快、抗干扰性强、能更好地适应设计不规范的 Web 页面，且不要求链接块内的链接主题内聚性高，这也就决定了该方法在 Web 页面文本抽取方面有着潜在的应用价值。

因此我们提出了一种基于逻辑链接块的新闻网页正文抽取模板的抽取方法，该方法在抽取网页模板及正文的过程中，仅仅只依赖于当前网页自身，无须启发式规则的支持，这决定了该方法具有良好的通用性；该方法对网页模板的抽取过程，无需人工干预，自动化程度高；抽取的模板形式简单，容易使用。这就决定了该方法在 Web 页面正文抽取方面有着潜在的应用价值，在其他对链接块精细粒度要求不高的 Web 信息处理和挖掘领域中也具有广泛的应用前景。

3.2.3 基于逻辑链接块的网页正文抽取模板生成及正文抽取

（1）相关定义及方法原理

为了下文表述严谨和方便，此处先给出相关的定义。

① HTML 构件及网页原子化

HTML 构件是指构成 HTML 的基本要素，构件也被称为原子，记为 e_i，具体分为 HTML 标签构件、内容构件。网页原子化是指将网页代码转换为 HTML 构件（原子）表达的过程。HTML 原子化的表达记为：$H=\{e_1,e_2\cdots\cdots e_n\}$，$n=Card(H)$ 为网页中构件集合中的构件总数。

②复合构件、网页元素化及行元素

复合构件是由若干邻近的构件复合而成，也被称为元素。网页元素化是指将网页代码转换为复合构件（元素）表达的过程。元素化的表达记为：$H=\{E_1,E_2\cdots\cdots E_m\}$，$m$ 为网页 HTML 代码按照某种划分规则后的复合构件数。一般地，网页元素化的划分标记应采用回车换行符，即利用网页 HTML 代码中的回车换行符将网页元素化，此时 HTML 中的每一行即被称为行元素。其好处在于充分利用了网站开发者对网页的某种程度的语义划分，因而效果极佳。

③网址相似度规则 RuleURL

网址也是一项极为有用的资源，尤其在一些初步筛选场合，例如对网页或链接分类及高相似度网页的筛选（Inma Hernández et al，2014；Inma Hernández et al，2016），这可以减少不必要的页面下载过程。

为减少整个程序的处理时间，本方法中利用URL进行初筛。设当前处理网页的网址为参考网址，记为url，从该网页提取的同域网址为$URL=\{url_1,url_2\cdots\cdots url_n\}$，则第$i$个网址与参考网址$url$的相似度为：

$$sim\left(url,url_i\right)=\frac{Len\left(lcs\left(url,url_i\right)\right)}{Len\left(url\right)}$$

其中，lcs 表示求取的最长公共字符串，Len 表示求取的字符串长度。

④模糊正文区域识别规则 RuleText 及模糊正文长度 lt

设网页元素化后得到$H=\{E_1,E_2\cdots\cdots E_m\}$，对各复合构件依次进行文本抽取得到$T=\{t_1,t_2\cdots\cdots t_m\}$，其中$t_i$表示由$E_i$抽取而得到的文本。则模糊正文区域为：

$$a=\underset{i}{argmax}(Len(t_i))$$

即模糊正文区域是通过识别包含最长文本的构件行序号来表达的。模糊正文长度即模糊正文区域对应的所抽取的文本长度，记为$lt=Len\left(t_a\right)$。

⑤首元素判别规则 RuleFirst、尾元素判别规则 RuleLast

首元素是指处于网页正文区域之前且具有唯一性的复合构件。尾元素是指处于网页正文区域之后且具有唯一性的复合构件。首元素和尾元素是网页中具备标识性、且往往也具有一定通用性的复合性构件，网页正文抽取模板正是依赖于首元素和尾元素而构成。

正文区域的首元素和尾元素的识别是基于$(c+1)$个页面进行，其中前c个页面即候选链接对应的页面，第$(c+1)$个页面即当前待提取正文的网页。这些页面记为$H_1,H_2\cdots\cdots H_{c+1}$，第$i$个页面元素化或原子化表达为$H_i=\left\{E_{i,1},E_{i,2}\cdots\cdots E_{i,i_m}\right\}$，$i_m=Card\left(H_i\right)$表示第$i$个页面中的复合构件数，第$i$个页面的模糊正文区域为$a_i$，利用$a_i$可以将$H_i$分为两个部分，分别记为$H_{i,1}=\left\{E_{i,1},E_{i,2}\cdots\cdots E_{i,a_i-1}\right\}$和$H_{i,2}=\{E_{i,a_i+1},E_{i,a_i+2}\cdots\cdots E_{i,i_m}\}$。

将各页面切分后的前后两个部分分别求交集，分别得到：

$$E_{itrs,F}=\bigcap_{i=1}^{c+1}H_{i,1}=\{E_{1,F}\cdots\cdots E_{u,F}\}$$

$$E_{itrs,L}=\bigcap_{i=1}^{c+1}H_{i,2}=\{E_{1,L}\cdots\cdots E_{v,L}\}$$

其中，$u=Card\left(E_{itrs,F}\right)$，$v=Card\left(E_{itrs,L}\right)$，分别表示模糊正文区域前后复合构件集合交集的元素数。需要注意的是，求交集后各元素的顺序应维持其原有的顺序不变。

从上述两个集合中，我们利用特征“首尾元素都应该出现尽可能的少，且尽量接近正文区域”即可实现对正文的抽取。

⑥正文抽取性能评价指标

针对某单一网页的评价标准，我们采用常规的精确率（P_i）、召回率（R_i）进行评价。分别定义如下：

$$P_i = \frac{Len\left(lcs\left(text_i^M, text_i^A\right)\right)}{Len\left(text_i^A\right)}$$

$$R_i = \frac{Len\left(lcs\left(text_i^M, text_i^A\right)\right)}{Len\left(text_i^M\right)}$$

其中，i用于标识某个单一网页，同时也为了和下文整个数据集的两个指标区分，因此将i作为单一网页评价指标的下标或上标。$text_i^M$表示针对第i个网页的手工抽取文本，$text_i^A$表示针对第i个网页的自动抽取文本。

针对某个数据集的抽取结果，同样采用精确率P、召回率R两项指标，只是此处P、R两项指标是该数据集中各网页抽取精确率和召回率的算术平均值。定义如下：

$$P = \frac{1}{n}\sum_{i=1}^{n} P_i$$

$$R = \frac{1}{n}\sum_{i=1}^{n} R_i$$

其中，n表示数据集大小，i表明数据集中于第i个页面。

（2）网页正文抽取模板的生成

一般地，几乎绝大多数的网站，例如新闻、博客等类型网站，其具体的内容详情页面中，网页中部主要用于展示该页的主要内容以及大量相关链接。这些有着各类相关链接的页面，往往具有相同的结构模式。相同的结构模式为模板的自动化抽取提供了理论上的可行性。

从上述分析我们不难得出，模板分析的关键点如下：

①相似网址的识别

相似网址的识别通过网址相似度规则RuleURL进行，其目的在于获取 s 个相似网址，以供后续相关计算使用。

②网页元素化

在常规的未压缩或压缩极其有限的情况下，网页元素化的划分标记采用回车换行符即可；但若针对的是严重压缩的网页，则应先执行网页原子化或元素化操作。

③定位模糊正文区域

模糊正文区域定位，即识别出正文区域的特定子区域，而不必准确的识别出整个正文文本块。这也是本方法不同于以及优于其他基于文本密度来提取正文方法的关键之处。

④确定首元素和尾元素

利用首元素和尾元素规则，识别出正文区域之前和之后的标识性复合构件，从而确定该网页的正文抽取模板。

（3）网页正文的抽取

利用前述方法对网页进行网页正文抽取的核心流程如图 3-2 所示。

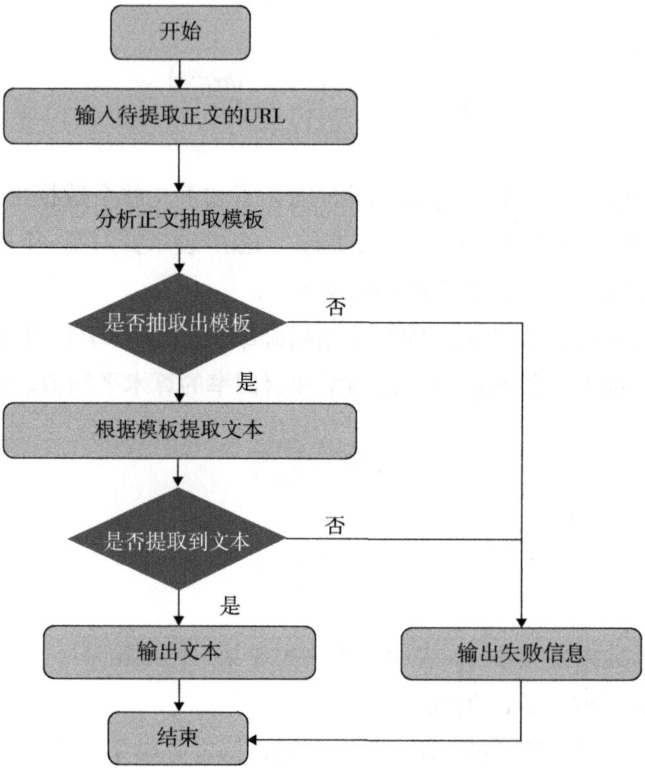

图 3-2　网页正文抽取核心流程

3.2.4 实验

（1）实验数据及方法

目前专门用于网页正文抽取评测且获得公认的数据集极少。CLEANEVAL（Baroni M et al，2012）是一个较为经典的用于评测网页抽取的数据集，提供了英语和中文两种语言的网页合计千余个标注结果。但由于该数据集长期未更新，数据集中所收录的大量网页的来源网站有的已关闭，导致其所提出的方法无法使用该数据集。因此我们采用搜狗实验室提供的全网新闻数据（搜狗实验室，2021），并自行采集了若干国内较为知名的一些网站，得到了一些最新的网页数据。样板最终合计 10 个网站，每个网站抽取 200 个网页。

实验相关参数设置如下：

①网页元素化的划分标记采用回车换行符；

②相似网址数 $s=30$；

③权重调整因子 $\propto=0.8$；

④候选链接数为 2。

另外，为了和基于密度的方法（简记为 CED）进行比较，笔者采用廖建军（2018）所提的密度方法及设置针对同样的数据进行了抽取实验。

（2）实验结果

利用前述所提的方法和基于密度的提取方法，针对如上数据的实验结果如表 3–1 所示。其中 P 表示精确率，R 表示召回率。

表 3–1 实验数据及结果

序号	网站	CED（%）			CELLB（%）		
		P	R	F1	P	R	F1
1	网易	91.21	90.17	90.69	94.92	96.73	95.82
2	新浪	95.47	96.39	95.93	93.49	96.64	95.04
3	温州网	96.57	98.53	97.54	99.57	100.00	99.78
4	北青网	91.48	95.26	93.33	99.70	100.00	99.85
5	中国新闻网	94.34	93.63	93.98	96.97	94.87	95.91
6	中华网	96.58	97.36	96.97	92.07	100.00	95.87
7	中国网	96.16	96.29	96.22	92.10	95.14	93.60
8	新华网	94.93	93.73	94.33	89.20	95.68	92.33
9	浙江在线	97.32	96.86	97.09	91.65	98.75	95.07
10	凤凰网	93.95	98.45	96.15	98.98	100.00	99.49
平均值		94.8	95.67	95.22	94.87	97.78	96.28

从上表可见，前述方法的准确率平均值为 95.02%，召回率为 98.23%，表现良好，其中召回率表现尤其突出，近一半网站的召回率为 100%。从三个评价指标平均值来看，都较基于密度的方法（CED）稍好。

从具体站点来看，前述方法在北青网、温州网等站点表现突出，但在新华网、中国网等站点的表现有待进一步提升。不过整体而言，在多数站点上，本方法优于基于密度的方法。

（3）抽取失败的几种现象

通过分析失败页面的抽取结果，可将失败的主要表现总结为如下几种：

①未抽取到正文。即完全没有任何正文部分被提取，该现象的直接原因是未提取到首元素或尾元素或者两者均未被提取。

②抽取到的正文带有“小尾巴”。即除正常的正文外，还抽取了正文之前或之后的一些其他非正文的内容，该现象的直接原因是提取到的首元素或尾元素过于宽泛。

③抽取到的正文有部分遗漏。即有一部分正文没有被正常提取，往往遗漏的是正文前面的一部分或正文后面的一部分，该现象的直接原因是提取到的首元素或尾元素过于紧密。

（4）与文本密度方法的比较

结合对具体页面的抽取结果的分析可知，所提出的方法与基于文本密度的方法主要异同点体现在下面几个方面：

①当处理正文极短的页面时，相对而言，所提出的方法往往具有非常好的效果，这正是常规基于文本密度抽取方法的短板。基于文本密度的方法极其容易受到其他非正文纯文本的影响，尤其是在处理正文较短的网页时，错误率更高。例如 http：//ent.163.com/17/1110/13/D2SQ8TG500038FO9.html。传统的基于文本密度等信息的方法一般无法正确处理这一类页面，因为正文太短时，该区域的文本密度很低，从而导致误判。对于这种情况，所提出的方法则一般不会出现这种错误。

②当处理正文文本较长的页面时，两个方法效果基本相当。

③当待抽取页面中不存在相关链接时，所提出的方法无法实现正常抽取，例如 http：//sports.xinhuanet.com/c/2017-11/14/c_1121950475.htm。

总体而言，笔者所提出的方法在测试数据集上表现良好，在精确率的表现上稍好于对比方法，在召回率的表现上则明显好于对比方法。另外，笔者所提出的方法在进行模板提取时，一般不会出现提取不到首尾元素的问题。这是因为，对于任意模糊正文区域，在“最差”的情况下，起始元素会得到“</head>”或“<body>”；而尾元素会得到“</body>”。此时由它们界定的区域虽然过于宽泛，但是却不会遗漏正文，此时召回率为 100%，这正是笔者所提出的方法能取得极高召回率的根本原因。

3.2.5 结语

本节提出的基于逻辑链接块的网页正文模板抽取方法，无须人工干预，自动化程度高，对 HTML 代码的规范性要求不高，也无须对 HTML 进行精细解析，因而程序容易实现且更健壮；逻辑链接块的识别和去除，剔除了对模板抽取容易造成干扰的一些无关结构，大大提升了后续模块分析和抽取的正确率。所提出的方法可以广泛应用于新闻、博客等网页正文的自动化抽取，因此可以应用于新闻门户等平台的网络舆情信息抽取。

3.3 论坛网页正文抽取研究

如前文所述，网络上各种不同平台的网页结构往往不同。例如新闻门户、微博、微信公众号、论坛等。其中新闻门户和微信公众号页面的抽取方法基本是可以通用的，这在前一节我们已经研究过。

3.3.1 研究现状

网页信息抽取方法众多，抽取的内容涉及正文、标题、时间以及各类结构化或半结构化信息。其中，结构化和半结构化的信息以其包含丰富的文本内容吸引了诸多研究人员的兴趣。在结构化和半结构化信息抽取中，较为典型的即对全循环结构的论坛帖文以及各类用户评论的抽取。此外，部分新闻或博客的网页正文也是全循环结构。循环结构是网页中较为普遍的一种结构，对论坛网页来说更是如此。这一结构的网页中包含了丰富的富有价值的信息，因此也吸引了大量相关研究者。例如，Stack Overflow 网站中具有丰富的问题及相应的人工选择的答案，抽取这些信息将具有重要的价值（Elalfy D. et al.，2018）。另外，需要说明的是，循环结构网页中同样存在着单一特定内容的抽取问题。

循环结构网页内容的抽取，常常是基于标签树或 DOM 树而进行的，并辅以若干抽取规则或者模板完成。如关晁等（2010）通过标签树识别数据区，进而利用帖子标题、帖子内容等 4 条规则识别数据记录。抽取模板的生成分为手工和自动两种方式。其中，手工方式效率低、更新维护复杂。因此，研究重点普遍放在自动模板生成上。自动模板主要是通过发现网页内或网页间的重复模式实现的。其中，通过网页间的重复模式生成抽取模板的方法是一种依赖型抽取。它们不仅需要多个网页，往往还需要网页的 URL 信息来辅助抽取。仅通过网页内重复模式生成模板的方法为无依赖型抽取，因而执行效率往往更高。在现有文献中，重复模式往往体现为标签路径、宏观布局、视觉特征上的相同或相似，其中视觉特征相同的本质在于其结构的相同。王允等（2010）首先对网页进行处理，只保留块级节点，继而利用 Web 论坛网页布局相似程度找到含有大量相似子节点的节点。节点相似性是通过计算 DOM 树节点内子节点之间的相似度来实现的。计算过程中利用了节点属性，例如 width、style、align 等。但目前互联网上绝大多数的网页均采用 CSS 来设计，即 width、align 等诸多节点属性不再在页面中出现，而是被移到独立的 CSS 文件中，因而这也就意味着该方法的执行需要同步解析网页文件和对应的 CSS 文件，在效率上存在较大问题。韩普等（2010）利用了多个页面间标签路径的共性特征来分析抽取规则，方法简捷有效。但该方法也存在两点不足：（1）该方法需要预先执行训练以便发现重复模式从而生成抽取规则；（2）该方法在训练时需要人工确定参与重复模式分析的论坛页面，尤其是针对存在楼层间引用的页面更是如此。李志义等（2019）同样利用了多个页面间标签路径的共性特征来抽取信息。该方法通过编辑距离来计算标签路径相似度，好处是具有一定的模糊匹配能力，然而同时也会带来误匹配的副作用。而且其相同模式的网页是通过大批量网页中标签路径的相似度计算来挑选，效率较低，远不及从当前待提取页面中分析的效率。此外，该方法需要较大量的人工标注，这也导致了其效率低下；且仅使用了由DOM节点构造而成的标签路径，容易导致大批量的噪声组，甚至在正常组中混杂了太多的噪声标签路径。王宪发等（2019）提出了基于视觉特征的网页信息抽取方法，该方法同时适用于论坛和新闻网页。但该方法需要人工监督，且标注极为耗时。

由于在类似论坛这种具有循环结构的网页中，存在大量的循环重复的结构模式，且重复往往存在于多个结构层次中。仅仅利用论坛结构或视觉特征信息，研究者一般无法准确的完成内容提取，而需要结合其他特征进行，例如内容特征。密度特征是最为常用的一个内容特征之一，也是网页正文抽取的一个常用指标。但密度特征也有其不足。例如Zhang等（2018）阐述了密度特征的不足，并使用了标点符号来区分文本。他还提出了一种统一的信息抽取框架，使其既可以适用于文本内容，也可以适用于结构化数据。针对正文内容抽取，文中采用VVTC指标计算排序并挑选待抽取节点。针对结构化数据记录的抽取，他采用基于DOM树的HMM模型进行研究。刘锐等（2018）针对传统的正文提取方法，以文本密度和布局结构为依据，而忽视了论坛内容的语义信息这一问题。他提出了基于网址结构的聚类方法（Universal Resource Locators' Structure Clustering，USC）以及基于词汇关键程度的关键词打分筛选方法（Keyword Scoring Filter，KSF）。两种方法仅需要对数据集中的少量样本进行解析，提取出通用规则，便可满足大规模提取的需要。刘春梅等（2017）将当前广泛存在的开源论坛网页按结构相似度进行了簇划分，证实了其效果好于基于版本号的划分策略。

本节将研究Web页面广泛存在着的一种用于组织信息的循环结构，它们广泛存在于新闻、论坛、博客、微博等各类Web页面中。例如，几乎所有论坛页面中的核心信息都是在循环的楼层结构。其中，核心信息全部存在于循环结构中的，称为全循环结构，典型代表是论坛。本节主要研究全循环结构（论坛）网页的文本提取。

笔者对论坛软件版本和同一版本所需抽取模板数量进行了统计分析后发现，相同版本号的开源软件生成的网页在结构方面依然存在一定差异，无法使用一个模板完成抽取；同时，通过进一步分析，笔者发现有些不同版本号的开源软件的网页在结构特征方面反而相似度很高。因此利用版本号对网页进行划分的方法难以很好地利用开源软件生成论坛网页间的相似性，它不是有效的簇划分策略。

3.3.2 方法步骤及核心算法

经过对前期相关研究成果的总结及对大量具有循环结构网页的观察和分析，我们可以发现论坛网页中存在着明显的循环重复结构，例如下面是一个完整网页中的部分核心代码，已去除其外围大量的无关内容（实际过程中，已删减的内容同样会对内容抽取构成严重干扰），并已将部分重要待提取内容和结构性标签以加粗黑体字体显示，为了代码的合规化，笔者保留了框架式的一些配对标签并对不配对的标签做了补缺，对不影响读者理解的内容则以 HTML 标签注释的方式进行了删减，并顺带做了额外交代。

```
<div class="kd-community">
  <!—此处包含 5 层 div，且存在嵌套现象；另外，此处内容为是该论坛所有内容页面共有 -->
    <div class="community-news-detail">
      <div class="news-detail-container">
        <!—此处包含 4 层 div，且存在嵌套现象，另外在所有内容页中也存在着一定的共有性 -->
        <div class="fl>
          <div class="content-wrap">
            <div class="title">[ 原创 ] 此处是帖子标题 </div>
            <!—此处包含 2 层 div，且存在嵌套现象 -->
            <div class="text-content"> 主帖内容，由数对 P 标签组成 </div>
            <!—此处包含 3 层 div，且存在嵌套现象 -->
          </div>
        </div>
      </div>

      <div class="reply-wrap">
        <!—此处代码略去 -->
        <div class="reply-block">
          <!—此处代码略去 -->
          <div class="reply-block-right">
      <!—此处代码在各个页面间存在一定共性，但又并非完全一样 -->
            <div class="comments"> 第 1 层回复内容 </div>
            <!—此处代码略去 -->
          </div>
        </div>
        <div class="reply-block">
          <!—此处代码略去 -->
          <div class="reply-block-right">
            <!—此处代码略去 -->
            <div class="comments"> 第 2 层回复内容 </div>
```

```
            <!—此处代码略去 -->
          </div>
        </div>
        <!—此处删除若干重复的“楼层” -->
        <div class="reply-block">
          <!—此处代码略去 -->
          <div class="reply-block-right">
            <!—此处代码略去 -->
            <div class="comments"> 第 8 层回复内容 </div>
            <!—此处代码略去 -->
          </div>
        </div>
        <div class="reply-block">
          <!—此处代码略去 -->
          <div class="reply-block-right">
            <!—此处代码略去 -->
    <div class="quote"><p class="p1"> 引用某某某发表的：</p> <p class="p2"> 第 4 层
回复内容 </p></div>
        <div class="comments"> 第 9 层（针对第 4 层）的回复内容 </div>
            <!—此处代码略去 -->
          </div>
        </div>

        <div class="reply-block">
          <!—此处代码略去 -->
          <div class="reply-block-right">
            <!—此处代码略去 -->
            <div class="comments"> 第 10 层回复内容 </div>
            <!—此处代码略去 -->
          </div>
        </div>
        <!—此处代码略去 -->
      </div>
      <!—此处代码略去 -->
```

</div>

</div>

从以上示例代码，我们可以简单观察或总结如下一些现象。

（1）论坛中的内容网页虽然纷繁复杂，但是其中存在一些宏观的重复性结构。

（2）div 等标签的属性中，存在一定的语义表达，同时也存在一定的重复。例如可以利用相同的 class 属性值，较为快速的发现候选内容。

（3）噪声内容（凡是非待提取内容都可以归为噪声内容）与待提取内容混杂，且噪声内容中同样具备大量的重复结构。

上面这些现象为我们提供了分析并提取论坛网页中相关内容的一种可能，但并不意味着这很容易完成，因为这其中存在着各种复杂情形，略举几例如下。

（1）虽然重复性的结构往往对应着重复性的内容，但并非一定如此，层次相同的结构中，也可能包含与目标内容毫不相干的内容。另外，包含于其中的内容也具有多样性的特点，如文本、时间、图像等。

（2）无论是标签属性值的语义表达能力，还是标签属性的重复现象，都不是所有论坛网站都具备的。例如有些论坛页面中的标签属性值具有很大的随意性，完全不具备语义表达能力。

（3）某些论坛允许引用之后的回复，当这种“楼层”很多时，势必造成重复结构在多个层次都成为良好的候选组别。这时候如何优选也是一个棘手的问题。

（4）当回复“楼层”少，甚至没有回复时，此时真实的待提取内容却并不呈现出重复特征。相反，其他噪声内容却可能呈现出更好的重复特征，此时如何正确实现提取也是一大棘手问题。

（5）网页中的嵌套层次深，且在很多嵌套深度，都存在大量的重复性结构，然而真正需要的只有一个，如何从大量的循环结构中识别出正确的内容就成为一个难题。

（6）上面标记已经略去的代码，并非都只是小段代码，有很多是长篇幅的；并且其中还存在着一些配对错误的问题，这都对内容提取造成了困扰。

结合目前相关领域的研究成果，笔者总结了如下特征指标，分别简介如下。

（1）链接文字比。即给定区域中链接数和文本长度比值。

（2）代码文字比。即给定区域中代码长度和文字长度的比值。

（3）标签路径深度。即从标签树根节点到指定节点所经历的标签节点数。

（4）累积文本长度。即具有相同标签路径组别内的累积文本长度。

（5）标点符号数。即具有相同标签路径组别内的标点符号总数。

综合利用上述五个条件，可以较好地实现对论坛网页文本的正确抽取。基于如上指标，我们提出了论坛网页文本提取方法，该算法核心如下。

算法：正文提取

输入：网页 HTML 代码
输出：提取的文本数组，对应各个层

```
Algorithm ExtractText(html)
    TextArray = NULL;
    tags = ParseHTMLTrees(html); // 解析 html，得到标签树
    TagPaths = GetTagPaths(tags); // 从标签树得到各个标签对应的标签路径
    /* 根据各标签路径完成分组；该字典键为组别，值为该组所对应的标签 ID( 亦即标签路径 ID) 数组；即 {groupID：TagPathIDArray}*/
    GroupDictionary = GetGroupDictionary(TagPaths);
    for each groupID in GroupDictionary.Keys // 分别处理每一组
      for(i = 0; i < Size(GroupDictionary[groupID]); i++)
          tagpathsInfo[i]= GetTagpathInfo(GroupDictionary[groupID][i]); // 获取每个标签路径的相关指标信息
      groupInfo[groupID]= GetGroupInfo(tagpathsInfo); // 获取每组的相关指标信息
      groupScore[groupID]= CalculateGroupScore(groupInfo[groupID], weights); // 结合权值，计算每组得分
iResult = argmin(groupScore); // 获取得分最低组的组序号，得分最低者即为优选结果
TextArray = GetTexts(groupInfo[iResult]); // 提取优选组的所有文本
return TextArray;
```

3.3.3 实验结果

从国内一些知名和不知名的论坛中笔者分别抓取了 200 个页面，采集的结果如表 3–2 所示。

表 3–2　论坛网页抽取结果

域	精确率	召回率
tianya.cn	0.9322	0.9233
itokoo.com	0.9547	0.9497
duba.net	0.9395	0.8946
qingdaonews.com	0.9443	0.7915
hexun.com	0.9286	0.6029
gxnews.com.cn	0.9229	0.7092
baidu.com	0.9268	0.9263
samgharama.cn	0.9372	0.8408
kdslife.com	0.9114	0.5536
muchong.com	0.8961	0.8074
平均	0.9294	0.7999

从上表可见，整体效果上，精确率还是不错的，召回率稍低。召回率低的域主要有 hexun.com、kdslife.com、gxnews.com.cn、qingdaonews.com。

3.4 案例分析

本节我们通过网页对特定信息进行抽取，并展示关于网页内容抽取的应用。抽取目标很简单，即不限定抽取范围，在尽可能广的范围内抽取网站中有关温州的网站（企业），其中采集重点除了常规的网站，也提供了一些种子，主要涉及一些黄页网站。

具体抽取信息包括：网站（企业）名称、网址、所在地，该抽取过程也就实现了非结构化或半结构化网页到结构化数据的转变。对于部分不能直接获取所在地的企业或网站，则通过自动化的方式调用搜索引擎定位网站，并获取网站源码提取其所在地信息。

基于如上提取信息，我们进行一些简单分析，借此展示网页数据抽取技术的应用价值。本节的另外一个目标即对温州网站进行广泛的调研，通过网站分析温州企业的分布情况和行业状况，并对温州互联网科技公司的现状做简要的描述。

3.4.1 案例内容

本次采集到的温州网站（含非独立域名）数共计 287324 个，其中包含个体户 6684 个。除个体户外剩余 280234 个。下面的统计分析均基于除去个体户后的 280234 个数据。

由于没有足够的人力去核验，并且本案例仅仅展示网络信息抽取的应用价值，因此对部分企业已经不再存在的问题不做验证，即所采集到的网站（公司），可能其实已经不再存在，但仍然在我们的统计分析之列。虽然在细节上存在着不严谨之处，不过从宏观统计角度来看，分析结果仍然是具有一定的价值的。以下内容曾经作为某研究报告的一部分，提交温州市决策咨询委员会。

3.4.2 地域分析

一个地区的网站数（企业数）与该地区的经济规模、人口规模、产业结构等相关。因此它基本上也就代表了该地区的经济发达程度和人口规模。

将采集到的网站按照其所述县市区划分，所得结果如图 3-3 所示。

图 3–3 温州各市县区的网站数比例

从上面数据我们可以看出，温州网站（企业）大量集中在乐清、苍南、瑞安等地，永嘉、平阳及三区居中位，泰顺、文成、洞头三县垫底。乐清、瑞安为温州下属市，无论是人口规模还是经济发达程度，都领先于其他县；虽然三区占据温州市中心地段，然而在土地面积上是与乐清、瑞安市无法比拟的，在网站数量上也不及乐清和瑞安。

温州各市县区的人口规模见图 3–4。

图 3–4 温州各市县区的人口数据

数据来源：第六次全国人口普查数据

从人口数据可见，瑞安、乐清、鹿城、苍南的人口规模较大；永嘉、平阳以及瓯海、龙湾二区处于中游，泰顺、文成、洞头三县仍然垫底。

对比上述网站量和人口量两图，可以看出，人口规模与所在地的网站数是基本成正比的，虽然并不是严格的正比例。其中，只有鹿城区存在一些偏差，这应该与鹿城在温州独特的地位以及所承担的功能有关。鹿城区是温州市政府及诸多政府机关的所在地，承担着行政、文化等相关功能，所以鹿城成为温州三区中最为宜居的区域，鹿城人口较多，但企业（特别是制造业相关企业）相对较少。

3.4.3 从网站看温州行业分布

一个地区的网站（企业）行业所属状况基本也就是该区域的行业状况。如图 3-5 是整个温州地区的行业 TOP30。

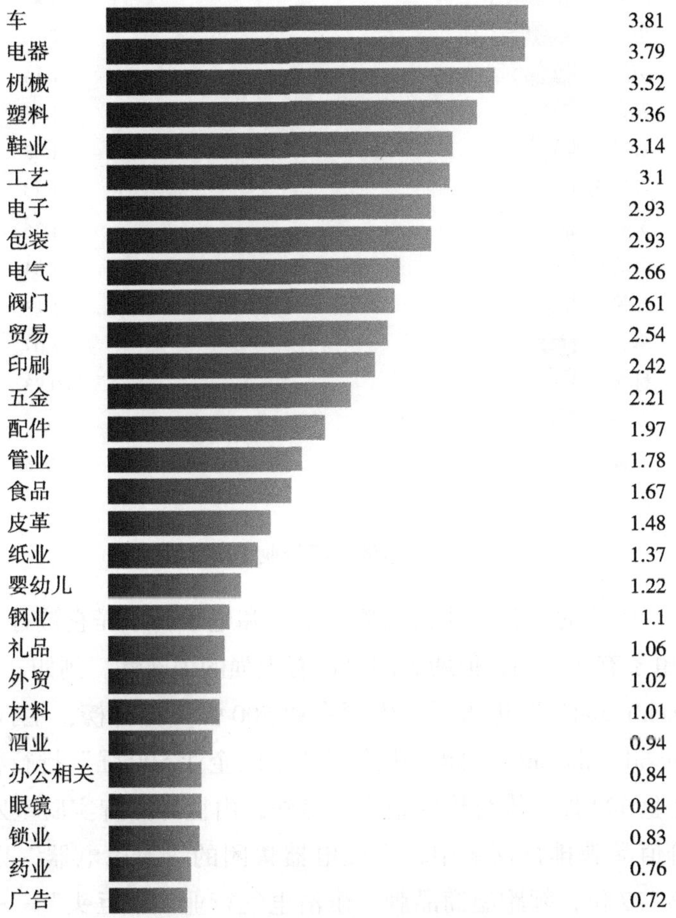

图 3-5 温州地区热门行业 TOP30

从该图不难看出，温州企业主要集中于服饰、车、电器、机械、塑料、鞋业、电子、电气等方面。这与我们常规的认识也是基本一致的。同时我们也知道，这些几乎都是传统的行业，多数技术含量较低（当然也存在某些行业技术门槛高，但是温州所从事的环节却处于低附加值的环节）。从这个数据我们也可以大概看出温州的一些产业现状，这也为温州今后的产业转型提供了一定的参考。

下面笔者将挑选一些典型的县市区进行分析。其中，图 3-6 是乐清市的 TOP20 行业数据。

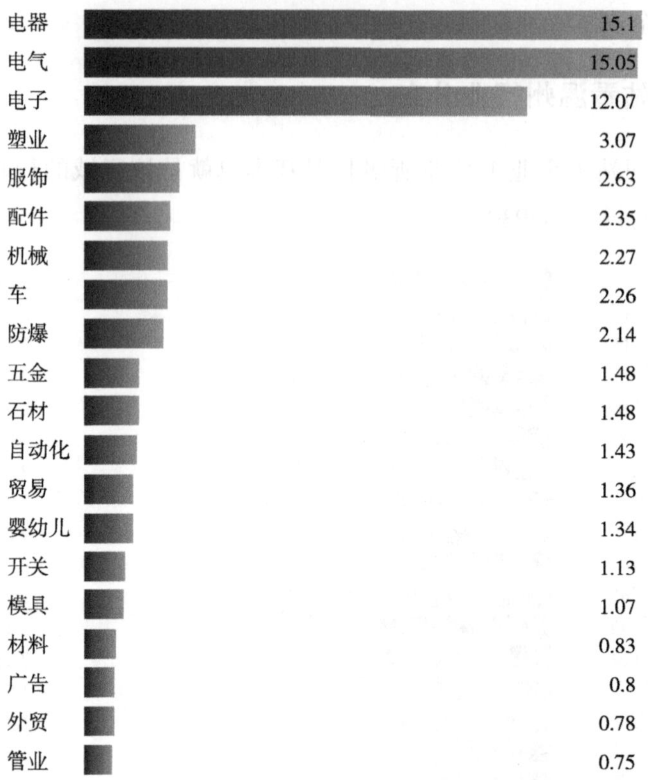

图 3-6　乐清热门行业 TOP20

从图中易见，乐清的领头行业为电器、电气和电子，难怪它被称为“中国电器之都”。虽然电气电子有所区别，但两者同时也有很强的关联性。例如，知名的“正泰电器（http：//www.chint.net/）”进入了“中国企业 500 强”排行榜，主打低压电器，“德力西（http：//www.delixi.com/）”同样进入了“中国企业 500 强”排行榜，“人民电器”同样是“中国企业 500 强”排行榜的企业。另外，由世界品牌实验室发布的《2014 年中国 500 最具价值品牌排行榜》中，人民电器集团的“人民电器”以 154.75 亿元的品牌价值排在第 127 位，领跑温商品牌。乐清电气行业“三巨头”——人民电器、正泰、德力西包揽前三，品牌价值超百亿元。此外还有“天正集团（http：//www.bllpv.com/）”“兴乐（http：//www.xine.com.cn/）”等。

除了全国知名的上述几个电器企业，还有众多的其他知名度不及上述三家的电器相关大中小企业，例如乐清斯泰电器有限公司（http：//www.china-sst.com/）、神电电器有限公司（http：//www.shendianele.com/）、三维电器（http：//www.chinaswdq.com/）、乐清市东亚电器开关厂（http：//www.cn-dongya.com/）、乐清市沃森电器有限公司（http：//www.cn-wosom.com/）、乐清市万和电器有限公司（http：//www.wanhedianqi.com/）、乐清市永得电器有限公司（http：//www.tmaztz.com/）、乐清市万联电器有限公司（http：//www.wanlian-electric.cn/）等。

瑞安市相关数据图表如图 3-7 所示。

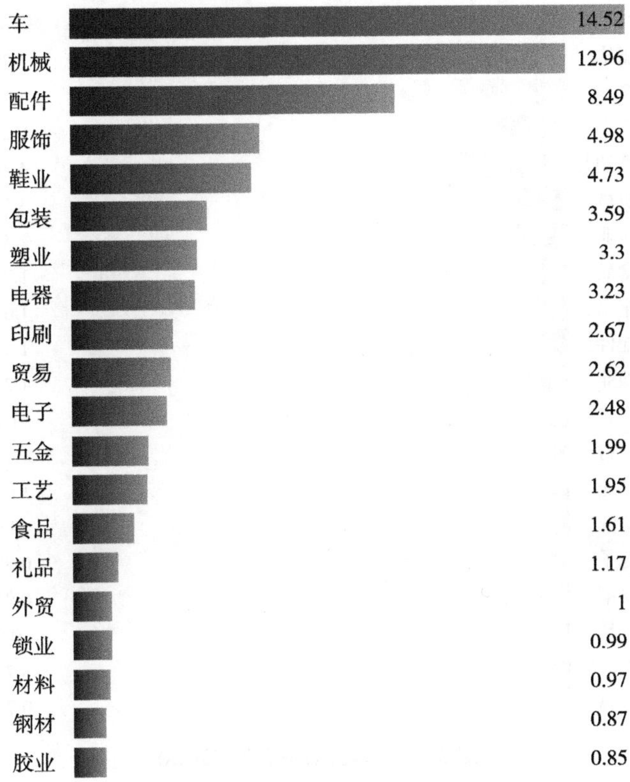

图 3-7 瑞安热门行业 TOP20

从上图可见，与乐清不同，瑞安以车、机械、配件、服饰等为主要行业，例如汽配、摩配等各种配件的相关行业。典型的网站如“瑞安机械网（http：//www.rajx.cn/）”，虽然该网站制作一般，但也可视为一个小型的机械门户网站，吸引了部分外省市的商家加入。另外如“瑞网 - 瑞安机械制造网（http：//jixie.rayp.com/）”“瑞安市博诚机械有限公司（http：//www.bochengjx.com/）”等。配件公司如瑞安市车辆配件厂（http：//www.cnzheda.com/）“瑞安市保利达机车配件有限公司（http：//www.wzbaolida.com/）”等。

永嘉相关数据如图 3–8 所示。

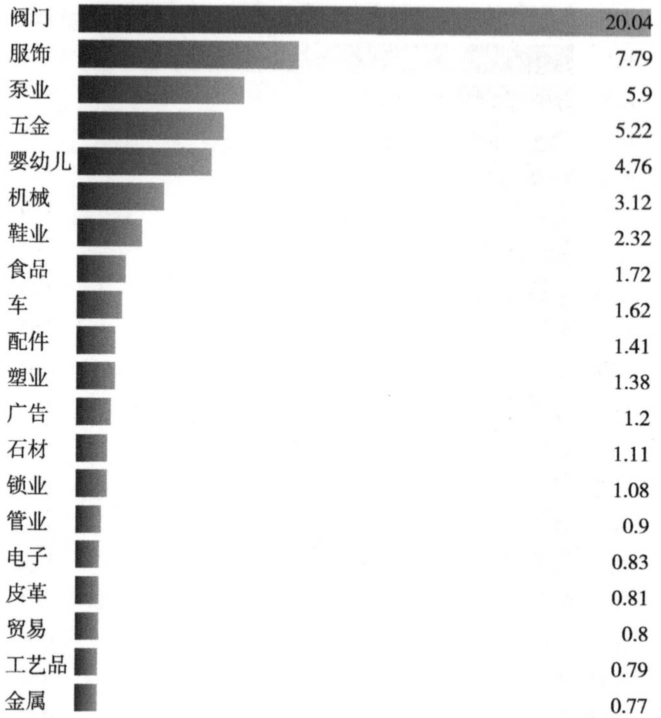

图 3–8　永嘉热门行业 TOP20

从上图可见，永嘉主打行业为阀门、服饰、泵业和五金。其中阀门和泵业同样具有很强的相关性。由此可见，永嘉也不愧于其“中国泵阀之乡”的称号。虽然并无类似乐清那样驰名中外的超大型企业，但相关中小企业数量却极其庞大，例如三精阀门有限公司（http：//www.cnsjfm.cn/）、永嘉天佑阀门有限公司（http：//www.tianyoufm.com/）、永嘉县阀门厂（http：//www.yongshu.com/）、永嘉中致阀门制造有限公司（http：//www.zzfmzz.com/）等。泵业相关网站如永嘉县杰克制泵有限公司（http：//www.jieke–pump.com/）、永嘉县凯美泵业有限公司（http：//www.yjkmb.com/）、永嘉博罗利泵阀有限公司（http：//www.bllpv.com/）等。

另外，服饰也是永嘉的主打产业。典型的企业有报喜鸟集团（http：//www.baoxiniao.com.cn/）、永嘉高玛服饰有限公司（http：//www.gaomafs.com/）等；鞋业方面则有知名的奥康（http：//www.aokang.com/）、红蜻蜓（http：//www.cnhqt.com/）等。

鹿城区相关数据如图 3–9 所示。

从下图可见，鹿城的主打行业为服饰、鞋业、五金、食品。其中鞋业和皮革具有很强的关联性。典型网站如温州市鹿城区服装行业协会网（http：//www.wzlcfz.com/）、康奈（http：//www.kangnai.com/）等。服装鞋业的繁盛导致与其相关的皮革等行业也处于领头行业地位。

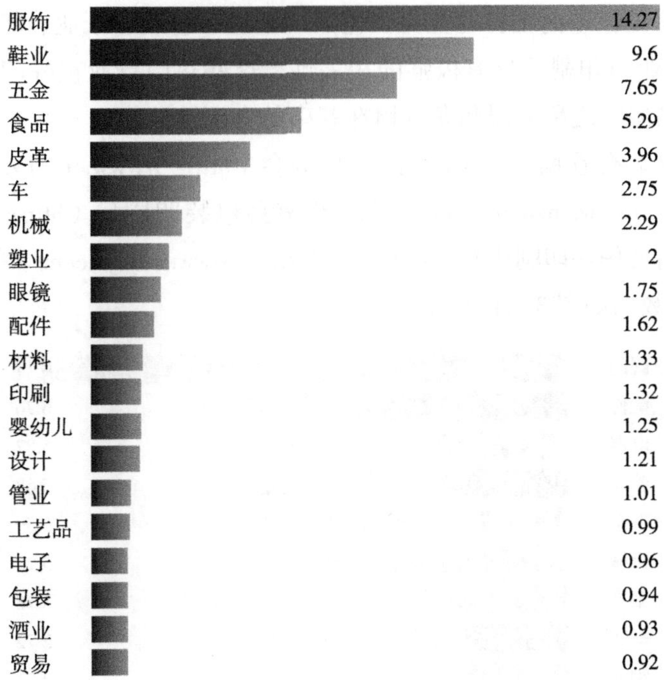

图 3-9 鹿城热门行业 TOP20

苍南县相关数据如图 3-10 所示。

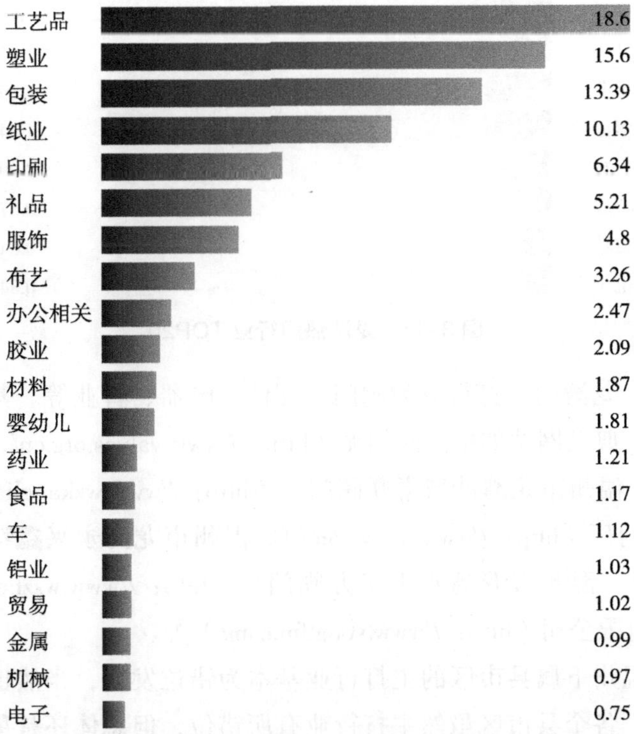

图 3-10 苍南热门行业 TOP20

从图 3-10 可见，苍南主打行业为工艺品、塑业、包装、纸业、印刷和礼品。其中塑业与包装、纸业与印刷等具有极强的相关性。这些热门行业正好印证了有“中国印刷城”“中国礼品城”之称的温州龙港镇在苍南的支配性地位。

印刷相关网站有苍南县印刷包装行业协会（http：//www.cnysbz.cn/）、苍南县正森印刷厂（http：//www.cnzhengsen.com/）、苍南县包装印刷厂（http：//cnbzysc.com/bz/index.asp）、苍南县华伟印刷机械有限公司（http：//www.hwysjx.com/）等。

龙湾区相关数据如图 3-11 所示。

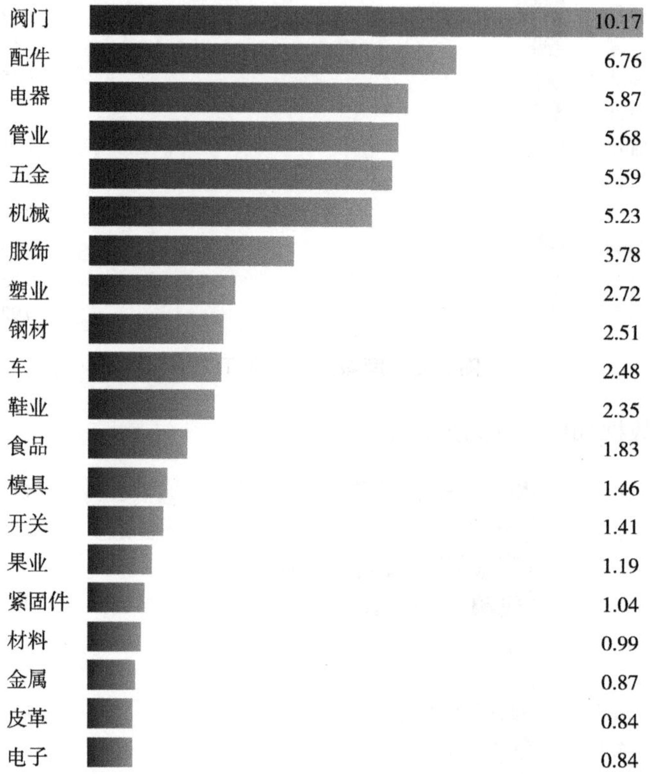

图 3-11　龙湾热门行业 TOP20

从上图可见，龙湾的主打行业为阀门、配件、电器、管业等。其中阀门和管业具有很强的关联性。典型网站如中国阀门城（http：//www.valves.org.cn/，该网站也是龙湾阀门协会网站）、温州市龙湾沙城康联阀门厂（http：//www.wzkanglian.com/）、温州市龙湾永中华腾阀门厂（http：//www.hx-v.com/）、温州市龙湾永兴鑫特阀门厂（http：//www.wzxinte.com/）、温州市龙湾永中正方阀门厂（http：//www.wzzhengfang.com/）、温州龙湾捷泰阀门有限公司（http：//www.yongtfm.com/）等。

总体来看，温州下属县市区的主打行业基本为错位发展，当然也不排除少数主打行业重叠的情况。各个县市区虽然主打行业有所错位，但总体还是集中在服饰、电子电器、鞋业、阀门、五金配件、工艺品等方面，互联网相关的高科技公司则较少。这与近些年政府所倡导的“互联网 +”政策有一定偏离。温州电子商务相关公司数量仅占温州总企业数的 0.25%，还存在着巨大的提升空间。

另外，通过上述数据我们也可以看出，各个县市区存在着显著的“蘑菇效应”：即某个行业、企业总是扎堆成长和发展的。归根结底，这就是榜样的力量，且关联行业之间存在着互促互进的作用。例如乐清的几家典型的电器巨无霸企业，带动了一批小电器行业的发展，最终形成了“中国电器之都”。关联行业的例子如：电器行业对塑料、金属材料的需求；鞋业对皮革、印染等的需求等。

3.5 小结

本章的主要内容是对网络数据的采集研究。笔者首先给出了一个通用的网络舆情信息采集框架。其次分别提出了基于逻辑链接块的网页正文抽取方法，该方法可以用于对新闻类网页、博客类网页及微信公众号类网页的正文提取。接着笔者介绍了一种针对论坛网页的正文抽取方法。最后笔者提供了一个小案例用于展示数据采集以及简单的结构化处理在实际中的应用。

4　网络舆情涨落研究之本
——网络舆情热点发现研究

网络舆情涨落研究的对象并不是任意舆情的涨落，而往往是热点网络舆情的涨落。因此对网络舆情热点的发现是网络舆情涨落研究的前置环节。

本章首先介绍了网络舆情热点的形成过程及其发现原理，然后研究了文本挖掘中的一项基本技术——文本相似度的计算方法。继而在该方法的基础上，开发了一种适用于网络舆情热点发现的文本聚类方法。

4.1 网络舆情热点的形成及发现

4.1.1 舆情热点的形成

网络舆情热点的形成是一个极其复杂的过程。在具体层面，可以说任意两项热点舆情的产生过程都不会相同。不过当抽象到一定的层面，舆情热点的形成还是有一定的规律可循的。

下面将按照舆情热点形成的主要过程进行解释说明。

（1）网络舆情的起点在于刺激。刺激发生时（后），信息一开始只在小范围内被知晓，例如当事人、目击者等位于第一现场的人员，这一类人员是最有可能成为原生生产者的；现实中的例子多不胜举。不过，这并不是唯一的生产者类型。这些人员的人际网络中的所有人员都有可能成为生产者，这在现实中也能找到大量的例子，例如通过给自己关注的大生产者投稿或转述的形式，由大生产者发布于网络，从而形成热点舆情。

（2）生产者根据所了解的信息来生产最初的舆情信息。若生产者是一个大生产者（即意见领袖等），则该舆情信息有更大的可能性在短时间之内被更多的消费者或者二级生产者所接收。若生产者是一个普通的生产者，也并不意味着该舆情就没有出头之日。接下来仍然有四种可能状态：①二级生产者中有大生产者或者大消费者（非终端型消费者），此时就和前述情况一样。②永远沉默于网络之中，无人问津，但仍然可能被搜索引擎或自动采集机器人发现。③被删除，从此在网络上不留痕迹。④暂时无人问津，此后可能因某些偶然因素被重新发现，最常见的就是作为网络舆情的次生舆情形式出现。即，虽然该信息生产后的一段时间内由于没有传播开来，因此暂时性无人问津。但是，一旦在某个将来的时间，某项主题相关的舆情爆发，就会被网络用户挖掘出来，成为当前舆情的次生舆情。

（3）消费者接收舆情信息。当一个终端型消费者接收到舆情信息时，这种情况其实对舆情成为热点是不利的。若是被一个中介型消费者或者生产型消费者接收，则只要该消费者是一个大消费者，那么舆情还是有很大可能在短时间之内传播开来并形成热点的。

综合以上叙述，我们可以发现，一般地，舆情在成为热点的过程中，大的生产者或者大的消费者缺一不可。

4.1.2 舆情热点的发现

总的来讲，网络舆情往往是突发的、无法预测的；当然也不排除某些已经呈现一定现实端倪的舆情是可以被防止的。

网络舆情热点也是有可能被预测的，并且是可以被自动发现的（丁晟春等，2020）。网络舆情自动发现的原理流程如图 4–1 所示。

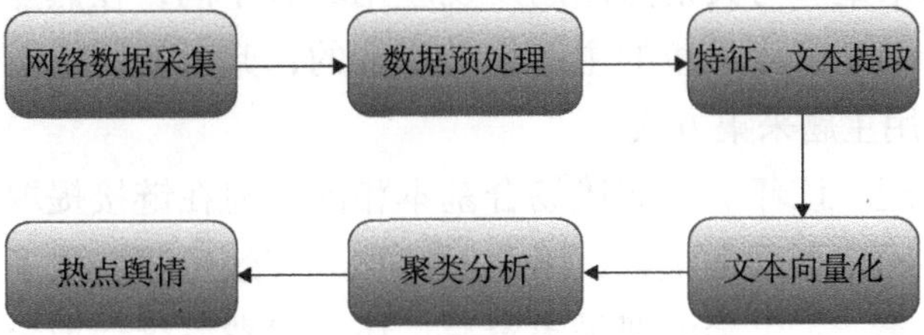

图 4–1　网络舆情自动发现原理

针对上图各个部分，分别解释如下：

（1）网络数据采集。网络数据采集是舆情分析的基础，也是网络舆情热点分析的基础。在网络舆情热点发现的应用场合，网络的数据采集是非主题性的。

（2）数据预处理。该环节主要包括数据的清洗、页面代码的规整化以及一些信息的初步提取，例如页面链接等。该环节随着分析目的的不同而有所不同。有效的页面链接提取是高效数据采集的基本保障。由于数据采集的非主题性，因此在该环节对提取的网页链接也没有特别的要求，这样才可能收集到更为广泛、全面的舆情信息。

（3）文本提取。文本提取是一项基础而重要的环节。根据媒体平台类型的不同，其数据结构及网页宏观布局也会不一样，因此其提取方式也会有所区别，例如新闻门户页面和微信公众号页面的数据提取比较类似，但是它们和论坛的数据提取则有很大的差异。这在前文已有所展开，此处不再赘述。当然该环节往往提取的不止有文本，还需要提取诸多的各类属性特征数据，这些属性数据因媒体平台及分析目的的不同而不同。

（4）文本向量化。这是后续各类分析的基础。在执行文本向量化前，往往需要完成前置操作——分词，这是一个极为成熟的领域，拥有大量的开源或免费工具可供直接选用。文本向量化可以指向词语的向量化，也可以指向长文本的向量化。其中，词语向量化是基础。目前相关的方法比较多，也较为成熟。例如传统的 one hot 编码词向量、较新的自然语言处理 Word2Vec 词向量等。

（5）聚类分析。研究者在进行聚类时，需要考虑时间跨度。因为过长的时间跨度，往往会使研究者错过当下正在发展或者即将发展为热点的那些准热点舆情。当然若目标并非发现的新舆情热点，则时间跨度根据具体需要进行调控即可。

（6）热点舆情。经过如上步骤，即可获知当下的热点舆情或者即将可能成为热点的准热点舆情。

4.1.3 舆情热点的追踪

在网络舆情热点的追踪场合，其宏观流程与图 4-1 比较类似，但在细节上会有所不同，主要体现在以下几个方面：

（1）网络数据采集。与舆情热点的发现应用场合不同，在热点追踪场合，由于已经有了热点数据，因此需要采集的主题也是明确的，此时的网络数据采集是有确定主题的，因此主要采用主题采集方式。

（2）数据预处理。该环节与前述场合基本相同。但在链接提取场合，其要求是不一样的。由于此时确定了采集主题，因此对链接的有效过滤就成了高效采集的必备条件。过于宽泛的采集，不仅会浪费采集资源，还会浪费后续环节分析计算的资源。不过，过于严格的采集，也会导致部分数据的遗漏。因此在实际过程中，需要根据具体的资源情况进行取舍和平衡。

（3）文本提取。该环节与前述场合基本相同。不过，对所提出的文本最好进行主题核验，避免非当前舆情热点的相关信息混杂进来而影响后续分析。

（4）文本向量化。该环节与前述场合相同。

（5）聚类分析。若没有更为精细的聚类分析需求，该步骤在舆情热点追踪场合是不需要的。

（6）热点舆情。若没有更为细致的要求，该步骤在舆情热点追踪场合是不需要的。

4.2 基于 n-Grams 的语言无关性文本相似度计算研究

4.2.1 引言

随着科技的发展和网络的普及，网络信息剧增，互联网的相关应用层出不穷，这给人们的生活提供了极大的便利，也提高了人们的工作效率。然而，伴随着互联网的发展，也出现了不少问题，例如互联网的大量重复冗余数据造成了存储资源的大量浪费。正是在此背景下，查重技术应运而生，而查重判断需要计算文档的相似度。相似度计算被广泛用于数字文档检测（Antonio Si et al，1997）、文本聚类、搜索引擎消重、网络舆情的时间演变分析、学术论文抄袭检测（韩冰等，2010）、程序代码抄袭检测（H. T. Jankowitz，1988；D. Gitchell，1998）、自动问答系统、网络广告推送、文本聚类等领域。

文本相似度计算是文本数据挖掘领域的一项基础性技术，传统的相似度计算存在以下不足：

（1）往往需要分词或特征提取支持。虽然目前该技术的分词速度、准确率都有很大提升，但是仍然经常有出错的情况。目前各方所宣称的分词准确率在实际应用中常常无法达到，尤其是在网络舆情这种存在大量不符合语法规则或者存在大量错误的场合更是如此。研究者要花费大量的时间分析提取文档的特征项。

（2）语言依赖。目前更多的方法都是依赖于具体语言的。例如有的方法仅对中文文本有效，有的则仅针对英文文本有效。

（3）较为耗时。由于各类分析需要耗费大量的时间，因此整体上较为耗时。虽然深度学习和自然语言处理的飞速发展，已经有了大量的现成模型可用，但是这并不能保证这些模型一定适合于所进行的研究，另外，这些模型完全依赖于大公司，个人或小团体往往不具备足够的资源去自行训练。

针对目前相关方法的诸多不足，笔者提出了一种基于随机 n-Grams（Random n-Gram，记为 R-Gram）的长文本相似度算法，该算法具备语言无关性，且可以充分利用短 n-Gram 的细粒度检测特性和长 n-Gram 的高效检测特性。实验结果表明：基于 R-Gram 的文本相似度算法具有快速、操作简单、精度调控灵活等优点，在长文本相似度计算中具有良好的应用价值。

4.2.2 相关研究及存在的问题

目前，关于文本相似度的计算方法有很多，不过因应用领域不同，所采用的计算方法也有所区别，相应的计算方法从不同的角度可以有不同的分类方式。如鲍军鹏等（2003）、曹玉娟等（2011）将计算方法总结为基于字符串比较的方法和基于词频统计的方法。宋玲等（2006）将其分为基于向量空间模型的相似度计算方法、基于集合模型的相似度计算方法、基于层次结构的相似度计算方法、引文图相似度计算方法等。Wan Xiaojun（2006）则从主题相似和结构相似两个方面对流行的相似度计算方法做了较为全面的总结。此外，按所处理文本的长度来分，可以分为针对长文本和短文本的相似度计算方法，例如当下流行的微博由于其字数的限制，所以往往被归结为短文本；另外在自动问答系统中，在对问句或者答案进行匹配优选时也常常涉及对短文本的相似度计算和句子相似度的研究（李彬等，2003；杨思春，2006），为短文本相似度的计算提供了一种有效方案。

在诸多的相似度计算方式中，基于向量空间模型（VSM）（Salton G et al，1975）或者文本处理的方法是两类最主要的手段，文本处理主要是指以字符、词语、句子、段落等为单位对原始文本作适当的处理以及其他一些关于特征项提取的处理。需要注意的是，此处所说的句子，是指广义的句子，即既包含平常意义上的一个完整句子，也包括其他标点符号切分而来的非完整句子，它们是完整句子的一部分。在实际应用中，研究者往往会对处理后的字词句段等元素做进一步的处理以获得能有效表征原始内容的特征项（也称指纹）。特征提取相关的处理，典型的方式有最长公共子串（Matsubara W et al，2008）和最长公共子序列（Hirschberg D et al，1975；Adi S S et al，2010）等，此外还有其他的特征串提取方式（吴平博等，2003）。

要完成文本相似度的计算，首先需要获取文本的表达。文本文档的表达方式较多，此处简要介绍两种最常用的：文本的集合表达和文本的向量表达。

文本的集合表达方式的中心思想是：首先针对原始文本作适当的处理，提取其特征项，然后以这些特征项构建集合，则可以根据文档对应的集合之间交集的情况来判断其相似度。设有两个文档集合分别为 D_p、D_q，其特征项记为 e_x^i（x 表示该元素所隶属的文档，i 用于标记同一文档的不同特征项），特征项的数目分别为 u、v，即：

$$D_p=\{e_p^1,e_p^2\cdots\cdots e_p^i\cdots\cdots e_p^u\}\quad(1\leqslant i\leqslant u),\quad D_q=\{e_q^1,e_q^2\cdots\cdots e_q^i\cdots\cdots e_q^u\}\quad(1\leqslant i\leqslant v)$$

则 D_p、D_q 的相似度可以用下面的表达式来计算：

$$S(D_p,D_q)=\left|\frac{D_p\cap D_q}{D_p\cup D_q}\right|$$

显然，当集合 $D_p=D_q$ 时，$S(D_p,D_q)=1$，此时表明两个文档完全一样。

基于 VSM 的计算方法往往建立在文本处理的基础之上进行，文本的向量表达方式的中心思想是：首先选取合适的向量空间基底，然后计算各个基底的权重，这样就可以由这些权重和基底将文档表示为一个向量，最后通过余弦函数计算两个文档对应的向量的夹角来判断其相似度。设选定的向量空间基底为 $e_i(i=1,2\cdots\cdots n)$，其中 n 为向量空间的维数，权重记为 ω_x^i（x 表所隶属的文档，i 用于标记同一文档向量的不同分量），则文档向量 D_p、D_q 可以表示如下：

$$D_p=\{\omega_p^1,\omega_p^2\cdots\cdots\omega_p^i\cdots\cdots\omega_p^n\}\quad(1\leqslant i\leqslant n),\quad D_q=\{\omega_q^1,\omega_q^2\cdots\cdots\omega_q^i\cdots\cdots\omega_q^n\}\quad(1\leqslant i\leqslant n)$$

D_p、D_q 的相似度计算表达式如下：

$$S(D_\mathrm{p},D_\mathrm{q})=\cos(D_\mathrm{p},D_\mathrm{q})=\frac{\sum_{i=1}^{n}\omega_p^i\cdot\omega_q^i}{\sqrt{\sum_{i=1}^{n}(\omega_p^i)^2}\sqrt{\sum_{i=1}^{n}(\omega_q^i)^2}}$$

当夹角越小时，表明两个文档的相似度越高，反之则表明相似度越低，特别地，当夹角为零时，表明两个文档相似度为 100%，即完全相同。

纵观上述两种方式，我们不难看出，当采用集合表达方式时，关键在于提取合适的特征项；当采用向量表达方式时，关键在于提取合适的特征项作为向量空间的基底，并计算各个特征项的权重。由此可以看出，特征项在文档相似度计算中的作用不容忽视。正因为如此，很多研究人员都曾尝试各种提取文档特征项的方法，并取得了不少研究成果。例如先对文档分词，去掉干扰成分，然后统计词频，按照上述 VSM 的方式来计算文档相似度；部分研究者通过扫描文档中的标点符号，然后取得标点符号附近的文本作为特征项，进而执行后续的计算；此外也有研究者以文档的长句作为特征项来进行相似度计算；还有部分研究者提出了基于 n-Gram（Zhang W et al，2011；Damashek M，1995）、s-Gram（Aimmanee P，2011）、RM 树（王金宝等，2011）和 Shingle 的方法来进行文档相似度判别，其本质仍然是基于文本处理；此外还有基于最长公共子串和最长公共序列的方法，这些在上面已有提及，不再赘述。关于特征项的权重计算，常用的有 TF-IDF 公式（Salton G et al，1988），该公式具有多种变种。

上述方法在计算文档之间的相似度时，会对每个文档都执行特征项的提取及相关计算，其计算流程如图 4-2 所示。

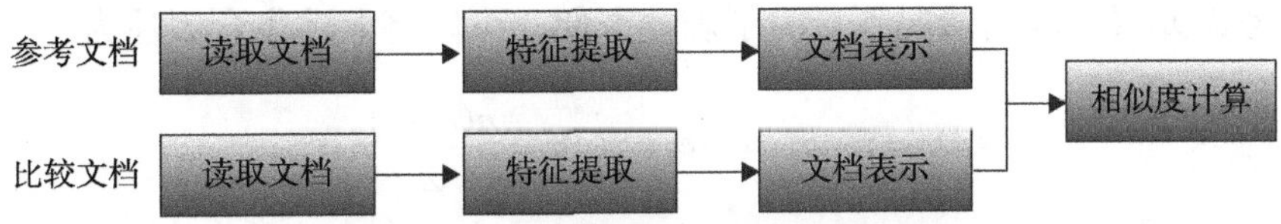

图 4-2 一般文档相似度的计算流程

其中，文档表示可以采用集合表示、向量表示或者其他有效的文本表示方式。从其执行流程可见，除了需要对参考文档进行特征提取之外，文档集合中每一个需要与参考文档进行相似度计算的文档也都需要执行特征项提取操作，而特征提取这一操作是极其耗时间的一个环节，这也导致了这些计算方法效率比较低下。若特征项的提取建立在分词的基础上，则还需要更大词库的支持。

本节基于 n-Gram 的概念，结合后缀树的构建，提出了一种基于随机 n-Gram（Random n-Gram，R-Gram）的文本相似度计算方法，该计算方法较前述方法更为简单快捷，在搜索引擎查重和网络舆情等特定应用领域有广泛的应用。

4.2.3 方法及原理

研究文本相似度，首先需要明确文本相似度的界定问题。关于文本相似度的内涵的详细论述，请参见文献（Yan T W et al，1995），本部分所讨论的文档都指文本文档，所讨论的相似仅局限于狭义上的相似，例如新闻的转载或者电子文档的抄袭等所造成的文本文档相似。文档相同是相似的一种特例，即相似度为 100%。

对于各种文本文档，其组成都遵从如下基本事实：由字构词，由词组句，由句成段，由段成篇。当然也有单字成词、单词成句的情况。此外，为了语意表达，还需要借助于适当的标点符号。在不考虑字义的情况下，可以将字与标点符号同等对待。

基于上述事实，任何文本文档都可被视为是一个集合，该集合的元素可以为字、词、句子、标点符号、段落等。设文本长度为 n，则该集合应该含有 n 个长度为 1 的元素，含有 $(n-1)$ 个长度为 2 的元素……1 个长度为 n 的元素，这些元素即 n–Gram，是由大小为 n 的滑动窗口从文本起始位置开始向终止位置滑动所形成的。上述描述可以一般化表达为，该集合含有 $(n-m+1)$ 个长度为 m 的元素（$1 \leqslant m \leqslant n$），不过考虑到集合的特性，需要剔除相同的元素，所以长度为 m 的元素的数目上限是 $(n-m+1)$，当滑动窗口越小时，元素数目越偏离 $(n-m+1)$；滑动窗口越大时，越接近 $(n-m+1)$。很明显，该集合大小的上限为 $\dfrac{n(n+1)}{2}$。故可以将该集合作如下表述：

$$D_i = \{e_1^1, e_2^1 \cdots\cdots e_{n1}^1, e_1^2, e_2^2 \cdots\cdots e_{n2}^2 \cdots\cdots e_1^m, e_2^m \cdots\cdots e_{nm}^m \cdots\cdots e_1^n\} (1 \leqslant m \leqslant n)$$

其中 $n1, n2 \cdots\cdots nm$ 等分别表示长度为 $1, 2 \cdots, m$ 元素的个数，而 e_k^m 表示该元素是所有长度为 m 的元素中的第 k 个。

在不考虑元素长度的情况下，为了表述方便，可以将上述集合表述为：

$$D_i = \{e_1, e_2 \cdots\cdots e_k\} \quad \left(k \leqslant \frac{n(n+1)}{2}\right)$$

文档 D_i 与 D_j 的相似度评价函数定义为：

$$S(D_i, D_j) = \frac{\sum_{k=1}^{n} F(e_k) W(e_k)}{\sum_{k=1}^{n} W(e_k)}$$

其中 $F(e_k) = \begin{cases} 1(e_k \in D_i \cap D_j) \\ 0(e_k \notin D_i \cap D_j) \end{cases}$，即若元素 e_k 不是同时存在于 D_i、D_j 中，则该元素对相似度无贡献。$W(e_k)$ 是元素 e_k 的权重评价函数，若元素是经过某种方式优选出来的，则该函数的值主要由自变量 e_k 本身内容所贡献；若元素为随机挑选的，则该函数的值主要由自变量 e_k 的长度来贡献，从这里我们可以看出权重评价函数的地位举足轻重。针对不同的应用场合，权重评价函数的选择也不尽相同，其选择应该遵从一定的选择原则：在相似度计算时贡献大的元素应该赋予较大的权值，反之则应该赋予较小的权值。一般而言，辨识能力强的元素贡献也较大，反之则贡献较小。很显然，$0 \leqslant S(D_i, D_j) \leqslant 1$，当 $S(D_i, D_j) = 1$，$D_i = D_j$，即两个文档完全相同，此时 D_i、D_j 这两个集合互为子集。

上述相似度评价函数可以完美地评价文本的相似度，但当文档较大时，可操作性不强，因为可能耗费大量的时间。事实上，也没有必要遍历所有元素，在实际应用中，只需要从比较文档中随机挑选其中的 n-Gram，然后判断该 n-Gram 是否也在参考文档集合中，并计算相应的贡献，最终即可判别两个文档的相似度，其流程如图 4-3 所示：

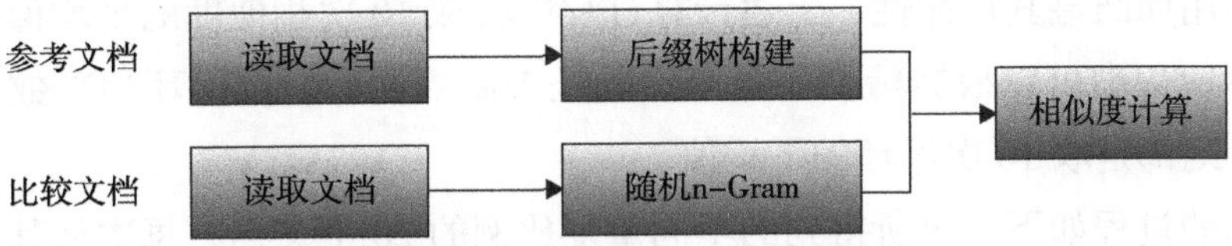

图 4-3 改进的文档相似度计算流程

与图 4-2 对比可见，改进后的计算方法不必再消耗大量的时间在特征项的提取上，只需要构建参考文档后缀树，此后从各个比较文档中按照指定的随机抽取策略来抽取 n-Gram 即可，从而大幅度地提升了整个计算过程的效率。

4.2.4 实验设计及结果分析

（1）实验目的

下述实验的目的是验证上述所提出的文本相似度计算方法的有效性，且探讨该计算方法与相关参数的关系。

（2）实验方案

此处使用搜狗实验室提供的文本分类语料库（搜狗实验室，2013）。从其中选择一篇长度适中的文档，长度的计算规则为：一个中文字符长度计 1，如“文本”的长度为 2；一个英文或者数字字符长度计 1，如“Web2012”的长度计 7。此外，为了在实际应用中避免回车换行符、空格等的干扰，往往会去掉这些符号，即这些符号不会计入长度。经过这些处理后，本实验所选择的文档长度为 1889。在该文档的基础上，用其他与该文档不相关的文字作适当比例的替换，从而得到与原文档具有 5%、10%……95% 重复比例的其他文档，共计 20 个文档。替换位置从文档后部开始，即经替换所得到的文档与原文档的重复位置会出现在文档的前部。

上述计算方法涉及的典型因素有：随机选择集合元素的总数目、选取元素的不同长度数、不同长度下所选择的元素数目、重复内容的位置特性、不同权重评价函数等，由于实验过程中涉及的因素比较多，限于篇幅，笔者不能一一讨论，下面仅通过两个实验来演示分析上述计算方法在不同参数下的效果。其中实验一仅计算在单一元素长度下的相似度值，通过变换元素长度或元素的数目来获取不同条件下的相似度；实验二则计算在多种元素长度下的相似度值。

实验一的过程如下：对所得到的不同重复比例的20个文档，分别从集合中随机选择不同长度（长度取值有2、3……10）的集合元素，对每种长度又分别取10、30、50、70、90个元素，并使用上述相似度评价函数来计算各个文档与参考文档的相似度，权重评价函数均选择为x，其中x为集合元素长度。同时，由于在使用上述相似度评价函数计算相似度的过程中的元素挑取的随机性，结果也具有一定的随机性。为了减弱这种随机作用而凸显其规律性，上述计算过程中将取10次相似度的平均值作为最终相似度。实际应用中可以根据精度需要来设置是否需要循环以及循环的次数。下文如无特别交代，则都是取10次循环的平均值。

实验二的过程如下：对所得到的不同重复比例的20个文档，每次从其中同时随机取长度为3、4、5的三种元素，共计算5次相似度值，每次随机取不同长度元素的数目分别为10、20、30、40。与实验一不同，本实验不再通过循环来取平均值。

（3）相似度与集合元素长度、集合元素个数的关系分析

从实验数据中选取重复率为60%的数据，得到如图4–4所示结果。

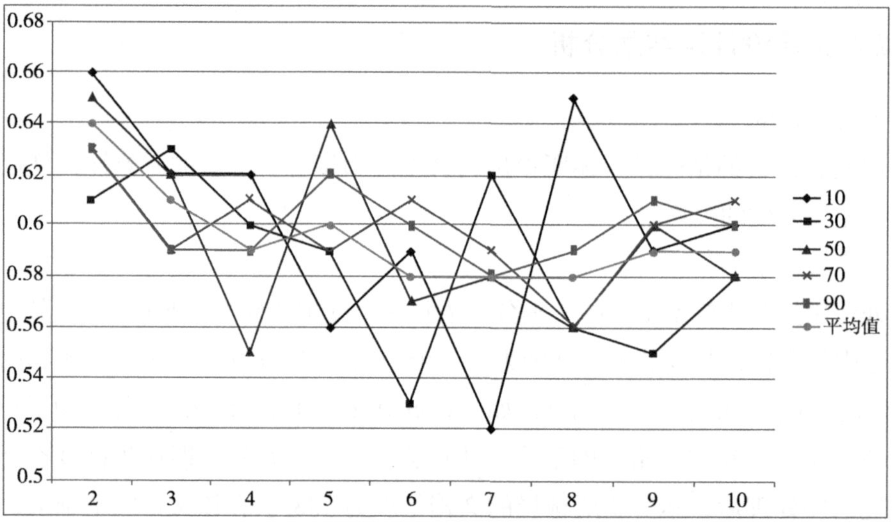

图4–4　重复率为60%时的相似度 – 元素长度关系

笔者将对图4–4从下面几个方面分析：①对比上图中的6条折线我们可以看到，随着元素个数的增加，相似度曲线趋于平稳，例如70、90所对应的折线明显比10所对应的折线起伏更小。这主要是因为，随着随机产生元素个数的增加，由随机而导致的不稳定性将被弱化，从而使得最终结果趋于平稳。然而需要提及的是，这种规律对于单次运算结果而言，并不一定成立。②对比上图中横坐标为2、3……10处对应的纵坐标值（即相似度值）我们可以发现，当横坐标为2，即元素长度为2时，相似度值几乎都在重复率0.6以上。这也就意味着，当只取单一长度的元素来计算相似度时，长度为2时所得到的相似度值往往比实际的相似度值稍大。这是因为，对于中文而言，长

度为 2 的词组占据了绝大多数（毛伟等，2006），也就是说，即使在主题上毫不相同的两个文本块，即使它们没有一句相同的句子，也可能包含相同的 2-Gram，这就导致了两个文本块在计算过程中相似度偏大的情况，即 2-Gram 的辨识能力不佳。但需要注意的是，该条件下的相似度值并不一定总是偏大，大量的实验表明，偶尔甚至会出现较实际的相似度偏小的情况。③对比上图中横坐标为 2、3……10 处对应的纵坐标值（即相似度值）可以发现，随着横坐标值的增大，相似度值总体呈减小趋势。其中该减小趋势主要体现在 2 与 3 之间，而在 3 及其后的折线则并不遵从明显的升降规律，这是因为汉语中固定的三元及更多元的结构很少所致。④当权重评价函数取为 x（其中 x 为元素长度）时，相似度值基本与重复率保持一致。然而需要注意的是，该规律与重复率及生成的元素数目紧密相关，当重复率很低时，常常出现相似度值很低的情况；而当生成的元素数目很小时，则有可能出现严重偏离（偏大或偏小）正常值的情况。⑤权重评价函数的选择并不是唯一的，但应该遵循辨识能力强的元素具有较大的权重这一基本原则。本实验过程中，取权重评价函数为 x，可以保证长度较长的元素比长度较短的元素的权值大。当权重评价函数取 $\sqrt{e^x}$（其中 x 为元素长度）时，上述规律依然成立。在实际应用中，具体应该选用何种权重评价函数，应视具体情况而定。⑥相似度与重复率之间并不一定总呈相等的关系。在实际应用过程中，可以根据若干训练语料进行训练得到相似度与重复率之间的对应关系，此后对测试语料进行计算，则可以根据计算所得的相似度值来推断出其重复率。

需要指出的是，此处仅给出了重复率为 60% 时的结果，事实上，上述规律在其他重复率的情况下依然成立。不过在重复率比较低的情况下，例如重复率在 50% 以下时，有时会出现相似度值动荡幅度较大的情况；该情况在重复率为 5%、10% 时尤为明显。

此外还需要指出的是，根据单字来判断，误差太大，即使是完全不同主题的文档也可能存在相当数量的相同字符，根据词组来判断的情况则好得多，句子和段落虽然特征性明显，然而却太过粗糙，不易辨识出篇幅较小的局部重复的情况（如转载过程中由于标点符号改动或者少量文字改动而形成的重复），且长元素在计算过程中更耗费内存空间，故上述实验过程中将元素长度限制在 2-10。

（4）相似度与重复率的关系

从实验数据中选取元素个数为 10 的各种重复率的数据，得到图 4-5 所示结果。

在下图中：①从整体趋势来看，相似度与重复率呈线性关系，并且在权重评价函数取为 x 时，相似度与重复率基本维持相等。这与前文分析的结果一致。②从图中 5 种元素长度所对应的折线来看，总体上而言，基本没有太大的差别。这也就意味着相似度的计算与所选择元素的长度关系不大，不过该规律只在选取的元素个数较多的情况下才成立。下图是选取 10 个元素下的情形，倘若将元素个数减少，则折线的振荡幅度会稍大一些；若将元素个数增加，则折线会显得更平滑一些，直至接近于一条直线，例如，当随机选取元素数目为 70 时结果如图 4–6 所示。另外，根据大量的实验我们可以发现，当元素长度为 2 时，较易出现相似度值偏大的情形，图 4–5 和图 4–6 中的折线 2 都可以印证该结论。③随着重复率的增加，各种长度下的折线将呈现微弱的“汇聚”趋势，且该趋势随着选取元素的增多而趋于明显，如图 4–6 即可体现这一规律。这是因为，元素数目越多，相似度越准确，这也是由于相似度对元素长度不敏感所致。但在所选取的元素数目较小时，该特性并不明显。

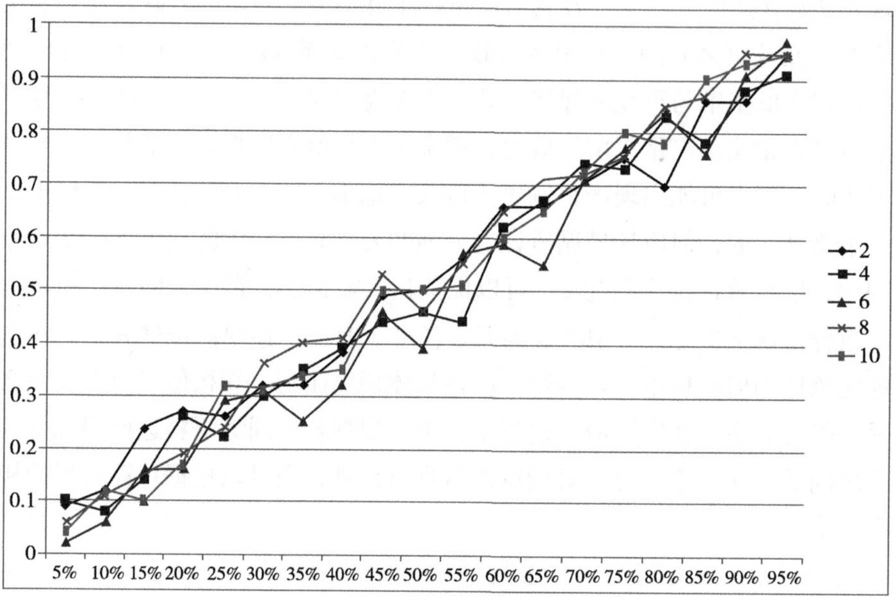

图 4–5 随机选取 10 个元素时的相似度 – 重复率关系

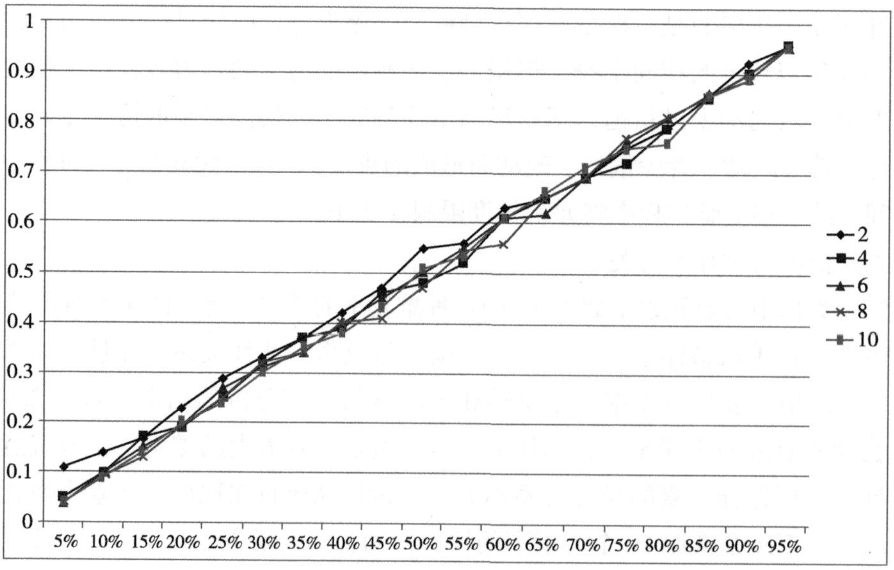

图 4–6 随机选取 70 个元素时的相似度 – 重复率关系

（5）同时随机选择多种不同长度元素时的相似度

上面讨论了在单一长度下相似度与相关因素之间的关系。虽然当选取元素个数较大时可以取得较好的效果，但是这样会耗费较多的计算时间。实验二则探究了同时选取多种不同长度元素时的相似度计算，其结果如图 4-7、图 4-8 所示。

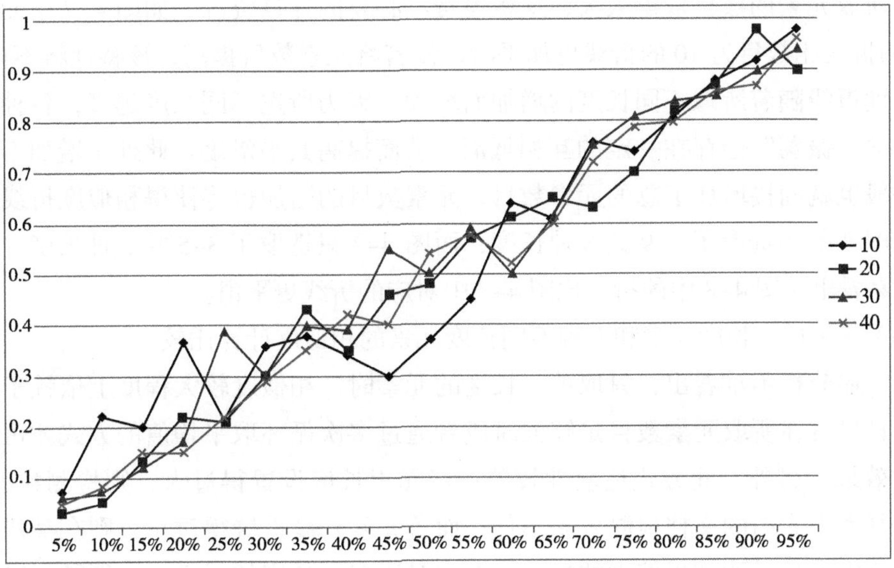

图 4-7　随机选择 3、4、5 三种长度元素时的相似度 - 重复率关系

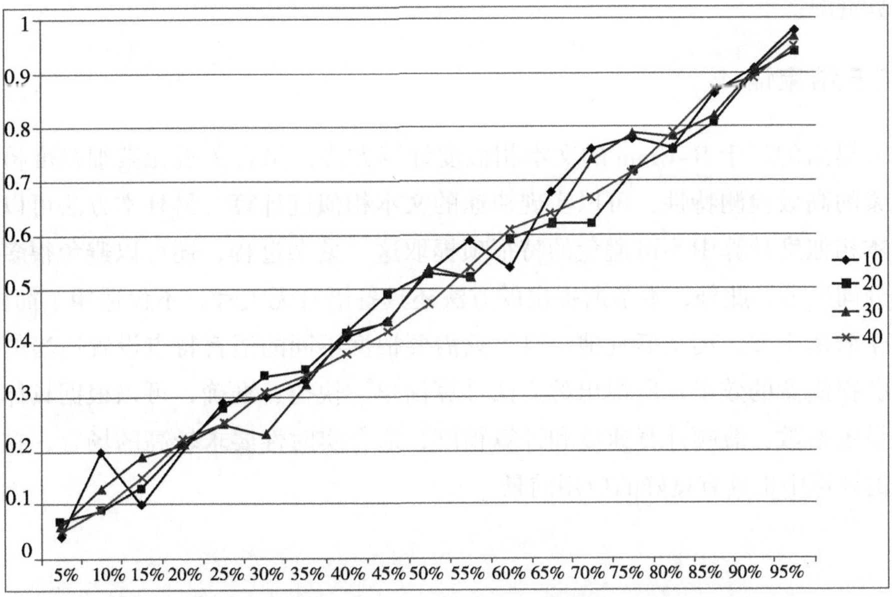

图 4-8　随机选择长度为 2-9 的元素时的相似度 - 重复率关系

从图 4–7、图 4–8 可见：①相似度随着重复率的增加而增加。可见该规律无论在单一长度元素的情况下还是在多种长度下均成立。②相似度折线的平滑度随着所取元素数目的增加更趋于平滑，这是因为所取元素数目过多时其随机作用将被弱化；但是当所取元素的数目足够大时，折线平滑度对元素数目不再敏感。这意味着在实际应用中不必将所取元素的数目取得太大，这将浪费不必要的计算资源。如图 4–7 中元素数目为 40 的折线比数目为 10 的折线更加平滑，倘若将元素数目提高，该特性将不再显著。③相似度折线随着所取不同长度的增加而增加。因为所选不同长度越多，各种单一长度之间的“振荡”会存在一定的互相抵消，从而提高其平滑度。此外，增加不同的长度，一般也就间接增加了总的元素数目，元素数目的增加也将使得相似度折线趋于平滑。如图 4–8 中选取了 2–9 共 8 种长度，而图 4–7 只选取了 3–5 共 3 种长度，我们可以很容易看出，图 4–8 中的折线比图 4–7 中对应的折线更平滑。

（6）基于单一长度元素和多种不同长度元素的相似度计算比较

由上述分析不难看出，只取单一长度的元素时，相似度较大程度上依赖于元素的数目，且只有在所取元素数目足够大时或者通过多次循环取平均值的方式才可以取得更好的效果。另外，此方式适应性较差：若元素长度设置得过大，则检测粒度太大，对于重复率不太高的文档检测效果不佳；而若元素长度设置得过小，则在某些同主题文档集合中容易导致结果偏大的情形。而同时取多种长度的元素时，则既可以利用短元素的细粒度检测特性发现重复率不高的情况，又可以利用长元素快速检测出重复率高的情况，具有很强的适应性，也可以大大减少生成随机元素的次数，提高计算速度，节约计算资源。

4.2.5 结束语

本节提出的基于 R–Gram 的文本相似度计算方法，结合了短元素细粒度检测特性和长元素的高效检测特性，可以实现快速的文本相似度计算。另外本方法可以避免传统的文本相似度计算中不可避免的特征项提取这一繁杂过程，还可以避免很多计算方法中的分词环节。此外，本节所提出的方法还具备语言无关性，不仅适用于简体中文，也适用于繁体中文、英文等其他语言，只需要根据不同的语言特点设置适当的元素长度即可获得满意的效果。所提出的方法计算简单、快捷、准确，可以根据具体精度需要灵活设置参数，兼顾计算速度和计算精度，适合实时性要求较高的场合，在长文本相似度的计算中也具有良好的应用前景。

4.3 文本相似度计算的随机策略研究

4.3.1 引言

网络基础硬件及网络技术的高速发展、网络接入设备的多样化、尤其是网络普及率的大幅提高和移动终端设备的便携化，创造了繁荣的网络世界，产生了海量的Web数据，使得人们快速步入了大数据时代。大数据时代为人们的工作、学习、娱乐提供了前所未有的便利，数据海量且充分，可使用户各取所需，满足不同人群的不同需求。然而，海量的数据也同时让人们迷失在数据的海洋中，无法看清隐藏在数据背后深层的知识，即所谓的“数据海量，知识贫乏”。在海量的Web数据中，同时也存在着海量的完全或者近似重复数据，这些重复数据往往通过复制或者稍做修改而成。在某些领域中，重复数据作为噪音数据，会造成存储浪费或者影响用户体验，例如在搜索引擎中，搜索引擎往往会将重复数据作聚类合并呈现，即在搜索结果中往往只会呈现一条，而不会一一呈现在搜索列表中；而在某些领域中，这些重复数据又发挥着重要作用，例如在网络舆情热点发现和网络舆情时间维度的演化分析中，都无法离开重复数据的支撑。重复数据检测是大数据时代不可或缺的一门技术。

4.3.2 相关研究及存在的问题

重复数据检测，亦称抄袭检测、复制检测、查重等，可通过文档相似度计算或者文档聚类来完成，而聚类往往需要直接或者间接的计算。用于相似度计算的元素可以是字符、单词及词序和语义（王腾等，2013；Song W et al，2014）、n-Grams（Choi DJ et al，2014）、频繁项集（Zhang W et al，2010）、句子（Lin YS et al，2013；李茹等，2013）、段落甚至是文档，对Web网页而言，还可以应用链接信息（Majid Y et al，2013）、特殊标签信息（Özel SA et al，2011）等。经典的文本聚类方法可以分为分割聚类[典型的如k-Means聚类算法（Yao MY et al，2012）]、分层聚类（典型的如BIRCH算法）等，也有不少研究者针对这些方法进行改进或者扩展，此外也有将多种聚类方法分阶段使用从而实现多方法融合的聚类方法。鉴于传统方法在大规模高维文档下的不足，一些新方法（Wang XM et al，2013；Liu YC et al，2011）也逐渐被提出来；鉴于传统方法无法有效的应用短文本（如句子）的缺陷，也有研究者提出了相应的新方法（Yang LB et al，2014）。在诸多的聚类方法中，出现了各种各样的相似度或者距离计算函数，其中最为经典的即欧几里得距离：设在n维空间中的两个点分别为：$p=(x_p^1,x_p^2\cdots\cdots x_p^i\cdots\cdots x_p^n)(1\leqslant i\leqslant n)$、$q=(x_q^1,x_q^2\cdots\cdots x_q^i\cdots\cdots x_q^n)(1\leqslant i\leqslant n)$，则其欧几里得距离可表示为：

$$d(p,q)=\sqrt{(x_p^1-x_q^1)^2+(x_p^2-x_q^2)^2+\cdots\cdots+(x_p^n-x_q^n)^2}$$

显然，$d(p,q)$越小，意味着两个点之间的距离越近，反之则越远。可以将其推广到更为一般的闵可夫斯基距离，即：

$$d(p,q)=[(x_p^1-x_q^1)^k+(x_p^2-x_q^2)^k+\cdots\cdots+(x_p^n-x_q^n)^k]^{\frac{1}{k}}$$

当$k=1$时，即可得到曼哈顿距离，而当$k=2$时，即为上述欧几里得距离。此外，欧几里得距离的平方表达也是一种常用的距离度量方式。

在处理文本文档时，我们往往采用相似度计算，而不是距离计算的方法。计算相似度最常用的计算方式即余弦相似度公式。设在n维向量空间中的两个向量分别为：$D_p=(\omega_p^1,\omega_p^2\cdots\cdots\omega_p^i\cdots\cdots\omega_p^n)(1\leqslant i\leqslant n)$，$D_q=(\omega_q^1,\omega_q^2\cdots\cdots\omega_q^i\cdots\cdots\omega_q^n)(1\leqslant i\leqslant n)$，则两个向量$D_p,D_q$的相似度计算表达式如下：

$$S(D_p,D_q)=cos(D_p,D_q)=\frac{\sum_{i=1}^n\omega_p^i\cdot\omega_q^i}{\sqrt{\sum_{i=1}^n(\omega_p^i)^2}\sqrt{\sum_{i=1}^n(\omega_q^i)^2}}$$

两个向量的夹角越小，上述相似度值越接近1，则表明两个向量的相似度越高；当相似度值为1时，表示两个向量完全相同，亦即两个向量对应的文档完全一样。

在将上述计算方法应用于文本文档时，一个不可或缺的环节即将文本文档向量化。一种常见的向量化方式是采用分词手段，在去除停用词后，获取高频词。当然也有一些其他的关键词或特征获取方式，如在文献（Carretero-Campos C et al，2013；Gong LH et al，2011）中，通过给不同的词或特征赋予不同的权重，进而使用这些词或特征作为向量空间的基底并完成文本的向量化，例如文献（Lin YS et al，2013）；此外也有一些其他的向量化方式。但是这些方式几乎都面临着两个较为普遍性的问题：其一是特征项难以确定，其二是特征项的维数往往很大，需要降维以降低计算复杂度，改善计算效果，且在降维的同时不能丢失文档的某些本质信息，这些环节在很多情形下都会造成较大障碍，且无法脱离人工的参与，工作量较为繁重。鉴于此，文献（Bharti KK et al，2014）提出了一种针对文本聚类的无监督降维方法，以减少在聚类过程中的人工工作量。

基于上述这些问题，我们提出了一种基于随机n-Grams的文本相似度计算方法（王贤明等，2013），简称R-Grams文本相似度算法。这是一种可应用于长文本相似度计算的新型算法，通过随机策略，充分利用了短n-Grams的细粒度检测特性和长n-Grams的高效检测特性，具有语言无关性、精度和速度易调节等特点。针对该算法中n-Grams的随机抽取这一核心部分，笔者提出了一种位置约束随机策略。通过实验探究了在位置约束下的随机策略对相似度算法的影响，并对结果做了深入分析。实验结果表明：R-Grams文本相似度算法在各种约束随机策略下，基本表现出与无约束随机策略下相似的结果精度，可见该算法具有很强的抗干扰能力。不过在该文直接采用的是无任何约束的随机策略，并未就 n–Grams 的随机选取策略做深入细致地探讨，本节将针对这一关键问题展开研究。

4.3.3 R–Grams 中的随机策略

在 R–Grams 文本相似度算法中，通过随机抽取 n–Grams 从而避开传统特征项提取环节，从而也就规避了很多相应的后续烦琐操作。正因为如此，n–Grams 的随机抽取成为该算法的核心内容之一，故有必要对其随机抽取策略作较为深入地研究。

设有两个文档，分别记为 D_i 与 D_j，在采用 R–Grams 相似度计算方法的情况下，将其相似度评价函数定义为：

$$S(D_i, D_j) = \frac{\sum_{k=1}^{n} F(e_k) W(e_k)}{\sum_{k=1}^{n} W(e_k)}$$

其中，$F(e_k) = \begin{cases} 1(e_k \in D_i \cap D_j) \\ 0(e_k \notin D_i \cap D_j) \end{cases}$，$W(e_k)$ 是元素 e_k 的权重评价函数。

从上述计算公式可见，倘若在 $n-Grams$ 的随机抽取过程中抽取位置发生了重复，则可能会导致某些元素对相似度的贡献被重复计算。

但在 R–Grams 文本相似度算法的原始实验中，采用的是不受任何约束的随机方法。实际上在随机 $n-Grams$ 抽取的时候，可能会出现多个部分或全部的重复。这是我们应该避免的，所以我们需要在随机的基础上，加上约束，以避免这种重复造成的相似度计算误差。

（1）无约束的随机策略

这是 R–Grams 文本相似度算法的原始实验中所采取的随机策略。在该种随机策略下，每次抽取元素时的位置无任何约束，故可能出现某些元素的贡献被重复计算的情况，具体的若干情形后文会展开介绍。

（2）位置约束的随机策略

即在抽取同一长度的 $n-Grams$ 时，确保每次生成的随机数不重复，即取该种长度的元素时，起始位置不重复，从而也保证了同一位置的同一元素对相似度的贡献不会被重复计算。

（3）包含约束的随机策略

在（2）中，虽然保证了同一长度元素的位置不重复，但是由于在每次计算时，会抽取多种长度的 $n-Grams$，故即使每次所取元素的开始位置不同，也有可能导致某些元素的贡献被重复计算，例如 $2-Gram$ 很可能包含在某个 $4-Gram$ 元素中，此时则会导致元素对相似度贡献的重复计算问题，出现如图 4–9 所示的情形。

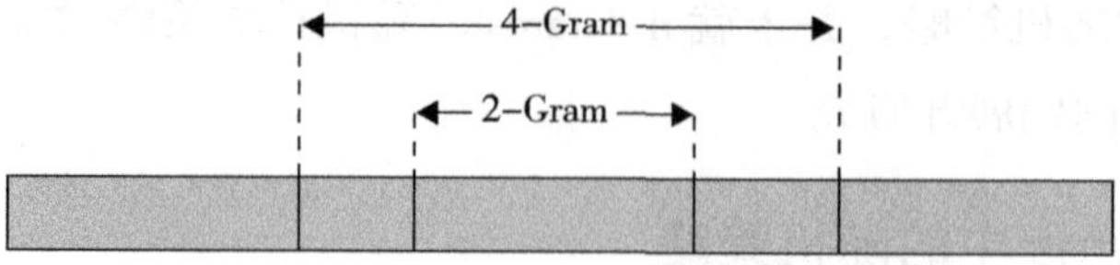

图 4–9　长元素包含短元素导致贡献的重复计算

（4）元素约束的随机策略

在（2）中，虽然保证了同一长度的位置不重复，但是却并不能保证元素不重复。尤其在某些频繁出现某些词、短语或句子的文档中，该情况最为常见。例如在图 4–10 中的文本中，起始位置为 1、7、12 的三个 $2-Gram$，虽然其位置不重复，但是元素内容均是“重复”，也就是“重复”这一个 $2-Gram$ 在相似度计算时，其贡献可能会存在重复计算的问题。

重复分为完全**重复**和部分**重复**两种情况

图 4–10　元素重复情形

（5）复合约束的随机策略

即同时满足上述（3）和（4）两种约束的随机策略。

由于各类约束比较多，实验内容可能较为庞杂，因此下文仅通过实验来研究位置约束随机策略对相似度计算的影响，同时也将对 $n-Grams$ 的抽取规模做对比研究，并对结果进行较为深入细致的定性和定量分析。

4.3.4 实验设计与结果分析

（1）实验方案

此处实验使用的中文语料文本收集于互联网。文档的预处理及不同比例文档的生成均与文献（王贤明等，2013）相同，本文所选择的文档以中文为主，同时含有少量数字，但并不包含英文字符。由于 R-Grams 算法主要针对长文档，故下文也仅讨论在长文档下的随机策略，实验最终所选取文档的字符长度为 18996。在该文档的基础上，通过程序用无关英文字符作替换操作，得到与原文档具有 10%、20%……90% 重复比例的其他文档，并将其分别记为 D10、D20……D90，连同原始文档，最终共计得到 10 个文档。

实验分两组：

实验一：取 2、3、4、5、6 这五种长度的 $n-Grams$，每种长度各取 100 个，且实验结果采用 10 次实验的平均值。在该实验条件下，分别测试上述两种随机策略下的相似度。

实验二：取2、3、4、5、6这五种长度的$n-Grams$，每种长度各取20个，且实验结果采用5次实验的平均值。在该实验条件下，分别测试上述两种随机策略下的相似度。

两组实验的目的完全一样，第二组主要用于对比，即对比在不同的随机策略下，在$n-Grams$抽取规模上的差别是否会对相似度计算造成显著影响。实验中的权重函数$W(e_k)=\text{len}(e_k)$，即以元素e_k的长度作为该元素的权重评价函数。为后文表述方便及表意明确，将实验一称为“大规模$n-Grams$实验”，而将实验二称为“小规模$n-Grams$实验”。

（2）大规模 n-Grams 实验下的随机策略与相似度关系分析

实验结果如表4-1所示，其中RMSE为均方根误差，即先计算各种随机策略下的相似度实验值与相应真实相似度值差值平方和的平均数，然后开方，下同。下文均以该值作为衡量各随机策略下的实验效果。

表4-1　大规模 n-Grams 实验结果

随机策略	D10	D20	D30	D40	D50	D60	D70	D80	D90	RMSE
真实值	0.10000	0.20000	0.30000	0.40000	0.50000	0.60000	0.70000	0.80000	0.90000	0.00000
无约束	0.10660	0.20600	0.29630	0.40565	0.50840	0.60280	0.70300	0.79620	0.90425	0.00522
位置约束	0.10130	0.20775	0.30545	0.39310	0.50120	0.60895	0.70630	0.80580	0.90075	0.00572

从上表实验结果可见，与无约束的随机策略相比较，在采用位置约束的随机策略下，实验结果并未呈现显著差别。即使以两种策略下的最大差值0.01255而论（即D40时的差值），其差值的相对比例约为3%。下面为简化分析过程，对某些不影响定性分析结果的细节不予细究。例如在生成随机位置以使抽取$n-Grams$元素时，实际可供选择的位置数$P=T\text{-n}+1$（其中T为所有未被生成过的位置数，n为当前待抽取$n-Grams$元素中的n）。这也就意味着，当文本字符长度为18996，当抽取一个$2-Grams$元素时，则共有18995个位置可供选择；但当抽取一个$6-Grams$元素时，则只有18991个位置可供选择。不过相对于所有可供选择的位置数而言，几个位置的差异并不会对结果造成明显影响。其他类似细节同样也不会对结果造成明显影响，故下文分析时不再一一考虑或说明。另外，为了规避位置重复而导致的贡献重复计算问题，每当生成的随机位置与前期位置重复时，就会重新生成一个位置，直到生成一个不再与前期位置重复的位置为止。这也就意味着，虽然可供选择的位置很多，但是其中存在相当大比例的包含重复的位置组合，最终可供利用的只有那些不包含重复的位置组合，故下文讨论时，仅考虑无重复出现的位置组合。

将所有可供选择的位置分为两个区：P区和N区，其中P区中的各个位置处的$n-Grams$会对相似度计算有贡献，而在N区中的各个位置处的$n-Grams$则对相似度无贡献，且记可供选择的位置总数为 T。另外，设 P 区可供选择位置占所有可能位置的比例为 p ，则 N 区所占比例为 $(1\text{-}p)$ ，亦即对相似度有贡献的位置数为：$T\times p$ ，无贡献的位置数为：$T\times(1-p)$ 。如图 4–11 所示。

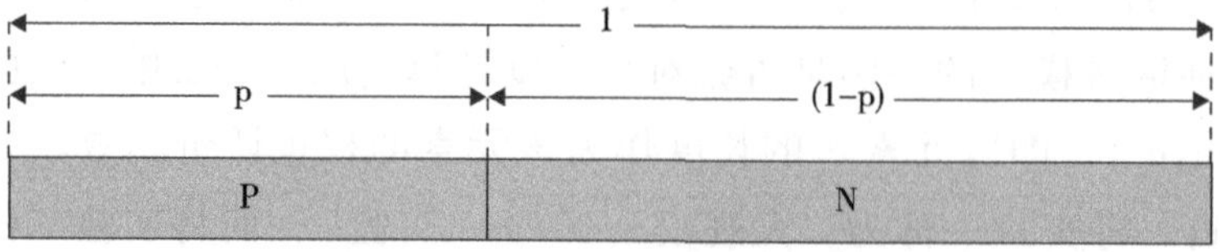

图 4–11　位置约束随机策略分析

以上述数据和实验参数为例，由于每种长度取了 100 个 n–Grams 元素，共取了 2–Gram 至 6–Gram 这 5 种长度，故共计取了 500 个元素。在取这 500 个元素的过程中，所有可能的取法约为：$18995^{500}\approx2.09\times10^{2139}$ ，其中不包含重复位置的组合数约为：$t=C_{18995}^{500}\approx2.27*10^{1002}$ 。由于每次实验最终只会是其中的一个组合，这意味着每次实验的位置组合相同的概率非常低，基本可以认为不相同。即循环次数越多，则相当于在更广泛的位置上挑取了更多的元素，这就解释了循环次数的增多有利于相似度值的收敛这一现象。从同一次实验来说，第一次生成的位置不会发生重复，第二次生成的位置若重复，则还有 18994 个位置可供选择，即使在生成最后一个位置时发生重复，也仍有 18496 个位置可供选择，选择余地极大，即使按实验中的最小 p 值，即 $p=0.1$ 来计算，在最后一步属于 P 区可供选择的位置数仍有 1850 个，故发生重复的可能性极低。不过若对于短文档而言，重复的可能性将大大增大，这在针对短文档的实验中相对而言较易观察到，不过由于 R–Grams 算法是一种主要面向长文档的相似度算法，故对于短文档的相关实验和讨论此处不再展开。

由于在实际的文本中，重复内容的分布没有固定的规律，故假设所有可供选择的位置均匀分布在 P 区和 N 区。因此当随机生成一个位置时，该位置落在 P 区的概率为 p ，落在 N 区的概率为 $(1\text{-}p)$ 。若某次生成的随机位置落在 P 区，并与前期位置发生重复，则生成下一个位置时，该新位置仍旧落在 P 区的概率为 p ，在 N 区的概率为 $(1\text{-}p)$ 。也就是说，在采取位置约束随机策略后，当单次随机数生成发生重复时，若 p 较小（例如 $p=0.1$ ），则：若重复发生在 P 区，由于 $(1\text{-}p)>p$ ，则重新生成时将更有可能落到 N 区，从而导致相似度比无约束随机时偏小；若重复发生在 N 区，由于 $(1\text{-}p)>p$ ，则重新生成时仍将更有可能落到 N 区，对相似度计算无影响。总体来说，若 p 较小，此时更容易导致相似度偏小，呈现出对相似度的“减小作用”。不过，由于 p 较小时，生成的随机数落在 P 区的概率事实上就比较小，所以就弱化了这种“减小作用”。

反之，若 p 较大（例如 $p=0.9$ ），则：若重复发生在 P 区，由于 $(1\text{-}p)<p$ ，则重新生成时仍将更有可能落到 P 区，对相似度计算无影响；若重复发生在 N 区，由于

$(1\text{-}p)<p$，则重新生成时更有可能落到P区，从而导致相似度比无约束随机时偏大。总体来说，若p较大，此时更容易导致相似度偏大，呈现出对相似度的“增大作用”。不过，与前述情况类似，p较大时，生成的随机数落在N区的概率原本就比较小，所以就弱化了这种“增大作用”。

从前文表4–1的数据来看，在位置约束的随机策略下，10%~40%时的相似度值分别为：0.10130、0.20775、0.30545、0.39310，与之相对的无约束随机策略下的四个值分别为：0.10660、0.20600、0.29630、0.40565，并未呈现出明显的“减小作用”。而在位置约束的随机策略下，60%~90%时的相似度值分别为：0.60895、0.70630、0.80580、0.90075，无约束随机策略下的四个值分别为：0.60280、0.70300、0.79620、0.90425，同样也未呈现出明显的“增大作用”。

从结果可见，无论是否采用位置约束随机策略，R–Grams算法都表现出了几乎一样的结果，可见R–Grams文本相似度算法具有很强的抗干扰能力。这种健壮性使得R–Grams相似度算法在研究网络文章转载、网络舆情演化分析、文档替换式抄袭检测等多种应用场合都几乎不会受太大的影响而能取得很好的效果。

（3）小规模n–Grams实验下的随机策略与相似度关系分析

实验结果如表4–2所示。

表4–2 小规模n–Grams实验结果

随机策略	D10	D20	D30	D40	D50	D60	D70	D80	D90	RMSE
真实值	0.10000	0.20000	0.30000	0.40000	0.50000	0.60000	0.70000	0.80000	0.90000	0.00000
无约束	0.12000	0.24350	0.33300	0.36750	0.46300	0.59700	0.69250	0.78650	0.91400	0.02635
位置约束	0.07200	0.22850	0.34700	0.42900	0.47450	0.55300	0.68150	0.82500	0.90000	0.03068

虽然上表中数据显示“位置约束”的均方根误差比“无约束”略大，但却并不足以得到某种确切的结论，这完全是随机所致，而非必然性结果。事实上，大量的实验表明，该现象并不是一直存在的，并且由于在不同的文本中内容不同，风格不同，其本身内容的重复比例也将影响最终结果，例如若文本中存在大量的重复表达，如类似“哈哈哈哈……”“呵呵～～～～”这种表达，也会对结果有所影响。类似这种现象，还应该通过更多其他种类的约束条件进行规避，限于篇幅问题，此处不再展开。

（4）实验结果比较分析

通过表4–1和表4–2中的实验结果的对比，不难看出，大规模地抽取不同长度的*n–Grams*，无论在何种随机策略下，其相似度值与真实值之间均更为接近，并且无论在何种随机策略下，相似度都随着*n–Grams*抽取规模的增大而呈现更好的收敛性。不过同时我们也应注意到，与相似度的极其有限的收敛相比，大规模实验下的*n–Grams*抽取数量及计算规模分别是小规模实验的5倍和10倍，相应的，计算速度以及对计算资源的消耗也将存在较大的差别，故在实际应用过程中，应根据具体需求确定 $n-Grams$ 元素的抽取规模。从此处可见，R–Grams 相似度算法具有精度和速度调控灵活的优点，在实际应用中，应根据具体的精度要求确定一个合适的 $n-Grams$ 抽取规模及计算规模，在速度、精度和计算资源消耗等多方面取得平衡。这一特性为 R–Grams 应用于某些实时性要求较高的场合提供了可能。例如在网络舆情热点发现或者网络新闻转载传播等分析中，研究者往往通过关注一些高相似度的页面即可实现对网络热点的发现，而无须或者不必太在意那些低相似度的页面。因为 R–Grams 相似度算法在高相似度下的计算结果受 $n-Grams$ 的抽样规模的影响较小，在这种情况下，可以通过大幅度降低 n–Grams 的抽取规模从而减少计算量，加快计算速度，满足实时应用需求。

4.3.5 小结与讨论

本节针对 R–Grams 文本相似度算法中的核心内容，即 $n-Grams$ 的随机抽取策略做了较为深入的探讨。对于原始算法中的无约束随机策略可能导致某些元素对相似度贡献重复计算的问题，笔者提出了在元素随机抽取过程中最为基本的约束条件，即位置约束。通过实验发现，R–Grams 文本相似度算法在各种约束随机策略下，基本表现出与无约束随机策略下相似的结果精度。通过两组实验对比发现，随着 $n-Grams$ 的随机抽取规模的增大，相似度逐渐向相似度真实值收敛，但收敛幅度不大。R–Grams 文本相似度算法的这些特性显示了该算法具备计算精度高、速度易于调节，以及很强的抗干扰能力的优点，并可广泛应用于网络文章转载、网络舆情时间维度的演化分析、局部修改式抄袭和替换式抄袭检测等多种应用场合。对于该算法更多在约束条件下的随机策略，则有待研究者的进一步深入研究。

4.4 基于随机 n–Grams 的聚类及热点发现算法研究

网络舆情热点发现是一种常用且对处理速度要求较高的应用。针对网络舆情热点发现这一特殊应用场合，国内外涌现了大量的相关研究论文，例如陈健瑶等（2021）提出了句法特征和句法相似度的网络舆情事件识别方法，王家辉等（2020）提出了基于句法规则和社会网络分析的热点识别方法。但正如前文介绍的，目前的很多舆情热点计算方法都基于传统的特征提取，这给计算资源及计算实时性提出了重大挑战。由此我们基于前述研究基础，提出了基于随机 n–Grams 的网络舆情热点发现算法（王贤明，2021）。

4.4.1 引言

在文本挖掘领域，文本聚类是一类常见而又重要的数据挖掘手段，同时也是很多其他挖掘操作的前置工作。顾名思义，聚类即按照某些特征和规则将整个数据集分成若干组的过程，各个组内元素在某些特征方面具有较高的相似性，而组间元素则在这些特征方面具有较大的差异性，所得到的各个组即为一个聚类，也常称之为“簇”。聚类作为一种无监督的机器学习方法，无须人工对数据进行标注和训练，自动化程度高。目前已被广泛应用于计算机科学、情报学、社会学、生物学等多个领域。随着互联网的高速发展，文本聚类在Web数据处理相关方面的应用尤其广泛，例如推荐系统、网络舆情（马永军等，2019；夏火松等，2016）、各类文本挖掘及相关应用（徐小龙等，2018；谭章禄等，2019）。

在诸多Web相关研究领域中，网络舆情研究近年来发展很快，是一个兼具实用价值和学术价值的综合性研究领域，被学术界和政府管理部门重视，吸引了计算机科学、情报学、社会学、新闻学、统计学等多个学科的研究人员投入到相关研究中。在网络舆情研究中，其中一个重要的研究方向即网络舆情热点的发现。由于网络数据的海量性，导致网络热点的发现对聚类算法的实时性要求较高，计算资源消耗也大。不过正是由于网络数据的海量性，一旦某个热点产生后，围绕该热点的大量媒体数据将迅速发布并传播开来，也就是说，由于相关热点数据非常多，无须获取其全部相关数据，而只需要获取其中一部分数据，且保证这部分数据足够“纯”，就足够分析出相关热点，这是一种典型的准确率重要性远大于召回率的情况。然而目前鲜有专门针对这种情况的聚类算法。

4.4.2 相关研究及问题

（1）聚类方法

文本聚类的研究历史悠久，取得了丰硕的成果，相关聚类方法也层出不穷。目前，较为知名的文本聚类方法有划分聚类、层次聚类、基于密度的聚类（袁逸铭等，2019；刘颖莹等，2016）等。近年来，基于语义的聚类（Wei Song et al，2014；Vivek Mehta et al，2021；吴锦池等，2021；钱志森等，2019）和深度学习的聚类（饶毓和等，2020；Gianni Costa 等，2021）逐渐受到关注，尤其以后者更为显著。同时也有不少混合型方法或集成聚类方法（杨玉娟等，2020；Bharti Kusum Kumari et al，2014；张颖怡等，2019；Karpagalingam Thirumoorthy et al，2021）。此外，也有一些适用于特殊场合的聚类方法，例如目前针对短文本的聚类（贺超波等，2019；Wen Aihong et al，2019；贾瑞玉等，2020）也获得了不少关注。

在上述方法中，基本都需要特征项或词支撑，并且不同的特征或特征组合效果是不同的（赵华茗等，2019；张旭等，2020），因而决定了特征选择（田夏利等，2021；Kusum Kumari Bharti et al，2016）或降维（Mohamed A.A. et al，2020；Kusum Kumari Bharti et al，2015）是聚类的一项重要的前置研究内容。对中文而言，往往离不开分词的支持（祖坤琳等，2016），相应的分词准确性问题也随之而来，最终也将影响聚类的速度、准确率和召回率。

N-Gram 是一种经典的统计语言模型，目前已被广泛使用于各种各样的文本应用场合（Alessandro Cucchiarelli et al，2021；Nidal Nasser et al，2021；李超等，2018）及非文本应用场合（任卓君等，2019）。由于 N-Gram 的特点，可以应用于文本相似度的计算（王贤明等，2013；黄贤英等，2017）。文献（王贤明等，2015）提出了一种基于 N-Gram 相似度算法的文本聚类方法，该方法无须分词支持，对语言也无要求，速度和准确率可以方便地调控。其适用场景是：对准确率和速度要求较高，但对召回率要求相对较低。典型的应用如网络舆情实时热点发现。在舆情热点发现过程中，对准确率和速度的要求是必然的；热点分析要求有一定量的相关主题文档即可进行，并不要求识别得足够全面，也就意味着对该聚类的召回率并无太高要求。不过该方法在聚类阈值相对较小时，初始聚类结果较为“粗糙”，且准确性也相对稍低，可能存在着将毫不相干的内容聚到同一个类中的弊端。

（2）聚类的评估

文本聚类的评估较为困难，方法多样。例如采用专家人工评估、熵（Entropy）评估、准确率、召回率、F-score 等，其中尤以准确率、召回率最为普遍，它们评估的是每个单独的聚类，且一般都尽量在这两者间取得平衡。

由于在舆情热点分析类似的应用过程中，往往会同时得到多个聚类，并且在该评估过程中，准确率的重要性远高于召回率。本文基于实际需要和便利性，拟从当前的聚类评价指标中构建综合性的评估指标。

本文的方法优势及创新点如下：

①相较于常规聚类方法，本文方法基于 N-Gram，避免了很多聚类方法中的分词、特征提取等操作，同时具备语言无关性，可以轻松地通过调整阈值实现对聚类速度、聚类精细程度等的调控。

②本文方法所得初始聚类的“内聚性”强，相应的，各个初始聚类的准确率较高，因而最终聚类往往准确率也较高。

③定义了适合本文聚类方法的综合性评估指标。

4.4.3 方法及原理

（1）应用于网络舆情热点发现的文本聚类方法

设原始文档集个数为 k，每个文档集对应一个主题，文档集分别记为 $D_1=\{d_1^1,d_2^1\cdots\cdots d_{n_1}^1\}$，$D_2=\{d_1^2,d_2^2\cdots\cdots d_{n_2}^2\}$ …… $D_k=\{d_1^k,d_2^k\cdots\cdots d_{n_k}^k\}$。实验文档集为上述文档集的并集，在不必区分或者无法区分文档的归属时，可将文档集记为：$D'=\{d_1',d_2'\cdots\cdots d_n'\}$，其中 $n=\sum_{i=1}^{k}n_i$，为文档集中的文档数。聚类过程中，文档相似度采用笔者所提的随机 n-Grams 文本相似度计算方法（王贤明等，2013）进行计算，相似度阈值为 T，即若文档相似度值不低于 T，则将这些文档归属到一个类中。聚类中

文档数阈值为 C，即若某个初始聚类中的文档数不低于该值，则认定该初始聚类为一个有效聚类，否则舍弃。

聚类的主要流程如图 4–12 所示。

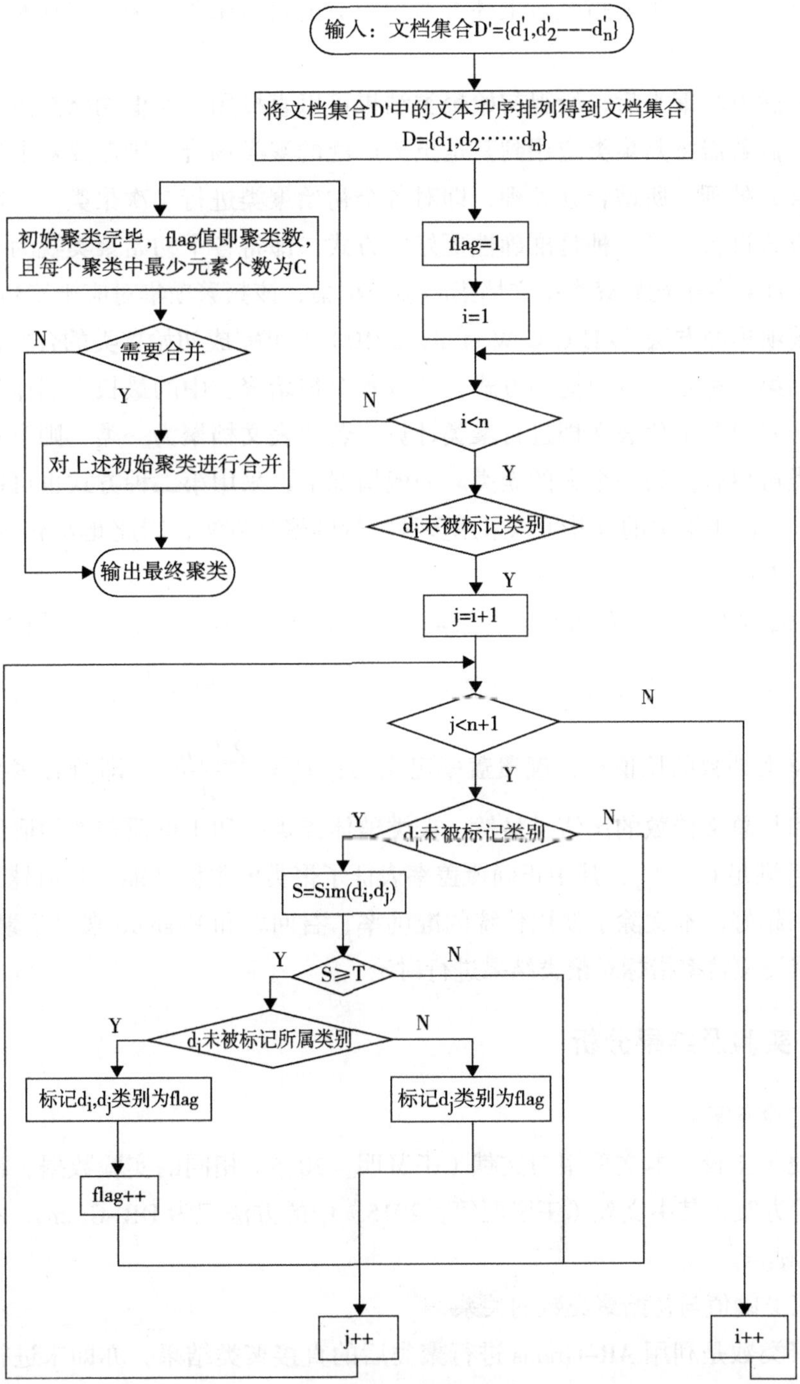

图 4–12 聚类过程

其中，上述 flag 变量既可以用于记录初始聚类完毕时所得的聚类数，也可以用于记录各聚类的序号。$S = \mathrm{Sim}(d_i, d_j)$ 是文档 d_i 和 d_j 的相似度值，范围为［0，100］。聚类完毕，根据 flag 值即可知所获得的初始聚类个数，且每个初始聚类中最少元素个数为 C。此处的初始聚类是指经过上述方法聚类后的直接聚类结果，以便和最终的聚类区分开。

经由上述方法聚类后，所得初始聚类结果可以直接用于类似网络热点识别之类的应用场景。倘若需将其聚类应用到其他更为广泛的聚类场合，则需要对上述初始聚类结果执行合并处理。所谓合并处理，即对各个初始聚类进行二次聚类。二次聚类可以通过两种方式进行。第一种是准确性更好的方式，即将各个初始聚类视为一个整体来对待，例如计算各个初始聚类中文档集的频繁项集，该频繁项集对应于该初始聚类，然后利用频繁项集的方法（ZHANG W et al，2010）即可完成初始聚类的合并，亦即完成最终聚类。第二种是一种快捷的方式，即以各个初始聚类中的最长文档作为该聚类的代表文档，并对各个代表文档进行聚类计算。若代表文档聚为一类，则意味着其对应的初始聚类可以合并为一个大的聚类。一般情况下，采用第二种方式也可以取得较为满意的结果。由于聚类的合并可以采用多种常规的聚类方法，因此此处不再赘述。

（2）聚类覆盖率

设与原始文档集对应的各个合并聚类中元素数为 $n_1^p, n_2^p \cdots\cdots n_k^p$，正确的元素数分别为 $n_1^q, n_2^q \cdots\cdots n_k^q$，则聚类的整体覆盖率可被定义为：$C_a = \frac{\sum_{i=1}^{k} n_i^p}{n}$，即所有聚类中文档数之和与总文档数的比值；正确覆盖率定义为：$C_r = \frac{\sum_{i=1}^{k} n_i^q}{n}$，即所有聚类中正确的文档数之和与总文档数的比值。显然，聚类整体覆盖率和正确覆盖率的取值范围均为［0，1］，且满足 $C_r \leqslant C_a$，其中正确覆盖率表征了聚类的整体性能，其值越大，表明聚类整体效果越好。本文除了使用传统的准确率、召回率和 F-score 来讨论聚类结果外，还将使用聚类覆盖率指标对聚类结果进行讨论。

4.4.4 实验及结果分析

（1）实验方案

为了便于比较，本文采用与文献（王贤明，2015）相同的实验数据、相似度计算参数和实验方案，其中文献（王贤明等，2015）中的方法记为 DR-Grams，本文的方法记为 AR-Grams。

（2）聚类阈值与初始聚类数的关系

初始聚类数是利用 AR-Grams 进行聚类后的直接聚类结果，亦即未进行聚类合并之前的聚类情况。相关实验结果如图 4-13 所示。

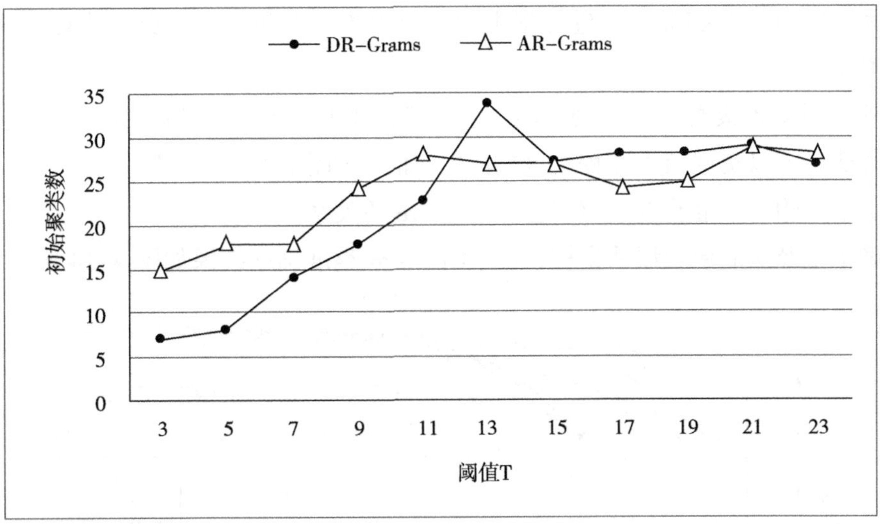

图 4-13 初始聚类数与阈值的关系

从图 4-13 可见，当阈值较小时，获得的初始聚类较少，随着阈值的增大，所得初始聚类逐渐增多，当阈值增大到一定范围时（对本例是［11，15］），聚类数呈现基本稳定的状态，但当阈值增到足够大时，聚类数开始逐渐下降。

呈现上述现象的原因在于：当阈值较小时，阈值对不同聚类元素的辨识度有限，且相对较容易受到因采用随机 n-Grams 相似度计算中的随机性影响，因而更容易将本不该隶属于一个类中的文档聚到一起，从而使最终获得的聚类较少且容易被推断，此时的准确率也相对较低。当阈值逐渐增大时，阈值的辨识度也逐渐增大，各文档更容易被归属到其相应的聚类中，因而聚类相对更为准确，聚类数也就更多，这正是聚类数增多的原因。当阈值增大到一定范围时，此时可以较为准确地划分各个文档的类别归属，并且由于此时聚到同类中的文档确实是存在相当程度的重复，因而在阈值不是足够大时，一定程度的阈值变化是不会有太大影响的。这正是聚类数存在一段相对稳定区间的原因。并且，此阶段各个聚类的大小相对更大，同时各个聚类的准确率基本维持在 100%，该阶段正是适合于用作类似于网络热点分析相关研究或应用的时机。随着阈值的继续增大，只有几乎完全相同的文档才会被聚到一个类别中，不过完全相同的文档数毕竟有限，因而此时获得的聚类数将开始逐渐降低。需要交代的是，此时得到的初始聚类其实较多，不过只是有些聚类太小，即元素数在阈值 C 之下，因而被过滤掉了，留下的有效初始聚类数在减少。

另外，对比 AR-Grams 和 DR-Grams，可以发现两者随着阈值的变化趋势相同，但在不同的阈值阶段上，具体聚类数会有所差异。在低阈值时，AR-Grams 获得的聚类相对更多，最为重要的原因就在于 AR-Grams 在低阈值下聚类更为精细，不像 DR-Grams 聚类结果那么粗糙，因而获得的聚类数更多，相应的，整体上各聚类更小。但随着阈值的增大，阈值已能够准确地进行聚类而不至出错，因而两种聚类方法在高阈值时的表现基本相同。

此外，当初始聚类数趋于稳定时，意味着此时所对应的阈值 T 为较好的选择。根据这一特征，可以实现聚类过程中聚类阈值 T 的自动化确定。

（3）聚类阈值与准确率、召回率及 F-score 的关系

准确率是经典的聚类评估指标，AR-Grams 聚类准确率结果如图 4-14 所示。

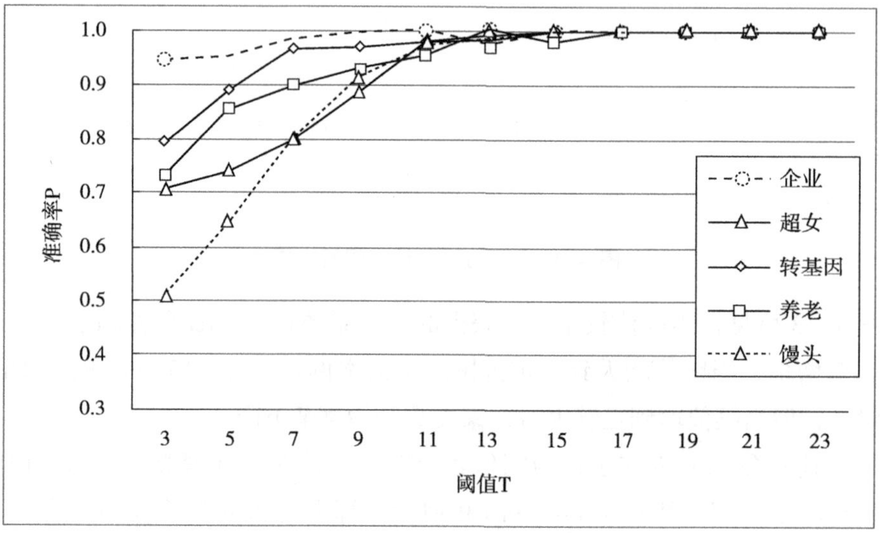

图 4-14　聚类阈值与准确率的关系

与 DR-Grams 聚类一样，阈值越小，各文档归属出错的可能性越大；阈值越大，各文档归属出错的可能性越小，聚类阈值对聚类结果起着决定性作用。对比 AR-Grams 和 DR-Grams 结果可见，两种方法所得结果的变化趋势相同，即准确率随着聚类阈值的增大而增大，直至 100%。并且在阈值 $T=11$ 时，准确率已经接近 100%；当阈值 $T\geqslant 15$ 时，准确率几乎已为 100%。故从聚类准确率来看，聚类阈值在 AR-Grams 和 DR-Grams 下具备同样的作用。在 AR-Grams 聚类下，相似度阈值范围可初步确定在区间［11，17］。

针对各个单一数据集而言，在图中，“馒头”的准确率明显低于其他数据集，原因在于文档集 D 中的最小可聚类文档来自“馒头”数据集，在 AR-Grams 聚类下，该文档将首先成为聚类标志文档，并将获得最多的与其他文档进行相似度计算的机会，因而也将纳入更多的文档到该类中，这就是“馒头”的最低准确率的根本性原因。这一点，是 AR-Grams 和 DR-Grams 的共同特性，即较先前的可聚类标志文档所在的聚类往往具备较低的准确率。不过随着阈值的增大，该情况逐渐被改善。

与 DR-Grams 相比，AR-Grams 聚类在低阈值（ $T\leqslant 9$ ）时的准确率提高了 11.9%，在整体上则提高了 4.5%。由此可见，AR-Grams 在低阈值下的改进效果更明显。原因

正如前文所述，低阈值下的DR-Grams聚类结果较为粗糙，而AR-Grams结果则较为精细，其准确率必然高得多。实验结果显示AR-Grams下的聚类准确性整体高于DR-Grams，高阈值下的结果相当，因而可以认为AR-Grams优于DR-Grams。

聚类评价的另外一个重要指标为召回率，AR-Grams聚类阈值与召回率关系的结果如图4-15所示。

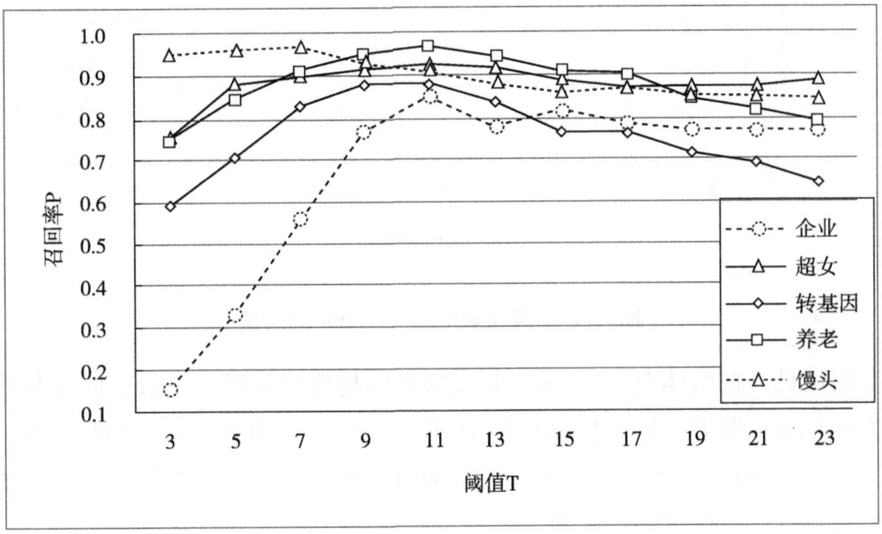

图4-15　聚类阈值与召回率的关系

对比两种方法的召回率曲线可知，两种方法下聚类阈值和召回率存在相同的关系，即随着聚类阈值的增大，召回率呈现先增后降的态势，并且最佳聚类阈值范围为[9，11]。

和DR-Grams一样，在聚类阈值较小时（$T \leqslant 9$），阈值作用归结为“类间纠错”，即阈值的增大，将逐渐减少文档被归属错误的可能性。但当T逐渐增大时（$T > 11$），文档的归属已基本完全正确，正如图4-14中所示，$T = 11$时的准确率已基本为100%，因而此后的阈值作用将主要体现为把各个聚类划分为更为精细的、且准确率依然保持为100%的更多小聚类，亦即“类内细分”的作用。类内的细分将会产生更多稍小的聚类，同时又将使得较多过小的聚类被阈值C过滤或者使得一些单一的文件不被归属到任意聚类中，这正是召回率曲线下降的原因。

与DR-Grams相比，AR-Grams在低阈值下的召回率提高了9.1%，在整体上则提高了2.9%，可见本文方法在低阈值时的改进作用较为较为明显。

综合性的评价指标F-score曲线如图4-16所示。

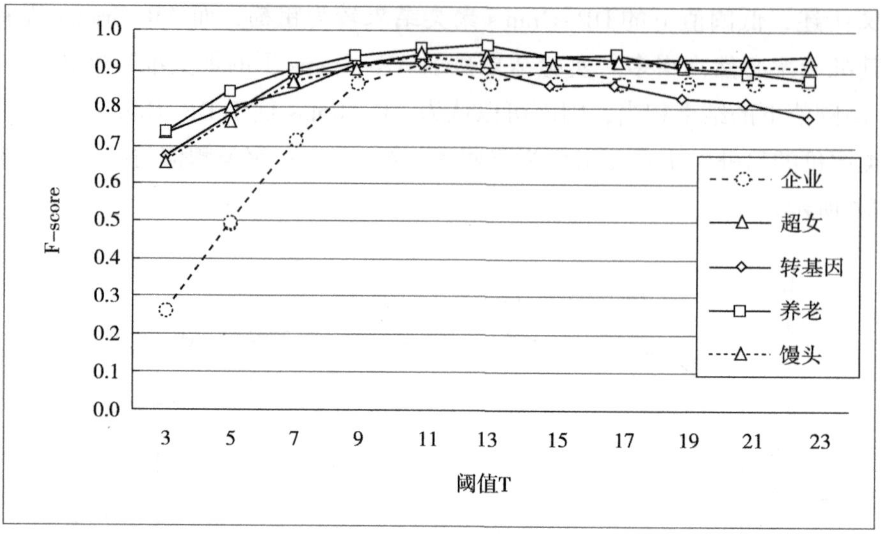

图 4-16 聚类阈值与 F-score 的关系

由上图可见，在整体上，F-score 曲线的升降趋势与召回率一致，即先升后降。这一点与 DR-Grams 聚类一样。但具体值方面，本文方法的 F-scoce 在低阈值时提高了 10.2%，在整体上则提高了 3.5%。这主要归功于 AR-Grams 的精细特性，它在造就更多精细聚类的同时，提高了聚类效果。

（4）聚类阈值与覆盖率的关系

整体覆盖率 C_a 和正确覆盖率 C_r 实验结果如图 4-17 所示。

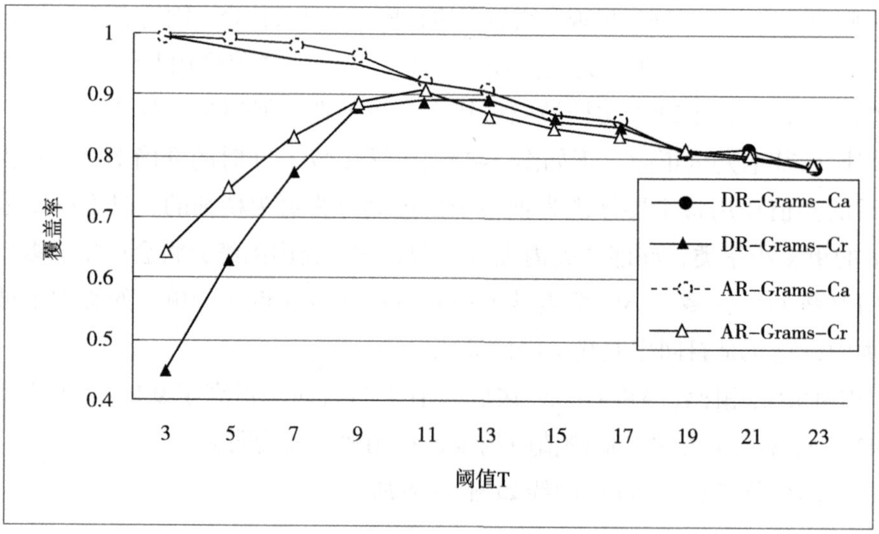

图 4-17 聚类阈值与覆盖率的关系

由上图可见：整体文档覆盖率随着聚类阈值的增加呈现单调递减趋势，正确文档覆盖率则呈现先升后降的趋势。显然，随着聚类阈值的增大，文档将更难被聚到一起，或者难以聚成较大的类。由于各个聚类对纳入该类文档的限制更为严格，这将导致越来越多的文档成为独立于任何聚类的个体文档，或者由于所含文档过少而无法被认定为有效聚类，在宏观上即呈现为整体文档覆盖率的持续下降。对正确文档覆盖率而言，则与上述情形有所不同。在阈值较小时，虽然绝大多数的文档都被归属到相关聚类中，但是正如前文所述，低阈值时的归属错误率极高，这一问题随着阈值的增大将逐渐缓解（即低阈值时阈值有“类间纠错”的功能），这正是正确文档覆盖率在开始阶段呈现增长趋势的原因。在阈值较大时，由于阈值的“类内细分”作用，诸多大类被分割为多个细小的聚类甚至被分成一些独立的文档，在该过程中，越来越多的独立文档和极其细小的聚类被排除在有效聚类之外，宏观上即呈现为正确文档覆盖率的缓慢下降。这在另一个侧面再次印证了前文所论述的阈值的两种典型作用。当阈值增大到一定程度时，阈值已具备充分的辨识能力，可确保被归属到同一个类中的文档在实际上也的确是同类文档，此即当阈值较大时，两条曲线基本重合的原因。

和 DR-Grams 相比，本文所介绍的方法的正确覆盖率提高了 9.2%，在整体上则提高了 3.0%，可见本文方法的主要效果表现在低阈值时对正确覆盖率的提升上，主要原因与前文的聚类准确率相同，在此不再赘述。

（5）AR-Grams 聚类特性及应用场景解释

AR-Grams 聚类方法的特性可总结为：高准确率、低召回率、聚类精度和速度易于调控。该方法可通过调整相似度计算中 N-Gram 的数目及各项阈值来实现聚类精度和速度的调控，从而使其可用于实时性较高的场合也可用于对精度要求较高的场合，但并不能用于召回率较高的场合。另外由于该方法可以获取多个准确率高的聚类，研究者通过其中的较大聚类即可完成类似网络热点发现之类的应用需求。这主要是因为在实际情况下，网络热点一旦产生，虽然围绕着一个热点话题的数据往往会涉及多个方面，但其中往往存在着大量由于转载或其他原因而导致有较大重复率的文档。只要能把这些重复率较高的文档识别出来，就足以分析出相关热点，而并不需要识别出该热点的所有相关数据，这正是本文聚类方法所具有的实用价值的客观支撑条件。本文中的聚类方法并不适用于类似于文献（陈笑蓉等，2016）中的艺术类数据聚类（包含音乐、舞蹈、书画等数据）。从本实验的初步聚类结果来看（即在不进行聚类合并条件下的聚类结果），虽然聚类数较多，但其中较大的聚类却并不多，在实际进行网络热点分析时，只需利用其中的几个较大聚类即可实现。另外，由于实现海量网络数据中热点的识别只需要能够取得其中一个较大的且准确率高的聚类即可，至于该类中元素是多一些还是少一些，都不会影响热点分析结果，这就决定了虽然本文方法仍然是基于阈值进行聚类的，但是却对阈值要求很低，只需要阈值较大，例如在 0.5 以上，但不要高于 0.9 即可。

另外，虽然采用本文方法时，取较小的阈值能够获得较少的聚类，不过由于此时各聚类中包含了一定数量的归属错误的文档，这些对热点分析不利，故低阈值并不适合于进行热点分析。

4.4.5 结束语

本文提出的 AR-Grams 的文本聚类方法，具有语言无关性、高准确率、低召回率、聚类精度和速度易于调控等特点，相较于常规聚类方法，省却了烦琐的特征提取等操作，同时也避免了 DR-Grams 聚类可能导致的将毫不相干的文档聚到一个类中的缺陷，从而提高了低阈值下的准确率，因而也提高了 F-score，相应地也提高了聚类的正确覆盖率。这使得 AR-Grams 能在更广的阈值范围内应用于网络话题检测或者网络热点识别等场合。不过，在极低阈值时的聚类效果仍有待进行更为深入的研究。

4.5 小结

本章介绍了网络舆情涨落研究最为关键和基础的部分，即网络舆情热点的发现研究。本章首先介绍了网络舆情热点的形成、发现以及追踪，继而提出了用于网络舆情热点发现的一种基本支撑算法——基于 n-Grams 的语言无关性文本相似度计算方法，并对该相似度计算方法中的随机策略进行了深入研究，最后基于前述相似度计算方法提出了一种聚类及热点舆情发现的算法。

5　网络舆情涨落研究之术——网络舆情大数据内容分析及网络分析

内容分析法很早就受到了研究者的重视（刘毅，2006；谢海光等，2006），其范围非常广，方法也极多，本章主要讨论内容分析法中的词云分析和共现分析。网络分析则包括对词项网络及基于网络的虚拟团伙识别的分析研究。

5.1 词云分析

词云分析技术是 Web 文本大数据可视化的核心支撑之一，也是内容分析法的重要方面。海量的 Web 文本数据仅依赖传统的浏览展示方式，不仅会造成工作效率低，而且也不直观，无法与人的逻辑思维发生直接的联系。一种友好的呈现方式即使用词云，这种方式既可保留海量网络群体事件数据的核心梗概，即那些关键词，同时也可以以简单友好的方式将结果呈现给用户。搜索引擎的用户热搜词作为一类特殊的关键词，也被广泛应用于舆情分析中（韦秋宇等，2021；喻国明，2013；陈涛等，2013）。

词云分析即通过对文本文档或者文本文档集合进行分析。其最重要的分析包含两点：分词和词频统计。然而仅此两点是难以呈现一个优秀的词云图的，因为词云图不仅要靠外表，同样需要靠内涵，也就是对词项的选择。

在对词云分析进行应用研究的过程中，我们既对词云分析有了新思考，同时也将这些新思考融入了后文的词项网络分析（有时，我们也称其为词簇分析）中。一些总结于实际应用研究的新思考具体体现在以下几个方面。

（1）词项的选择问题。对 Web 文本文档处理之后，将会获得大量的词（亦称词项），这些词项最终将成为可视化呈现的对象。常规的选择标准是根据词频来进行选择，然而高频词并非一定是最佳的。词语作为信息的载体，在不同环境中传递着不同的信息，在不同的结构中承载着不同的语义。语言环境不同，词语也会表达出不同的语义信息。根据分析主题的不同和词语所处语境的不同，相同的词所表达的语义、信息量往往也会有所不同。在考虑词频的同时，结合词项的主题辨识度来进行词项选择，会是一个不错的选择。

（2）词项归并问题。经过常规的词项选择，虽然可以实现高频词和高主题辨识度词语的提取，但是该词项集合还有待进行更深入的挑选，即词项归并。通常由于语言表达的灵活性、不同文章编撰者的语言风格的差异性等，会导致词项集合中出现相当数量的意义重复的词汇（如在同一项网络舆情中，“公安干警”和“民警”往往是同一指代），这些词汇应该进行归并，但归并却并非简单地词频相加。词项归并可通过词语相似度计算来解决。词语相似度的计算，对于中文而言，研究者普遍采用哈尔滨工业大学社会计算与信息检索研究中心同义词词林扩展版或者 HowNet 来计算。

（3）词云示例图如图 5–1 所示。

图 5–1　词云图

其优点是简单直观，可以通过词云图迅速判断文档或文档集的高频词，并借此判断文档或文档集的主题。例如仅通过图 5–1，研究者虽然不知道分析中确切的文档集，但是我们可以根据高频词推测出原始数据集的主题。

5.2 基于词项距离的共现分析法研究

5.2.1 共现分析

共现分析是图书情报领域一种常见的计量分析方法。通过该方法，研究者可以以较为直观的方式发现大量数据中蕴含的某些模式性知识。例如，可以利用科技论文作者的共现关系分析合作网络关系，通过文献共引关系分析文献相关度，利用论文关键词分析文献关系等。

推而广之，该方法背后的共现思想也存在着广泛的应用场景。这是因为共现往往意味着一定的相关性，尤其是当共现频次较大时，这种相关性关系越显著。例如，经常在同一个超市购物的购物者，很可能都住在附近同一小区或者工作于附近同一家公司；经常一起购物的两位同性购物者，很有可能是同学或同事等；经常一起购物的两位异性购物者，很有可能是夫妻或情侣等。当然很显然，仅凭借共现关系是不够的，研究者还需要其他特征数据支撑才能做进一步的判断。例如前面的举例中，一起购物的异性，若是成年且年龄相当，则意味着可能是夫妻或情侣，但若是一大一小，则有可能是父女或母子关系。从这里我们也可以看出，共现思想是一种很有用的方法思路，但是对其的单独使用也会存在一定的局限性。

5.2.2 文本共现分析一般性思路

在图书情报领域，引文、作者、关键词等的共现分析相对比较简单。此外其实还存在一种较前述分析稍微复杂的基于文本的共现挖掘方法。其分析操作的核心思想和流程如图 5–2 所示。

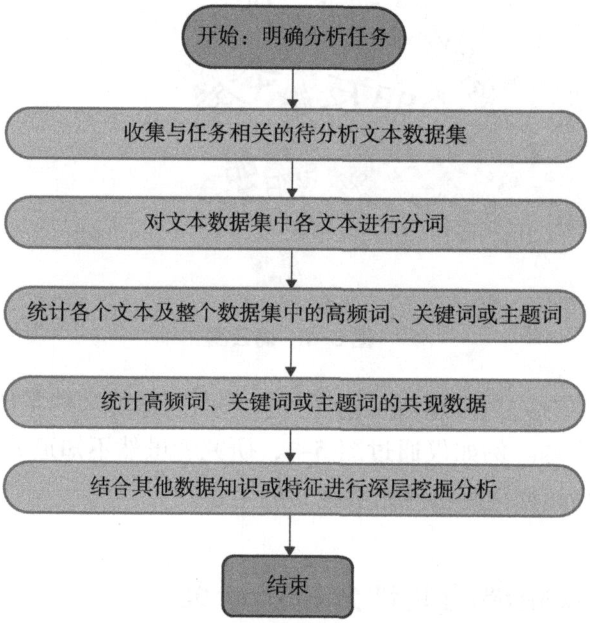

图 5–2　文本的共现分析挖掘一般性流程

下面笔者将针对其各个步骤作简要阐述。

（1）明确分析任务。该步骤不仅决定了应该采集哪些数据，也决定了后续高频词、关键词或主题词的选择问题。

（2）收集待分析的文本数据集。明确分析任务后，该步骤一般应选用主题采集策略进行。

（3）对前述文本数据集中各文本进行分词。

（4）统计各个文本及整个数据集中的高频词。不过，研究者也可能根据具体的分析需求，定义特定主题的关键词，而不一定必须为高频词。

（5）统计高频词（或特定主题词）的共现数据。为了使后文可视化取得更好的效果，该步骤可能会涉及部分词项的归并问题。

（6）结合其他数据知识或特征进行深层挖掘分析。分析目的不同，该步骤可能会有极大的不同，此处不再展开。

5.2.3 基于词项距离的共现网络分析法

一般地，在基于文本的共现分析中，研究者会更多的关注于词的主题或频次。其中主题决定了该词是否“要”的问题，而频次更多的是决定了后面在使用的过程中该词有“多重要”的问题。但是无论是主题词、高频词还是关键词，其实凸显的都是频次问题。我们经常见到的词云图也是如此，如图 5–1 所示。

通过词云图虽然可以快速了解数据集的部分特征，但是这些往往只是浅层特征，无法获知特征之间的关联性和内在逻辑。例如通过词云图我们可以大概获知该数据集涉及了“微信”“企业”“新闻”“经济”“发展”“市场”等内容，但是我们无法通过该图获取这些主题之间的联系。当然，具备领域背景知识的分析者也可能通过自身专业背景弥补词云图缺失的信息。尤其当面对一个陌生领域的时候，这种情况更为突出。

另外，呈现词云图时，一般更多的是基于名词，这种方法很容易就丢失了逻辑层次。从某种意义上我们可以说，动词是名词间逻辑关系的表达者。假如我们把名词视为信息岛，那么动词就是信息岛之间的桥梁。因此略去动词，词云图就如一片由孤岛组成的洋面。当然，若在词云图中保留动词，虽然并非难事，但是动词的加入，往往会使词云图显得突兀而无意义，缺少主宾角色的动词在词云图中就失去了其本应该具有的意义。

由于词云分析的不足，基于词项网络（词簇）分析的方法被提了出来。所谓词项网络分析，即利用社交网络分析的方法来对词项之间的关系进行分析。为了在纷繁复杂的词项网络中呈现易于被接受的可视化结果，研究者需要根据词项间的关联关系，分析词项复杂网络中的词簇，即关系密切、表现为“团簇”现象的那些词项，因此我们也常将词项网络分析称为词簇分析。词项网络分析一般还应该考虑词项间的关联问题。在众多的词项之间，其关联强度是不一致的，关联的强弱体现了当前分析主题所蕴含的某种内在逻辑或关联。常规的以频次代表关联强度的做法，将会导致某些具有高主题辨识度而低频的词项关联被弱化。为完成词项关联计算，结合共现分析，笔者提出文档频次（各文档间层次）、累积频次（所有文档内频次累积）以及与之相应的两个中心频次共计四个指标来实现词项间关联计算，以满足不同可视化类型的需要。

在社交网络中，网络的节点是每一个研究实体（物理空间中具体的人或者虚拟空间中的账号），节点之间的连线代表了实体之间的关系。与此类似，在词项网络之中，节点不再是人名、机构名或其账号，取而代之的是词语；节点之间的连线表达了在文本文档或者文本数据集中词语之间的逻辑关系或者上下文关系。由于词项网络具备了表达词语之间关系的能力，并且可以通过词项节点的大小来表达其频次。换句话说，词项网络不仅能够表达词云图所表达的频次大小，而且还能表达词之间的关系。较词云图而言，由于词项网络可以表达词语之间的关系，因此可以很自然地将动词纳入词项网络之中。词项网络示例图如图 5–3 所示。

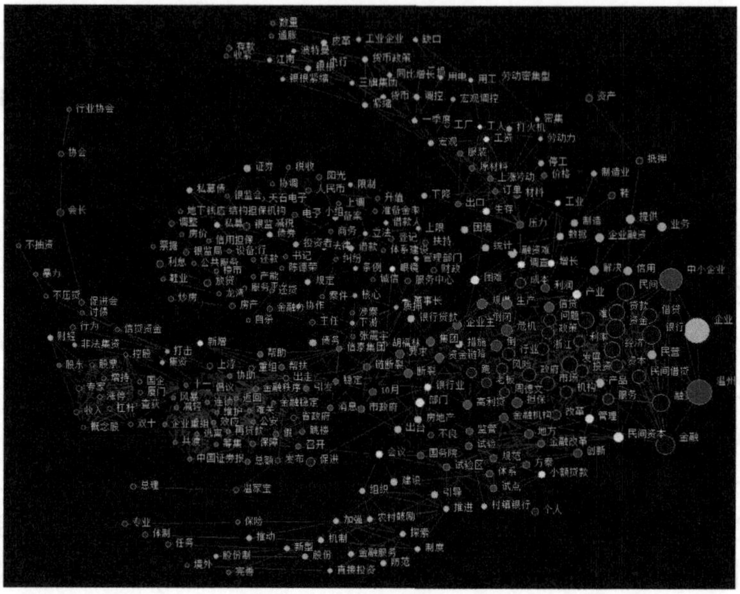

图 5–3　词项网络示例图

另外，在可视化过程中，结合前期研究经验，笔者初步总结了两种较为合理的可视化布局方式：即时序扩散型和谓词扩展型。其中时序扩散型又可以分为显式和隐式两种，显式时序扩散将把时序词项纳入呈现对象集，而隐式则不是。时序扩散布局的可视化将使得时序演化类大数据项目的演化发展脉络更为清晰。而谓词扩展型则是以主体词项为呈现中心对象，通过谓词扩展至其他主体、客体，其他主体再通过其相关谓词扩展。该可视化方式则有利于研究者理解与主题相关的大数据中的核心驱动激励要素以及蕴含在其中的内在逻辑关联。研究者也可以根据实际情况，结合两种布局进行可视化呈现。

词项网络分析的一般流程如图 5–4 所示。

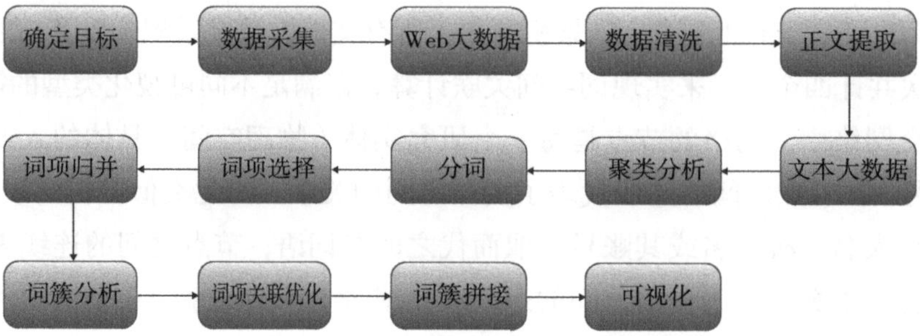

图 5–4　词项网络分析的一般流程

下面对部分步骤稍做展开。

（1）数据采集。当前述步骤确定了明确的分析目标，该步骤一般采用主题采集模式。

（2）聚类分析。该环节根据具体分析任务，可以决定词项的取舍。该步骤和词簇拼接是相关联的。即若需要层次化的可视化词项网络，则需要执行聚类分析，后续也需要执行词簇拼接。若只是常规的词项网络分析，则聚类分析和后续的词簇拼接都是不必要的。当采用前文中的 R-Grams 聚类法时，因为该方法无须分词支持，因此分词置于后续环节。若采用基于词项的聚类方法时，则分词方法需要前置。

（3）分词。当用于后续词簇分析时，分词是必需的步骤。但是若研究者采用前置聚类分析，则呈现结果既可能是直接的分词及特征构建，也有可能是其他特征构建方式。

（4）词项选择。根据分析目标的不同，词项的选择也将有所不同。

（5）词项关联优化。即采用不同的频次处理方法，突出分析目标。例如若目标是分析某个主题下的团伙时，则注重的不是绝对频次，而应该是相对频次问题。

（6）词簇拼接。在前“（2）聚类分析”已述及，此处不再展开。

我们开发的舆情文本分析系统如图 5–5 所示。

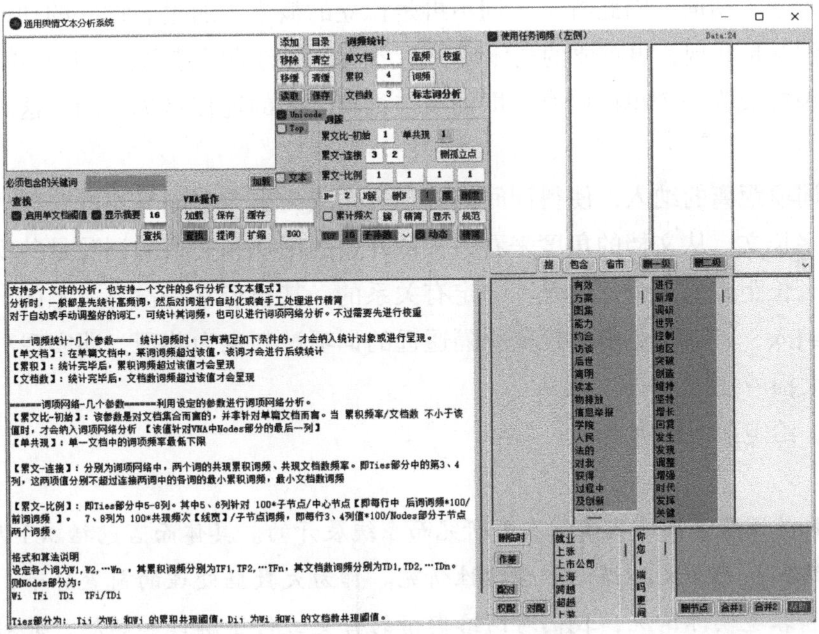

图 5–5　通用舆情文本分析系统

但是，由文本共现分析的结果到词项网络的可视化呈现之间，尚有两大难点阻隔。其一是词项网络比词云图要复杂很多，很容易导致计算机运算资源的不足或者可视化分析和呈现工具的崩溃。这是因为，在词云分析的时候，研究者只需要根据分析需要，从高频词列表中取其前若干个即可。但是在词项网络分析的时候，高频词之间往往两两之间都会存在共现关系。即若有 n 个高频词，在词云分析时，便只涉及 n 条记录，而如果进行词项网络分析的时候，将可能面临高达 $n(n-1)/2$ 条的记录。其二是无意义的词项数量太多。在通常的文本共现分析中，研究者常常关注的是两个词是否同时出现在同一个文本文档之中，更精细化一点，研究者可能会考虑到这两个词是否出现在同一个段落或者同一个句子之中。文档级或者段落级粒度共现分析的缺陷是很明显的，句子级粒度是有一定的合理性的，不过句子有长有短。在短句子当中。没什么问题，但是在长句子当中问题也很明显，尤其是那些结构复杂的长句。

针对文本共现分析的不足，笔者提出了基于词项距离的文本共现分析法。该方法的改进主要体现在以下两点：

（1）除了继续使用常规方法所使用的名词，同时还保留动词。

（2）纳入词项距离。所谓词项距离，即词之间的距离，研究者可以采用两种度量方式：字符和词。以字符度量时，两个词之间的距离即其间所夹的字符数；以词度量时，两个词间距离即其间词的数目。正因为如此，采用的词库或分词方法的不同，可能会导致词项距离的不同。

上述改进的意义在于：

（1）考虑了动词，因此各个名词不再是孤立的概念，通过名词间的动词，使得词间关系不仅仅是共现，更重要的是体现了词之间内在的关联逻辑。并且在纳入动词后，词项网络理应成为一个单向网络，即词项与词项之间的连接是单向的。这对应前述的谓词扩展。

（2）词项距离的纳入，使得词间的共现关系成为更为名副其实的共现。例如，对于一篇万字长文，从文档的角度来看，文章开始的词项和文末的词项是共现的。但事实上，这么长距离的两个词项是不一定有关系的，甚至经常是没有关系的。此外，词项距离的纳入，可以避免前述距离相隔遥远的词项被判定为共现，即实现对复杂的词项网络的大幅剪枝。

例如，给定如下示例文本。

该项目是围绕着网络舆情的涨落研究而系统展开的。具体而言包括以下几个方面：

①网络舆情的含义和媒体平台特性研究。作为大数据处理的前置环节，结合前人研究成果和客观实际情况，我们对网络舆情的含义进行了解读和延展，并对各种媒体平台进行了较为深入的研究，提出了一些新的观点，例如操作代价和操作收益等。

②网络数据抽取研究。作为大数据研究的基础，自动化的获取和网络数据处理是一种基本功能。因此我们深入的研究了各类网页的信息提取及结构化处理，主要包括基于逻辑链接块的网页正文抽取、多特征融合的网页正文抽取等。

③网络舆情热点识别研究。舆情研究必须找到被研究对象，因此自动化识别出网络舆情热点就成为舆情涨落研究的基石。网络舆情热点的识别最重要的方面之一即文本的聚类。在该部分我们研究了基于随机 n-Grams 成本相似度计算的随机策略以及相应的文本聚类方法。

④网络舆情数据的网络分析及内容分析研究。网络分析和内容分析是舆情研究的两个极其重要的方面。针对这两个方面，我们都在前人研究的基础上做了有益的尝试和探索，并分别提出了基于词项距离的共现分析法和基于网络拓扑和权值的虚拟团伙识别方法。

⑤网络舆情的涨落研究。针对舆情的涨落研究，基于前述各个方面的研究，我们提出了多维度的舆情演化研究范式，将舆情的研究归结为时间维度、用户维度、媒体维度、内容维度等几个方面。

⑥网络舆情的案例研究。在此部分我们利用前面的方法，较为深入地研究了关于供给侧结构改革等的网络舆情。

⑦网络舆情中形形色色的安全问题研究。在此部分。我们将网络舆情相关的安全问题从三个方面进行了阐述，分别是网络舆情载体平台的安全问题、网络舆情载体的内容安全问题以及基于网络舆情载体的信息隐藏安全问题。其中网络舆情载体的信息隐藏安全问题，此前在舆情研究中一直没有受到应有的关注。

分析示例如图 5-6 所示。

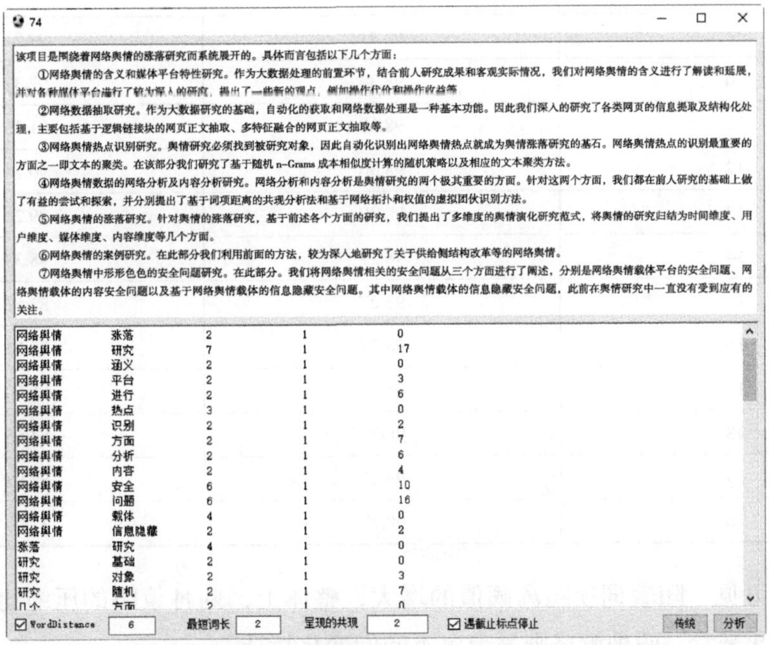

图 5-6 基于词项距离的词项共现网络分析演示

基于词项距离的计算方法，通过调整词项距离阈值（以词来度量词项距离），并且统计在两种情况下的压缩比，我们在自建的网络舆情数据集上的实验结果如表 5-1 所示。其中我们将压缩比定义为：压缩比 $R=1-\frac{N_d}{N}$，N 表示不采用词项距离下文档级粒度共现分析所得到的词项对数目；N_d 表示采用词项距离时的共现分析所得到的词项对数目。

两种情况分别为：

（1）计算词项距离时，若遇到标点符号（仅考虑“.”“。”“？”“！”“，”等标点）则结束计算；

（2）计算词项距离时不受标点符号的影响。

表 5-1　词项距离与压缩比

词项距离阈值	压缩比 R（%）	
	标点截止	不截止
2	99.19	98.59
3	99.10	98.15
4	99.02	97.64
5	98.90	96.98
6	98.74	96.17
7	98.61	95.44
8	98.49	94.40
9	98.41	93.32
10	98.34	92.32
11	98.30	91.16
12	98.30	90.14
13	98.29	89.26
14	98.27	88.33
15	98.27	87.51
16	98.27	86.51
17	98.27	85.50
18	98.27	84.66
19	98.27	83.83
20	98.27	82.90

从上表可见，随着词项距离阈值的增大，整体上，两种策略的压缩比都是在减小的。但若分开来看，两种策略则呈现出不同的变化特征。

（1）采用标点截止策略。此时，不难发现，其变化呈现出两个特点。其一是随着词项距离的增大变化缓慢；其二是当其降到一定的程度时不再变化而是维持在某个固定值。

（2）不采用标点截止策略。此时，与前一策略相比，不难看出它也具备两个特点。其一是压缩比随着词项距离的增大而不断明显下降；其二是其下降趋势呈近乎线性下降方式。

两种策略下的压缩比随词项距离变化的直观感受请参照图 5-7。

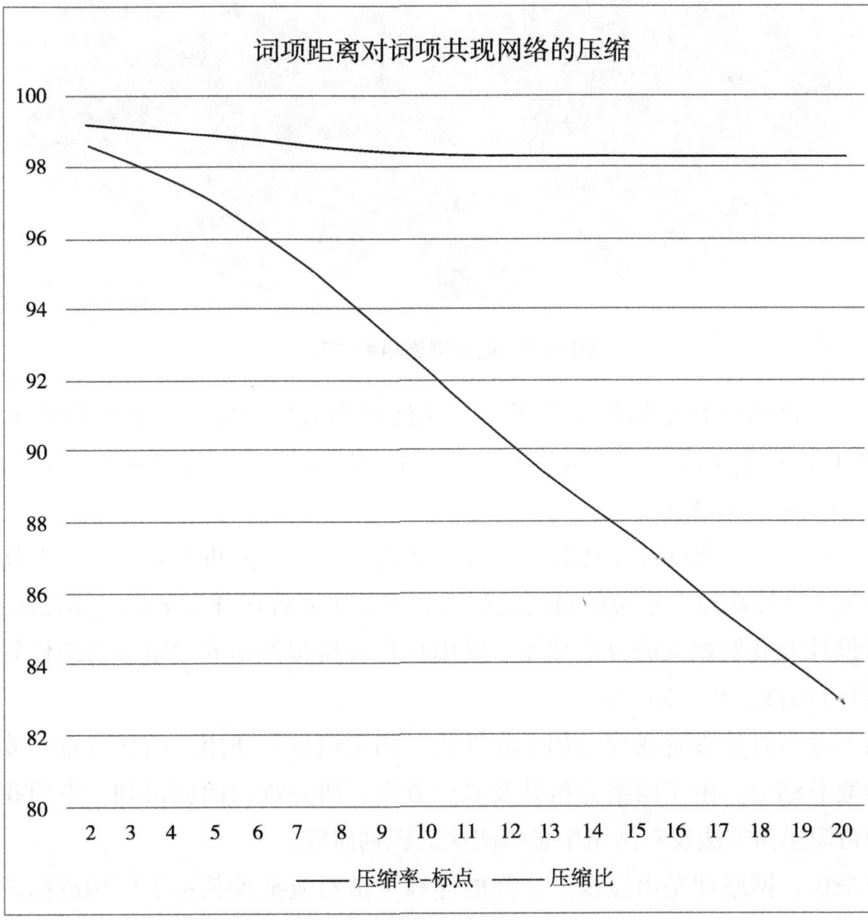

图 5-7 词项距离对词项共现网络的压缩

5.3 基于网络拓扑和权值的虚拟团伙识别研究

在网络舆情研究中，用户网络、媒体网络、词项网络等很多网络中的节点都会呈现出一定的“簇状”，如图 5-8 所示（王晰巍等，2021）。另外，用户网络等的关系权值也具有很好的利用价值（顾秋阳等，2020；魏静等，2020）。

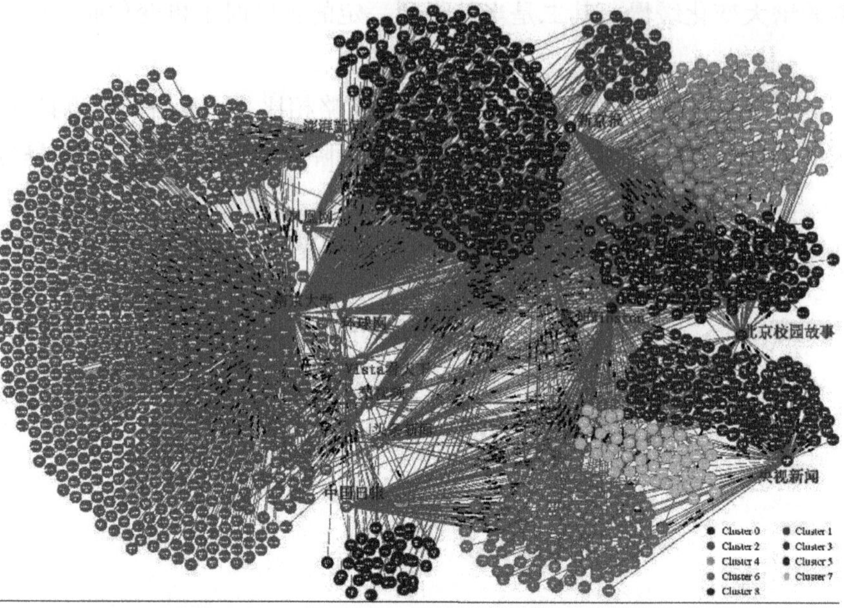

图 5-8　用户网络中的“簇”

一般地，网络拓扑结构都复杂异常，无法仅靠人力来完成，因此研究者不得不借助于软件来进行分析。用于网络分析的软件较多，知名的有 Pajek、Ucinet（附有 Netdraw）、Gephi、NetMiner 等。

不过，在某些集成度要求比较高的分析场合，若网络分析需要使用如上软件来完成，则会极大地影响整个系统的自动化程度。因此研究者在开发集成一体性的系统时，需要自行设计并开发相关的分析功能。供用户自行编程控制的网络分析组件较多，较为知名的有 igraph、NodeXL 等。

本书本并不打算讲解或演示如上软件或者相关组件的使用，而是将重点放在我们的实际研究总结上。由于网络分析涉及多个方面，研究难以面面俱到，下面我们仅介绍网络的精简思路方法及对网络中虚拟团伙的识别研究。

简单来讲，网络就是由点及点之间的连线（常对应某种关系）所构成的图形。若细节一点，点和连线会被赋予相应的数值（或权值），示例网络图如图 5-9 所示。

对于网络的精简，一般比较传统而简单的三大主要思路如下。

（1）根据点的性质来精简。按点的性质来精简时，可以继续细分为 3 类方式。其一是直接根据各个节点的度来进行删减。例如将度小于某个阈值的节点予以删除，由于点的删除，自然同时会引发相应连线的删除。其二是根据两个相邻节点的度来进行精简。例如根据相邻两个节点度的比值，来确定节点的删除。第三种是综合考虑多个具有特定关系的节点与度之间的关系。此时，若要确定某个节点是否要删除，不仅要考虑该节点自身，以及其直接相邻节点，还需要考虑其相邻节点的各级子节点。

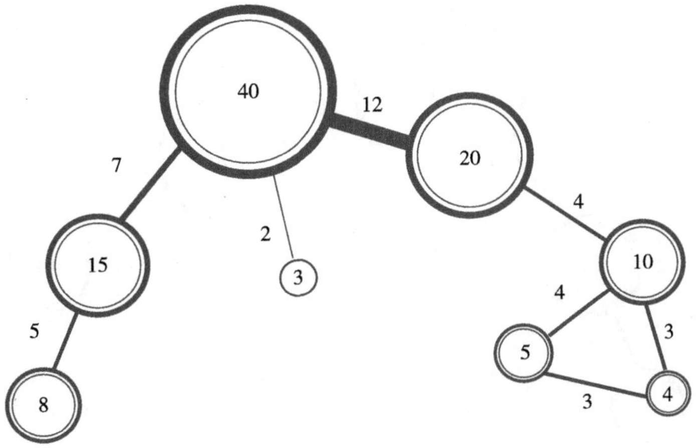

图 5-9　权值网络图

（2）根据连线的性质来精简。此时研究者除了要决定连线的删除与否，还需要考虑具体的删除策略，即仅仅是断开两个节点间的连线，还是需要删除其中某个节点及其各级子节点。具体可以按照实际需求确定，一般情况下以前者较为常见。与上述类似，按连线性质精简的思路，也可以进行细分。其一是设定阈值，然后根据连线的数值（权值）来确定是否删减。其二是综合考虑连线及相应节点性质以决定是否做删减。

（3）同时考虑点和线的性质。该思路方法多样，此处仅列举一种。记网络中任意两个节点分别为 M、N，节点的度量值记为 m、n（具体如何度量可能根据具体应用不同而不同，例如可以根据各节点的频次来度量），其间连线的度量值为 w（其度量方式同样可以采用符合要求的方式，例如可以用 M、N 的共现频次），记 $r=\dfrac{min(m,n)}{max(m,n)}$，则剪枝条件为：$r<w$。

另外，也可以在采用如上思路的同时，采用正向或逆向精简策略，或者也可以采用动态精简策略，即随着精简的进行，网络的拓扑等已发生变化，是否需要在接下去的精简中考虑这些变化。

上述笔者简单列举了网络精简的宏观思路，具体的实施算法往往会考虑更多的要素。此处不再具体展开。下面仅针对我们在网络舆情涨落研究中，对于用户网络中的虚拟团伙识别的一种思路和方法进行介绍。

为了对比，下面首先将采用一个较为简单直接的网络精简方法。例如针对上图 5-9 所示网络，设定度阈值为 6，对节点度数小于该阈值的节点予以删除，得到的网络如图 5-10 所示。

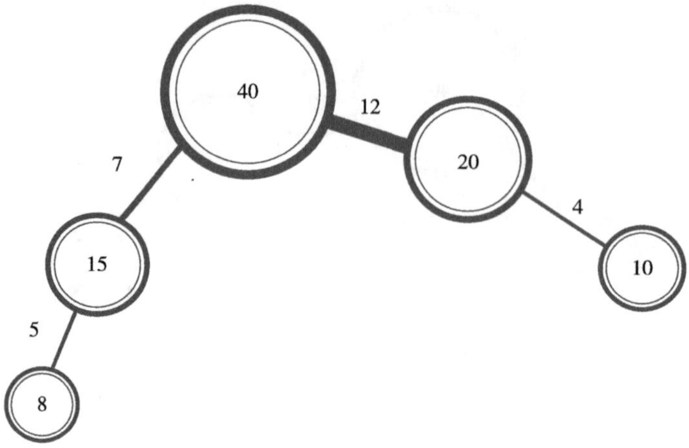

图 5–10　按度数精简后的网络

我们可以很明显地看出，经过如上删减，网络被精简的同时，网络的骨干节点和架构被保留了下来，这正是在很多应用场合中我们所期望的结果。

接下来再采用连线权值阈值来进行删减。设定连线阈值为 5，则删减后的网络如图 5–11 所示。

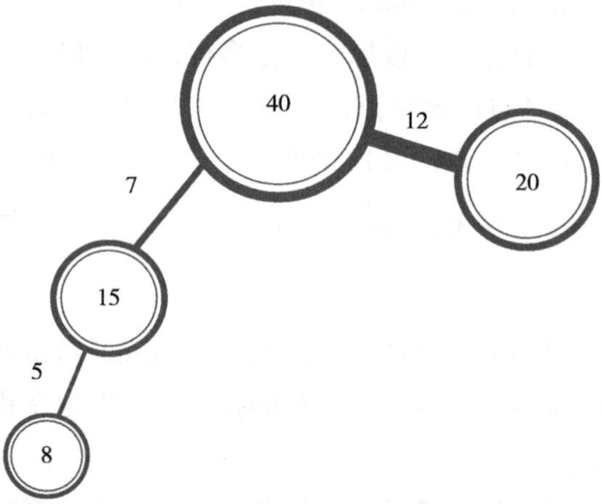

图 5–11　按连线权值删减的网络

同前面一样，经过精简，网络的骨干节点和架构同样得以保留。

从如上两种方法我们可以看出，无论采用上述哪种精简方式，最后网络都得到了精简，且保留了网络骨架。因此可以说这两种方法都是有效的网络精简方法。

然而，在某些其他应用场合，我们在乎的不仅仅是骨架。例如在网络舆情的用户网络中，我们不仅关注那些核心 Hub 节点，同样也关心那些具有一定协同作用的“小”节点群——子群，在此处，我们称之为网络团伙。注意网络团伙不一定对应着现实中的团伙，正如前文所述，虚拟网络空间中的网络用户和现实物理空间中的人不具有一一映射的关系。

那如何发现那些隐藏在庞大的用户网络中的那些团伙呢？不难知道，所谓团伙，一般必定存在较之其他普通节点更为紧密的联系，不过需要注意的是，这里仅仅只是一种相对概念，即“更为紧密”不一定体现为绝对值更大。倘若这些团伙中节点都是 Hub 节点，那么发现它们也许并不困难，但事实上，很多团伙节点并非传统意义上的 Hub 节点，并且其中没有哪一个节点可以被归为 Hub 节点。

经过研究总结，我们提出了一种简易可行的网络中虚拟团伙的识别方法。其建立的假设基础是：团伙内部的连接程度高于其与外部的连接程度。该方法具体内容如下：

记网络中任意两个节点分别为 M、N，节点的度量值记为 m、n，其间连线的度量值为 w。设定阈值为 t。采用逆向剪枝策略，即从其子节点开始，并且当符合剪枝策略时，只是断开当前连线，而并非将该节点及其子节点一起删除。则剪枝条件为：$\frac{w}{min(m,n)}<t$。

不过上述剪枝条件容易导致度量值较大的节点连接较多的度量值较小的节点。因此可以利用下述方式之一对其进行改进。

①对度量值较大的节点，先按前文方法进行剪枝处理。

②利用线性组合来设定剪枝条件，即条件变更为 $\frac{w\propto}{min(m,n)}+\frac{w(1-\propto)}{max(m,n)}<t$。

③利用乘性组合来设定剪枝条件，即条件变更为 $\frac{w^2}{min(m,n)*max(m,n)}<t$。

这里以上述方式③为例。设定阈值为 0.1，对图 5-9 所示的网络进行精简。经过上述③中剪枝条件的计算，所得结果如图 5-12 所示。

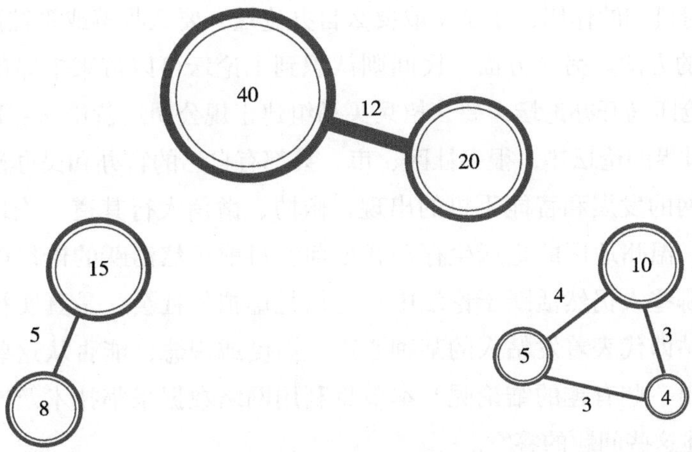

图 5-12　网络中的团伙识别

从上图我们可以看出，识别出的团伙有 3 个。尤其是右下角的小团伙，在前述精简方式下，被部分或全部地删减了。

具体应用示例参见下文，此处不再赘述。

5.4 案例分析

该案例既是“3.3 论坛网页正文抽取研究”论坛抽取分析的应用演示，也是本章网络和内容分析的应用演示。

论坛作为互联网发展阶段 Web 2.0 的典型产物，曾经在互联网中占据了极其重要的地位，甚至即使到了如今被微信、微博统治中国互联网的时代，大批论坛已走向没落甚至关闭，仍有不少论坛存活于互联网上，且部分论坛仍然具有极强的用户黏性，吸引大量的网民生活在这个虚拟的社区之中，例如全国知名的天涯论坛、猫扑论坛、搜狐论坛、凤凰论坛、网易论坛、凯迪社区、强国论坛、百度贴吧、铁血社区等，这些论坛每天都有各种吸引眼球的爆料或者火热的话题来吸引众多网民的关注。

温州具有良好的经济基础和优良的公共通信基础设施，这为温州的网络发展奠定了最为基本的保障。温州的网络普及程度高，网民数量庞大，这些都为温州民间网络媒体的繁荣和发展奠定了基础。正因为如此，在 Web 2.0 时代，温州较早地出现了第一批论坛，如温网论坛、柒零叁论坛等。同时由于这些早期论坛在某些方面的标杆示范作用，使得各地论坛呈二分化的趋势，即官办和民办。一方面，温州由于其多方面的特殊性，吸引着全国各地人群的关注。在这种关注过程中，温州民间网络媒体起到了一种“对外口岸”的作用：它们既可以将温州希望广而告之的“好事”传遍全国乃至全世界，同时它们也可以将大家希望销声匿迹的“坏事”扩散至互联网和现实社会空间的每个角落。应该说，各地的管理方正是认识到论坛的这种“传喜事阻家丑”特性在社会事务管理等方面有益于政府机构的作用，于是采取要么自办论坛、要么收编或管控民间论坛，或者两者同时实施的方法。另一方面，民间则认识到了论坛可以带来丰厚的经济回报的优势，便要么单枪匹马开办论坛，要么招兵买马组建正规公司运营论坛。这最终引发了曾经整个互联网世界的论坛热，很多社区、市、县都有自己的官办和民办论坛。

随着互联网的发展和智能手机的出现，微博、微信大行其道，论坛、博客受到巨大冲击。那么，温州地区的论坛生存现状如何？目前仍然活跃的论坛或版块究竟在讨论着什么？是哪些人仍然活跃于论坛中？论坛是虚拟的社会，是真实社会的一种侧面写照，论坛发帖即代表着发帖人的某种心声、态度或观念，能否从这些论坛内容的深入分析中挖掘出一些有趣的结论呢？本节将利用网络数据采集技术及网络舆情的分析方法，探寻上述这些问题的答案。

本节以温州地区的论坛为例。通过对温州区域论坛的多个指标进行长达半年的监测，以这些指标分析温州论坛现状及发展趋势；通过对典型论坛版块的内容深入分析，探究温州活跃论坛中的活跃者和活跃话题，并从这个虚拟社会中去挖掘温州网民的多个方面。

本次采集通过自行开发的软件进行。由于大部分论坛不太景气，因此将最终分析时间段确定于：二零一四年十二月十六日至二零一五年四月二十九日。对于停止运营论坛或者不太稳定的论坛，正文中不再提及，也不再对其进行分析。

对本次论坛的内容分析，主要以最为吸引眼球的柒零叁论坛的散讲温州为重点对象，爬取的数据时间范围为2006—2015年。由于论坛早期数据已不再呈现或已存档，故早期数据偏少，另外由于内容爬取程序较早即停止，故2015年数据较少。内容分析的主体数据为2012—2013年这两年的数据，共计424964条，涉及帖子主题数共计29941个，涉及发帖者共计36081个账号。

5.4.1 研究对象

本次监测的论坛参见表5-2。

表5-2　监测论坛列表

论坛名称	网址
乐清上班族	http：//bbs.5iyq.com/
柒零叁	http：//bbs.703804.com/
瑞安论坛一	http：//bbs.ruian.com/
乐清城市网论坛	http：//bbs.21yq.com/forum.php
苍南网	http：//bbs.0577cnw.com/
温网论坛	http：//bbs.66wz.com/forum.php
温都论坛	http：//bbs.wzdsb.net/
永嘉论坛	http：//www.yjbbs.net/forum.php
永嘉人论坛	http：//0577818.com/forum.php
永嘉第一门户	http：//club.yj001.com/
鳌江论坛	http：//bbs.ajpkz.com/
龙湾论坛	http：//www.704805.com/forum.php
乐清论坛	http：//www.yqol.net/bbs/forum.php
乐清热线	http：//bbs.0577net.com/forum.php
乐清牛牛网	http：//bbs.n0577.com/
温州论坛	http：//0577.cm/
温州日报论坛	http：//bbs.wzrb.com.cn/
平阳信息网	http：//club.wzpy.com/forum.php
苍南在线一	http：//www.cangnan5.com/forum.php
洞头论坛	http：//bbs.66dt.com/forum.php
泰顺在线	http：//www.taishun.ccoo.cn/tieba/sitemap.html
文成论坛	http：//www.5iwc.cn/forum.php
平阳网	http：//pingyangbbs.com/

续表

论坛名称	网址
平阳在线	http：//www.pingyang.ccoo.cn/tieba/sitemap.html
客热后	http：//www.kerehou.com/forum.php
泰顺网社区（官办）	http：//bbs.ts.gov.cn/
文成交友论坛	http：//wclife.haotui.com/bbs.php
网络社区	http：//wenzhou.bbs.dqccc.com/
洞头 818 网	http：//www.dt818.com/
瓯海吧	http：//bbs.oh8.cn/
平阳论坛一	http：//www.zjpy.cn/forum.php
平阳论坛二	http：//www.py501.com/forum.php
浙江平阳在线	http：//www.pingyang.ccoo.cn/
龙湾人论坛	http：//www.325025.com/
龙湾生活网	http：//www.longwan.co/
苍南网论坛	http：//www.325808.com/bbx/forum.php
苍南在线二	http：//www.cangnanlt.com/forum.php
瑞安论坛二	http：//www.ruianhao.com/
瑞安生活网论坛	http：//bbs.auouo.com/index.php

5.4.2 监测数据分析

本次监测对象共计 39 个。其中除去监测过程关闭、极不稳定或名存实亡者，剩余 10 个，名单如表 5-3 所示。

表 5-3　分析对象列表

论坛名称	网址
乐清上班族	http：//bbs.5iyq.com/
柒零叁	http：//bbs.703804.com/
瑞安论坛	http：//bbs.ruian.com/
乐清城市网论坛	http：//bbs.21yq.com/forum.php
苍南网	http：//bbs.0577cnw.com/
温网论坛	http：//bbs.66wz.com/forum.php
温都论坛	http：//bbs.wzdsb.net/
温州日报论坛	http：//bbs.wzrb.com.cn/
平阳信息网	http：//club.wzpy.com/forum.php
平阳网	http：//pingyangbbs.com/

针对上面这些论坛，本部分主要从帖子量、注册用户量、日均帖子增量、日均用户增量、帖子增量、用户增量、故障率等方面作简要分析。

（1）论坛发帖量

论坛帖子量和会员量是衡量一个论坛规模的两个最为重要的指标。本次监测对象的帖子量数据如图 5-13 所示。

图 5-13　各论坛帖子量

从上图我们可以看出论坛的两个典型特点。其一，温州论坛梯队现象明显。如果进行笼统地划分，柒零叁、温网论坛、乐清上班族、瑞安论坛可以被认为是处于第一梯队；而乐清城市网、温都论坛、平阳信息网论坛则处于第二梯队，其他则统一归为第三梯队。其二，温州论坛有辉煌的历史，超过或接近千万级帖文的论坛有 4 个，这对于一个二线城市来讲，是极为庞大的数量。

（2）论坛注册会员量

会员量数据与帖子量则有较大出入，具体数据如图 5-14 所示。

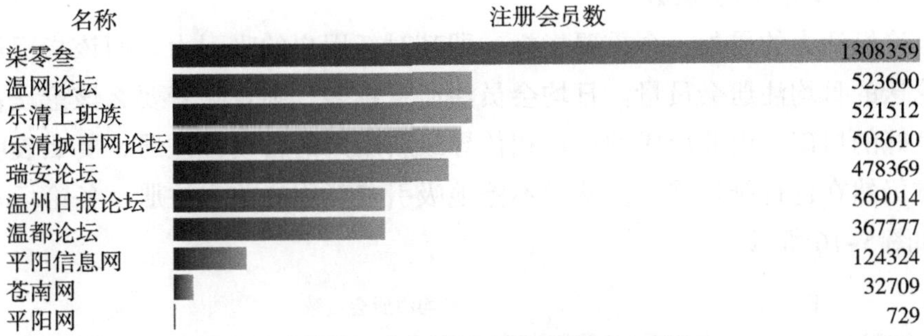

图 5-14　各论坛会员量

从上述会员量数据可见，柒零叁论坛的会员量明显以极大优势远超其他论坛，苍南网、平阳网和平阳信息网则明显低于其他论坛，其他论坛则并无太大差异（其中，平阳网数据明显异常，原因未知）。对于一个具有百万级别人口的城市而言，柒零叁论坛的会员量已超百万，几个主要论坛的注册会员量则已超过 400 万，由此可见温州论坛对这座城市的渗透力，也见证了温州论坛曾经的辉煌。

（3）温州日均发帖量

论坛的帖子量和会员量共同见证了温州论坛曾经的辉煌。在互联网接入和应用相关软件（微博、微信等）和硬件（智能手持设备等）高速发展的今天，论坛的存活现状又如何呢？

下面笔者将从论坛对新老用户黏度以及对新用户的吸引力两个方面来论述。

在监测期间，温州区域论坛的日均发帖量如图 5-15 所示。

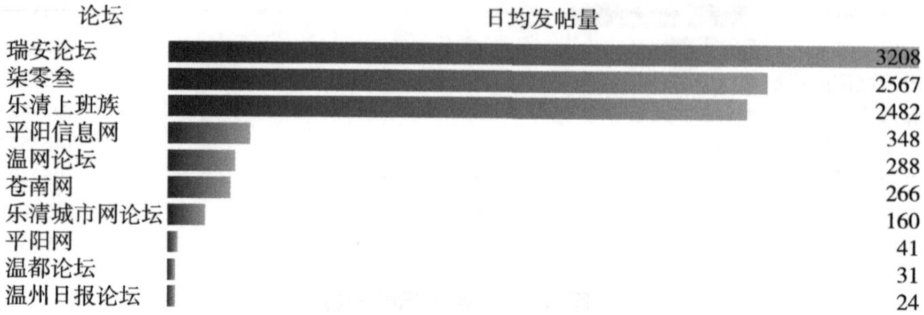

图 5-15　温州论坛日均帖子增量

论坛的日均发帖量是衡量论坛活力状态最为重要的指标，是论坛对新老用户黏度的体现。从上图可见，瑞安论坛、柒零叁、乐清上班族的日均发帖量明显高于其他论坛，处于第一梯队；平阳信息网、温网论坛、苍南网、乐清城市网论坛处于第二梯队。其中，瑞安论坛可以被认为是后起之秀，从发帖量上已超越最为知名的柒零叁论坛。其日均发帖量 3208 若换算为年发帖量，也将达到百万级别，其影响力不可小觑。由此我们可以推测，瑞安论坛在当时应该仍然被当作其营运公司的一项工作内容并受到了相应地重视。

（4）论坛日均注册会员数

衡量论坛活力的另外一个重要指标，即其对新用户的吸引力。而该指标最直接的体现即论坛的日均注册会员量。日均会员注册量越多，则意味着要么该论坛在老用户中拥有良好的口碑，由此形成的口口相传导致新用户的自动性注册，要么表明该论坛的运营方仍然在进行维护推广，从而不停地吸引着新用户前来注册。各论坛日均会员注册数如图 5-16 所示。

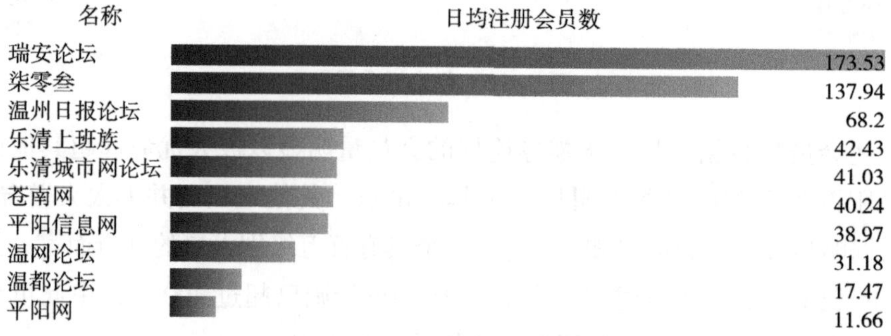

图 5-16　温州论坛日均注册会员量

从上图可见，瑞安论坛和柒零叁论坛的日均注册会员数远高于其他论坛，尤其是瑞安论坛最为显著。这表明温州目前至少仍然有两家论坛具有较好的活力，吸引着大批量的用户前来注册。

另外，结合上述日均发帖量和日均会员注册数两项数据，可以发现对温州日报论坛，存在着一个比较特殊的现象。虽然其日均会员注册数为68，但其日均发帖量却仅为24。按照一般的情况理解，对于主动注册论坛的用户而言，一般都是需要去完成一个只有会员资格才可以完成的任务，而目前温州区域论坛对注册会员和匿名用户的最大区别就在于发帖权限。也就是说，凡是主动注册的用户，一般都是有发帖需求的。这也就意味着，每个注册用户，在注册当天一般至少会发布一条帖文，这将导致论坛的日均发帖数不小于论坛新增用户数。对这一情况的解释笔者将在下文解释。

（5）帖子增量详情

虽然从论坛的日均增量基本可以看出各个论坛的现状，然而细节性的数据能让我们发现更多信息。图5–17是各论坛在近4个月时间内每日的发帖详情。从图5–17可见，发帖量明显高于其他论坛的为瑞安论坛、柒零叁和乐清上班族，其中瑞安论坛在总体上稍高于乐清上班族和柒零叁论坛。

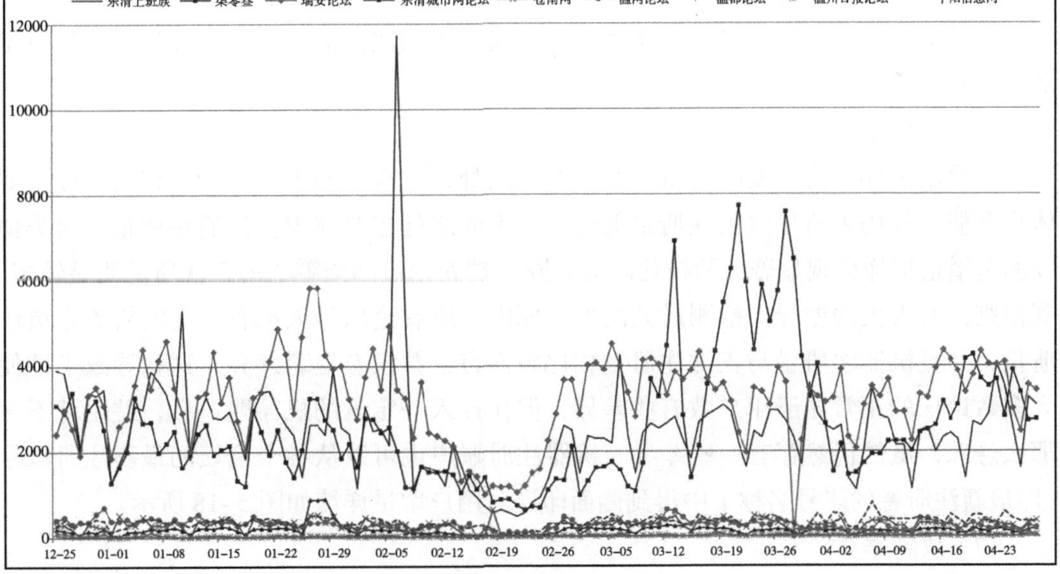

图5–17 论坛帖子增量详情

在细节方面，我们则可以观测到一些更为有趣的现象。

①逢假日，发帖少。2015年5月份以前的典型假期为1月1日元旦、2月18日至24日春节、4月4日清明节。观察图5–17，我们不难发现，这几个时间段都恰好出现了峰谷，其中春节期间在低位上维持的时间恰好是春节假期的跨度。这充分说明了论坛并不是当下人们专门用于打发和消磨假期时光的，也说明了假期中人们不愿意待在

电脑面前，人们更乐意通过其他的活动来度过假期（可能是户外活动）。同时这也说明了论坛用户的访问途径仍然是电脑，否则，凭借当下的智能设备普及程度，人们仍然可以随时随地地刷论坛。另外，即使是具备论坛程序的手机 APP，与同在手机中的微信、微博等应用相比，论坛的使用率如何还未可知，这意味着，对于论坛营运者而言，若他有意继续推动论坛发展，开发论坛 APP，将面临用户在手机平台上对微信、微博、论坛的博弈结果，这将导致一定的风险。进一步地评估可以通过后期对微信发帖量的统计来进行，以探究假期是否对运行于可随时随地操作的智能手机上的微信产生影响。倘若同样如此，则说明了无论是目前的何种消遣媒介，都无法束缚住人们的生活，否则则表明人们已经越来越各自孤立起来，走进了由机器互联而构造的这个虚拟社会中，或许这将辅助解释目前的不少社会问题或现象。

②逢周末，发帖少。通过观察图中的周末发帖量，不难发现凡是周末的发帖量都处于低位，尤其以周日为最低。这再次说明了，无论是像春节、元旦、清明这样的长假，还是像周末这样的短假，人们都会离开电脑、抛开工作，去追求更加多样化的生活。

③逢周日，发帖量为峰谷。观察图中峰谷，可见基本都集中在周日。按常理而言，周六和周日同为周末，理应差别不大，但是基本每个周日都比周六低，唯一合理的解释就是：温州的单休比例较高！

④逢推广活动，发帖多，注册用户多。线下活动往往会带动线上发帖量和注册量的骤然攀升。

（6）用户增量详情

用户增量详情既与发帖增量详情有类似之处，也有一些不同之处。相同之处主要体现在假日和周末所导致的注册量低位。而不同之处主要体现在注册量增量不再类似发帖量增量那样呈现显著的两极化趋势。除了瑞安论坛和柒零叁的日注册量明显较多，其他则没有太大的差异。推测最大的可能原因：所有论坛每天都有一定的机器会员注册量，并且机器注册量与正常注册量相比较而言，并没有显著差异，这就导致了即使大多数论坛的正常注册用户数有些差异，但在计入一定量的机器账户后，差距就不再那么悬殊，虽然仍然存有一些差异。机器注册账户也可以从各个论坛的最新注册账号（即最新注册者的账号名称）中得到侧面印证。用户增量详情如图 5-18 所示。

（7）故障率

故障率从一个侧面反映了一个论坛的健康程度。易出故障的论坛，在该故障并非由过大的访问压力导致的情况下，基本可以推测其故障原因：论坛由于不再被营运者所重视，导致论坛已无专人维护或者维护频次很低；或者营运者认为论坛已不再具备投资价值，使得论坛的运行环境较为低端恶劣从而导致各种问题。较低的故障率，可以认为是网站运营过程中一个不可避免的问题，但是较高的故障率则意味着该论坛可能即将被废弃。

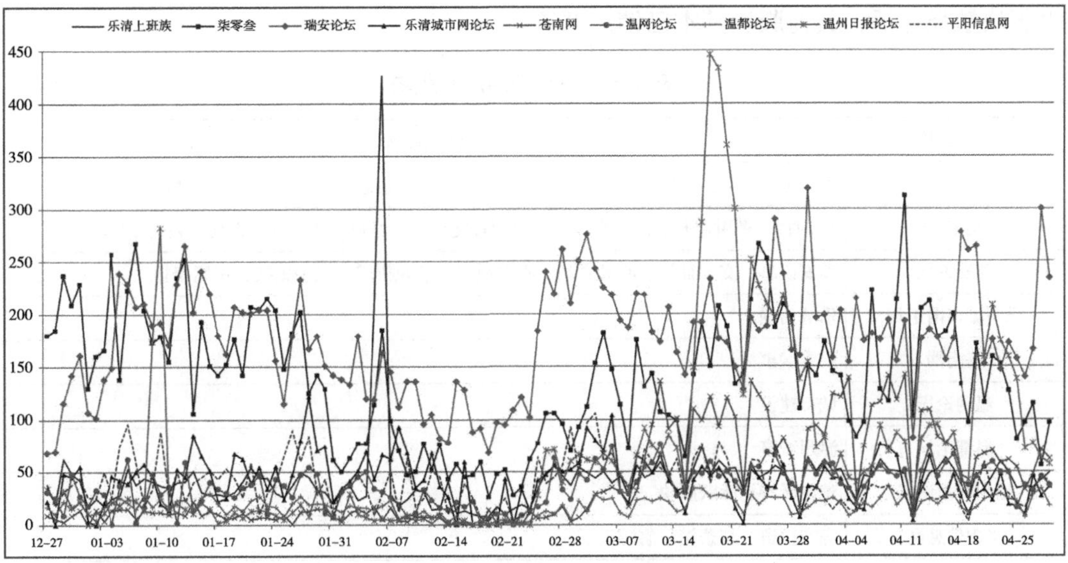

图 5-18 论坛用户增量详情

从论坛层次来看，故障比例为 40%。从各个论坛的故障比例来看，数据如图 5-19 所示。从图中可见，平阳网论坛和温州日报论坛的故障率较高，其中尤以平阳网最为突出，这很可能意味着平阳网论坛即将面临最后的生存挑战。

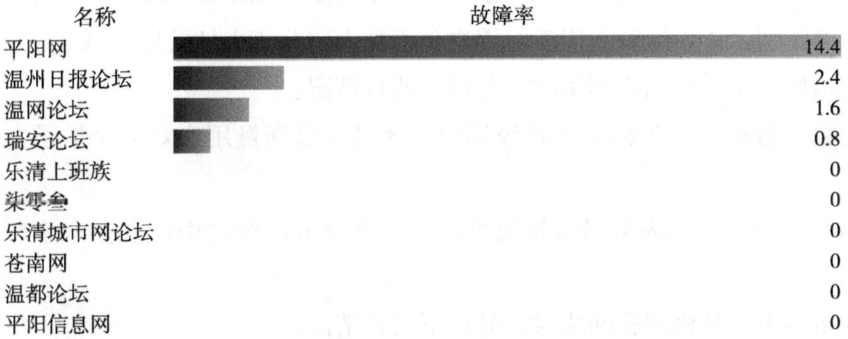

图 5-19 论坛故障率

（8）活跃版块

论坛活跃与否，说到底，还是要看该论坛所拥有的版块是否活跃。另外，站在论坛营运者的角度，从论坛的版块设置也可以看出论坛营运者的营运思路；站在论坛用户的角度，通过活跃论坛可以看出网民的兴趣喜好及其关注点。温州地区典型论坛的相对活跃板块如表 5-4 所示。

从下表我们不难看出，总体来看，温州民间论坛活跃版块主要集中于散讲闲聊、各类爆料（或针砭时弊）、二手交易、情感征婚交友、房产、求职、美食旅游、亲子几个方面，其中以散讲闲聊、爆料、情感交友、房产最为显著。官方论坛则仅剩城市建设版块勉强存活，其他版块基本已销声匿迹。

表 5–4　各论坛的活跃版块

论坛名称	活跃版块
乐清上班族	家有宝宝、谈婚论嫁、网络情缘、乐清生活、房产信息、求职招聘、闲置物品
柒零叁	Ta 时尚、散讲温州、网店专区、二手闲置交易区、温州风情、宠物天地、兴趣爱好
瑞安论坛	瑞安说事、交友征婚、心灵驿站、吹水泡泡、求职招聘、二手置换、房屋租售
乐清城市网论坛	乐清话题
苍南网	苍南城事
温网论坛	城市建设
温都论坛	温州城事
温州日报论坛	整体无特别活跃版块
平阳信息网	房产频道、红茶馆、悠游天下
平阳网	社会热点

5.4.3 会员网络分析

（1）累积频次

累积频次 $Freq_d$：指分析对象在整个分析数据集中的出现频次，统计时要精确到论坛中的楼层级别。该指标可应用于对用户分析和内容分析中的关键词或概念分析。

当该指标用于分析用户网络时，分以下两种情况：

①当数据分析单元为帖子主题级别时，该量可以衡量用户对某个帖子主题的参与程度。

②当数据分析单元为全局数据集级别时，该量可以衡量用户对整个论坛或版块的参与程度。

当该指标用于分析词簇网络时，分以下两种情况：

①当数据分析单元为帖子主题级别时，该量可以评估帖子的中心议题情况。

②当数据分析单元为全局数据集级别时，该量可以衡量整个论坛或版块的话题情况。

（2）主题频次

主题频次 $Freq_t$：指分析对象在整个分析数据集中的出现频次，统计时应精确到论坛中的主题级别。所以该指标与累积频次不同，它仅用于全局数据集层面。

①当该指标用于分析用户网络时，该量可以衡量用户对整个论坛或版块的参与程度。

②当该指标用于分析词簇网络时，该量可以衡量整个论坛或版块的话题情况。

（3）激励值

由于对具体的分析对象而言（用户或词），在有些情况下，单纯依赖于累积频次或主题频次，研究者仍无法准确地辨识两个分析对象的相对参与程度，故基于上述两个指标，本节定义一个新指标，即激励值。

激励值 $D\mathrm{ri} = \dfrac{\mathrm{Freq}_d}{\mathrm{Freq}_t}$

在应用于用户网络分析时，显然，该值越大，表明对某个用户的关注的话题数越少，但参与具有深度或者持久性，该类用户往往有某种特殊目的或者某种特殊爱好。该值越小，往往表明某个用户关注话题越多且广，但参与深度有所欠缺或者无持久性。该指标可用于辅助分析某些帖子背后的推手（王子文等，2011）。

（4）簇类型

用户网络中的簇，是一种在用户网络中的强连接团伙。当然这种团伙并非一定是合作关系，也可能是对立关系导致的强连接。对论坛而言，识别这种簇，除了可以发现合作关系的团伙或互相对立对骂的团伙，还可以发现另外一种双簧现象——真身及马甲互相推波助澜，例如有的幕后推手会推动某些帖子取得更大的影响力并尽可能实现自己的最终目的。

本文采用三种基本的簇类型，分别为星形簇、链式簇（环式簇为链式簇的特例）、网络簇。其基本示意图如图 5-20、图 5-21、图 5-22、图 5-23 所示。

①星形：星形用户簇的中心节点表示具有广泛参与度的活跃用户。从全局时间域来看，其协同合作者往往是变化着的，而从一个局部时间域来看，也可能是固定的。在实际的大型用户网络中，较少存在独立的星形簇，但对网络进行修剪后，星形簇是可能存在的。星形簇的中心节点往往具有领袖的地位。

②链式：在簇分析过程中，倘若频次无限制，则链式结构将是最为常见的用户簇结构。二元簇是一种特殊的链式结构。二元簇越多，意味着一个论坛越多元化。但是当将频次限定在高位之上时，二元簇则意味着一个极为固定的组合，他们可能是兴趣爱好高度一致，也有可能是一对针锋相对的用户，当然也有可能是“一人两号”，即我们通常所说的马甲。多元簇将构成结构洞，且处于链中间的节点往往属于交际较广、然而却不愿意或者不善于主动交际的用户。链式结构有三种特例：环式、环尾式、树形。

③网络：网络型的用户簇往往意味着一个强连接的团伙。例如组织性很强的水军往往具有这类结构，收到统一指令后，统一组织的人员往往会对目标账户群起而攻之。表现在用户簇上，即会构成一个错综复杂的网络。这是实际用户网络中最为常见的一种结构，马甲账户较多、集体利益一致者很容易形成这种簇。但需要研究者注意的是：对同一个网络，修剪的方式不同，将得到不同的新网络。

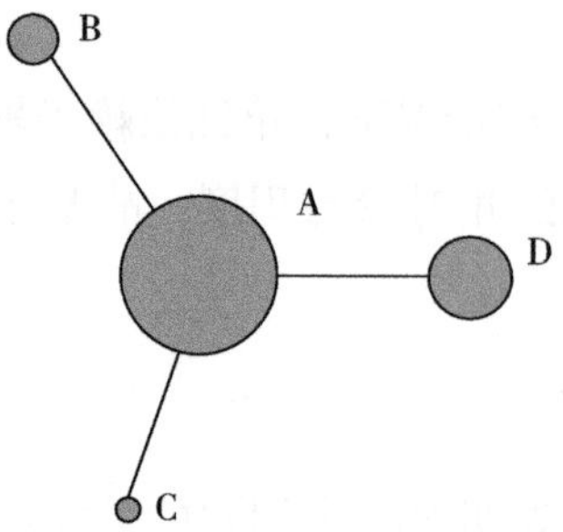

图 5-20　星形簇

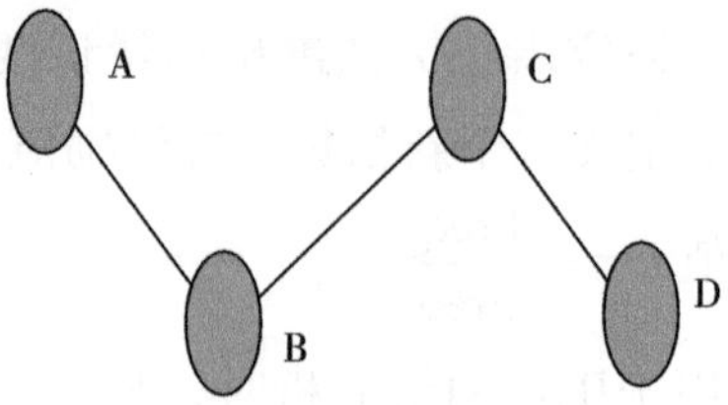

图 5-21　链式簇

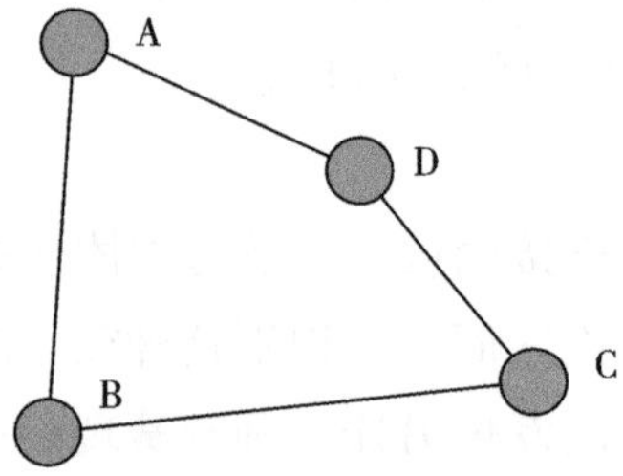

图 5-22　环式簇

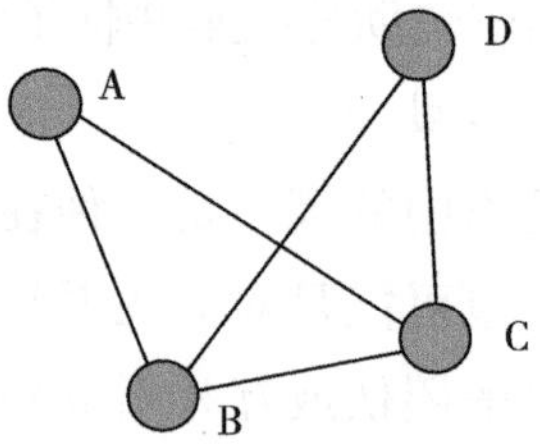

图 5-23　网络簇

（5）用户网络分析

本次用户簇分析共涉及 36081 个账户。用户之间的关系错综复杂，各种角色层出不穷。图 5-24 是对用户关系网络的部分分析结果（为了可视化效果不至于太混乱，笔者在此处隐去了各个节点的账户名称）。

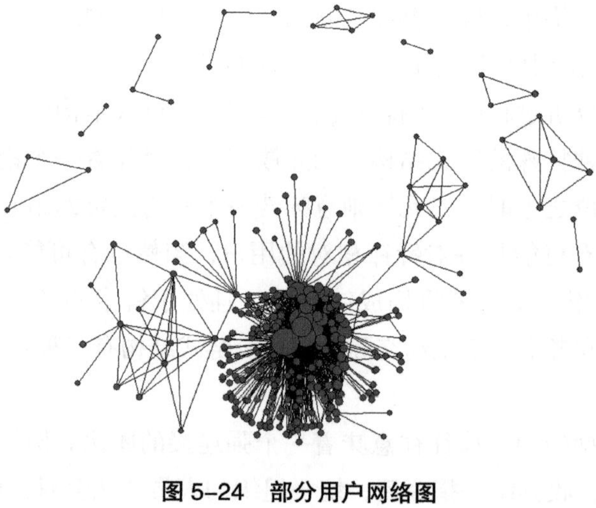

图 5-24　部分用户网络图

图 5-25 是从一个精简后的网络中分离出的几个典型簇。在图 5-25 中，右下角两个是典型的二元簇，而左下角的则为典型的三元簇（亦即链式簇），右上角则为四元簇（亦即简单的网络簇），左上角则为多元簇（亦即网络簇），是最为常见的一种簇类型，

不过根据节点之间的权值我们可以清晰地看出，该簇可以被认为是由一个星形簇和一个网络簇通过三条弱连接构造起来的。

通过对用户网络中的簇探索及分析，我们可以轻易地获取用户之间的团伙关系。在论坛中，用户之间的强连接构成的簇，往往意味着一个团伙。

在下图右下角，“忠言逆耳”和”op852op”构成了二元簇。但他们却并非是合作关系，而是一种典型的针尖对麦芒关系。与“忠言逆耳”和“op852op”之间的针锋相对的关系不同，“枪郎”和“ 爱护楠溪江”之间的关系则和谐得多，是一种互为促进的关系。

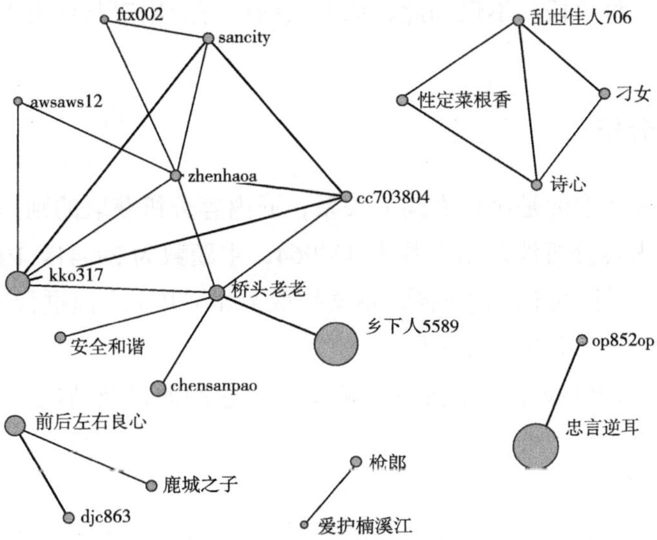

图 5-25 精简后的用户网络中的几个簇

上图左下角中，“前后左右良心”“鹿城之子”和“djc863”是三元簇，构成链式簇结构。不过这种链式结构是假象，因为上述主干簇是从更为庞大的复杂网络中通过较高的阈值精简而来的部分核心骨架，本质上它们构成的还是环形结构。环形簇结构表明三个节点之前是两两连接的，但精简后成为链式簇结构，则意味着虽然三个节点之间相互关联，然而关联强度是有着较大差异的。而事实上也是如此，在论坛中，“前后左右良心”“鹿城之子”和“djc863”都长期关注着相同主题的帖子。只是相对而言，这种三元簇的环式结构是不对称的。

在上图右上角的四元簇中，几个账户构成了一个简单的网络簇。不过该簇与上述几个簇有两个典型的不同之处。其一，从四个昵称上看，都带有明显的“女性”色彩，如“女”“诗心”“香”“佳人”。其二，此四个用户共同参与的帖子非常多，这是极为罕见的，而上文几个簇中的用户则仅在少数的帖子中共现。据此可以推断，该四元簇中的四个用户极有可能是同一个社会实体对应的四个马甲账户，自身利用马甲来推动某些主题向其所期望的方向发展。

在上图左上角，是一个相对稍微复杂的网络簇。该簇中，以“桥头老老”为界，可以分为上下两个子簇，其中下部分是由“桥头老老”“乡下人5589”“chensanpao”“安全和谐”构成的星形簇，而上部分则为网络簇。下部分的星形簇中，所有用户关注的都是与“违拆”“拆迁”相关的主题，其中“桥头老老”还少量关注和参与了“六城联创”及“高新区”的一些问题。而这些恰好正是上部分网络簇中“kko317”“zhenhaoa”“cc703804”“sancity”等用户共同推进的帖子主题。

从上述对精简的几个簇的分析结果中我们可以看出，基于网络簇的分析方式，对于发现论坛中某些帖子背后的推手、识别论坛中的虚拟团伙、识别论坛中的马甲等，都是极为有效的一种手段。不仅如此，该方法同样可应用于其他更多的与此类似的复杂网络连接关系。

5.4.4 内容分析

用户网络分析获取的是用户之间的关系，而内容分析获取的则是帖文中所蕴含的各种信息。本文内容分析涉及帖子数为424964，主题数为29941。内容分析方法细节和结果依具体的分析目的不同而不同。本文挑取了如下几个方面进行简要分析。

（1）从市县区谈及率看论坛特点

温州各县市区的谈及率，是指各个帖文中对它们的提及情况。谈及率如图5–26所示。

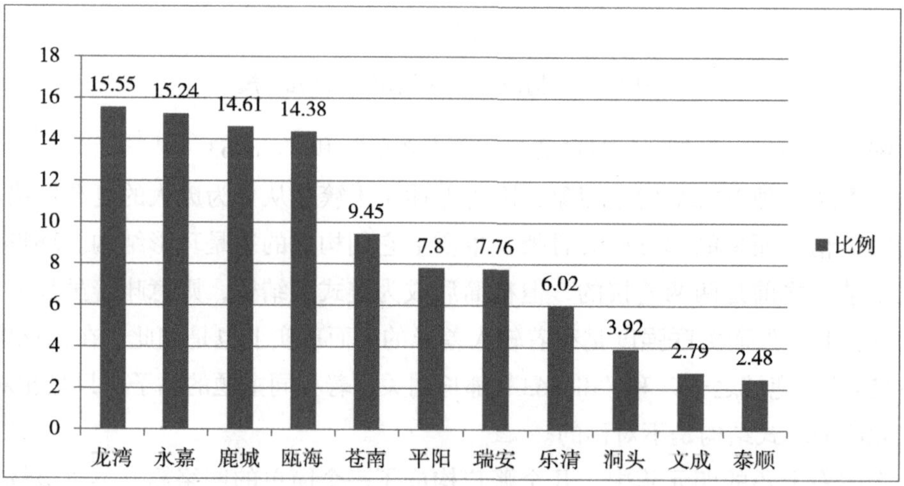

图5–26　温州各县市区的谈及率（百分比）

从上图可见，三区的谈及率都极高，这主要是由地方性论坛影响力的本地化特性所决定的。泰顺、文成、洞头谈及率处于垫底的地位，这应该主要是由经济、人口、网络普及率、传统因素导致的习惯等因素导致的，当然同时也可能由于它们与温州的物理距离较远，故缺少对很多温州所发生事情的接触、了解，当然也就缺少了对很多现象的爆料、评判的兴趣。苍南人口众多，谈及率稍微偏高应属正常。但是，永嘉人口虽相对较少，但其谈及率却雄踞第二；瑞安、乐清、平阳人口较多，尤其是瑞安和乐清，人口居温州各县市区之首，但是其谈及率却与其人口比例严重不对称。结合前述各论坛的相关数据，我们可以推断：在多事之秋，人们总是希望在虚拟的社会中找到一个情感宣泄和意见表达之处，当本地无法找到合适的场所或条件时，他们就会将视野转移到一个心目中最为接近之处；当本地有适当的场所时，则较少地转移到其他地方，即论坛具有本地化这一客观决定因素。正是由于乐清、瑞安的本地化论坛运营良好，故虽然这两个为人口大市，但其网民多半被吸引在本地，少有在他处寻求释放和寄托的；平阳本地化论坛虽然发展势头不强，但仍或多或少留住了一些网民，故其谈及率也较低。永嘉与平阳虽然人口相当，但其谈及率却远高于瑞安、乐清和平阳，可见永嘉网民首选论坛对象并非本地的，他们更乐意选择邻近的温州。

当然，随着论坛的逐渐没落，也有可能当网民在论坛上的表达场所被干扰时，他们干脆彻底离开论坛这种媒体形态，而转移到其他媒体形态上，如微信等，或者以后出现的其他媒体形态。另外，由于人们一般还是倾向于将本地化事物诉诸于本地化媒体，本地化网民一般也更关注本地化事物，容易对与自己切身利益相关的本地的人和事产生共鸣。

（2）从政府部门谈及率看温州社会问题

社会化的版块谈论的都是社会化的事物，各类社会化事物都脱离不了相关政府部门的管理或参与，人们的言论、不满、褒扬相应的也会涉及这些部门。基于此，对政府部门谈及率的分析，可以让我们轻易地看出温州存在的主要热点问题。如图 5-27 是温州市政府部门谈及率的前十名。

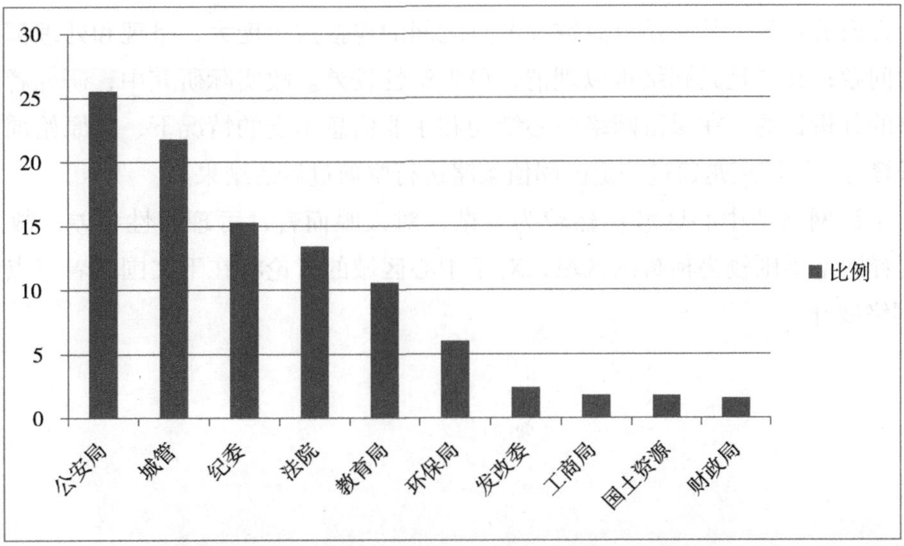

图 5-27　温州各政府部门的谈及率（百分比）

从图中可见，排在前六位的依次为公安局、城管、纪委、法院、教育局、环保局。可以说，这六个部门所管理的问题大多都关系到社会民生，在全国各地都是热门问题；后四位的发改委、工商局、国土资源局、财政局则差别不大。公安局由于与社会民生紧密相连，因此被排在首位。这意味着社会民生中的各种社会不公、违规违纪、偷盗等现象较多。

（3）从网络用语看社会环境及网民心理

语言是人们在网络上表达态度、意见的具体依托呈现形式。互联网的发展，使得语言的发展获得了空前的自由化，人们在这种环境下，创造了层出不穷的词语，并且一旦被呈现于世，很多都迅速火遍网络。不过正如俗语所说的：来得快也去得快。虽然很多曾经红极一时的词语已经销声匿迹，或者已极少被人使用，但是它们的出现却反映了当时社会的一些群体心态。

总的来说，网络流行语都从侧面映射了当前社会中普遍或特立独行且容易引发关注的一些人物、事件或现象。若从时间纵向演化角度来看，则可以看出社会群体思潮的整体变迁。

（4）从高频词网络看温州

正如上文所述，网络文本内容是网民情绪、意见、观点的表达，我们可以将网络文本视为其生产者的代言人。并且从某种意义上说，由于互联网上网民真实身份的隐蔽性，其表达约束更少、更自由，例如没有男女之分、没有上下级之分、没有老幼之分等。一个人谈论某个话题不能意味着什么，但是足够多的人谈论某个话题，则意味着该话题一定程度上体现着网民的意志或期望。从而能为社会治理和一些宏观决策提供辅助支撑。

如图 5-28 是针对论坛帖文分析所得到的词频网络。不过由于太过完整的网络存在着两个方面的不足，其一是节点数及节点之间的连接过于庞大，呈现和处理都存在着较大的问题；其二是其脉络难以理清，可理解性较差。故实际研究中，研究者都将根据具体的分析目的，在保留网络核心结构和主要信息不变的情况下，对原始词频网络图进行修剪。下图正是通过一定的阈值策略进行修剪过后的结果。

由于该网络的中心区域仍然较为复杂，对人眼而言，可理解性稍差，故下面将首先解释网络周围较为稀疏的区域，对于中心区域的讨论将在下文围绕着节点温州的 EGO 网络展开。

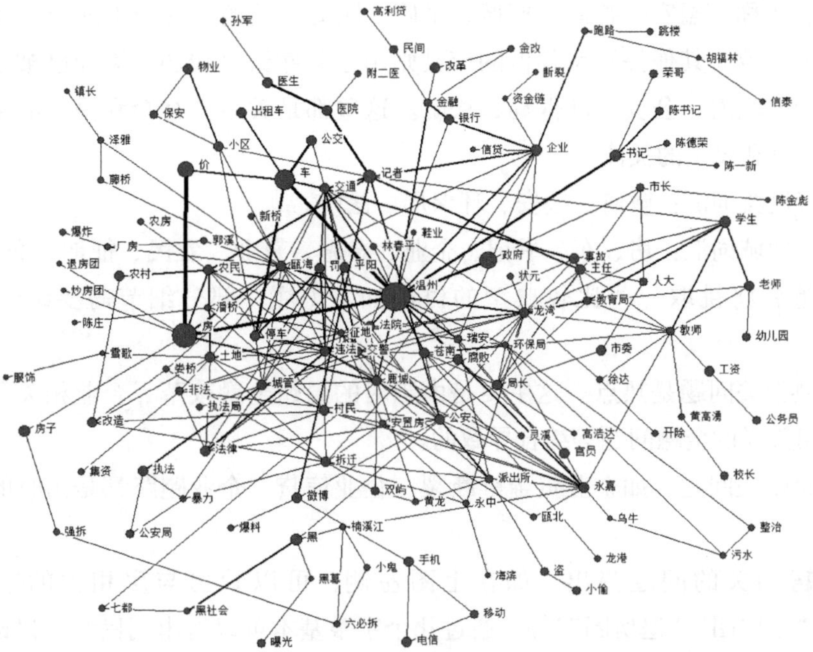

图 5-28　高频词网络

不过由于上图中间网络连接较为复杂，为了便于看清温州的具体情况，故将节点温州的 EGO 网络（即直接邻域网络）提取出来，如图 5-29 所示。

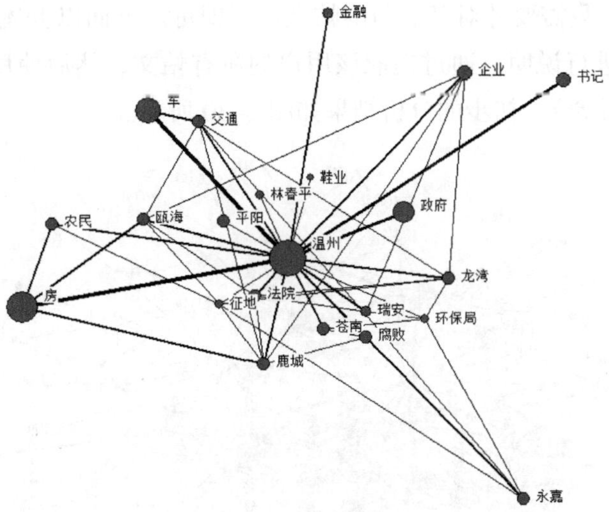

图 5-29　“温州”邻域高频词网络

从图中可见，与节点“温州”的一级邻域节点涉及三类：辖区名称、政府机关部门、热点领域词汇。

①辖区名称：瑞安、苍南、鹿城、平阳、瓯海、龙湾。这与上文温州各市县区的提及率情况一致。其他提及率稍低的市县则由于某些链接较弱，因而已被剔除。政府机关词汇为：政府、公安、环保局、法院。这些都是关系到社会和民生的部门，反应了网民对社会和民生的关注。

②政府机关词汇：政府、公安、环保局、法院。

③热点领域词汇：房、车、书记、企业、金融、鞋业、农民、征地、交通、腐败。

下面笔者将挑取一些比较典型的讨论如下（注：部分细节需要结合上图进行理解）。

①金融相关问题是热点。这主要是由当时的温州金融改革、企业相关联的金融问题、楼市相关联的金融问题等综合导致的。

②企业相关问题。如企业资金链断裂、企业信贷、企业跑路都是当时的相关热门话题。

③与房相关的问题突出。如在上图左侧，可以看出与房相关的字眼为“农民”“价”“炒房团”“退房团”等。通过几个字眼基本可以看出网民线上讨论的话题无非集中在房价问题、炒房问题、农房拆迁改造等问题上。

④温州与车相关的问题较为突出。相关问题有停车难问题，易吸引眼球的豪车相关问题、行车整治、行车安全、出租车涨价问题等。

其他核心节点的EGO网络不再一一分析。

⑤从内容分析用户身份

用户的分析，只需要针对其参与的帖文进行即可。下面以上述图5-25中的“前后左右良心”为例进行说明。通过提取该用户的所有帖文，然后使用内容分析法（即提取文本、词簇分析等），初步的分析结果如图5-30所示。

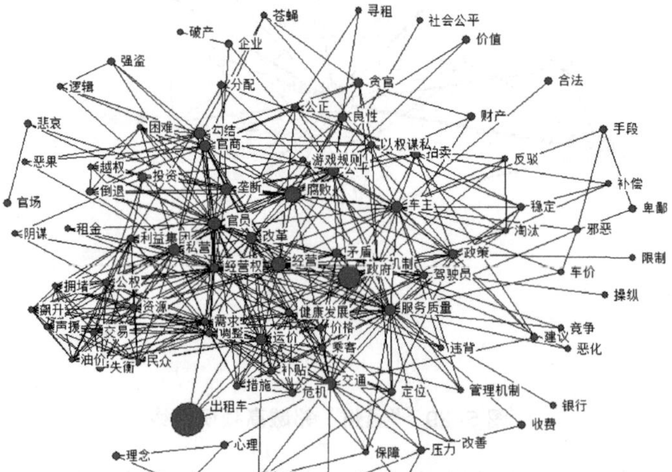

图5-30 用户身份识别分析

从图中易见，该用户的帖文核心都是围绕出租车相关内容而展开的，如出租车相关服务质量、相关政策等。经过对帖文的进一步分析，基本可以确认该用户为出租车司机。

上述方法可以分析任意帖文较多的用户，当然同样也可以用于对微信内容的分析。

5.4.5 结束语

随着网络信息时代的飞速发展和移动设备、移动网络的更新换代，论坛的生存空间被大大压缩。移动网络对不少中小论坛造成了致命打击，即使是曾经很火热的论坛也受到了极大地影响。不过对于那些曾经火热的论坛，它们已积累了足够的用户量并形成了一定的黏度，故而可以预见在今后较长的一段时间内，除非这些论坛运营方主动关闭论坛，否则它们仍将存活一段时间。所以在今后一段较长的时间内，仍然应该给予论坛以适当的关注，既要关注其中的各类爆料，也要关注网民的各种言论，从中挖掘提取社情民意，并应用于社会管理等公共政策的辅助决策。

具体而言，可以总结为如下几点：

（1）温州论坛目前仍有少数几个论坛存活状态较好，且爆料和时政议题类型仍然是这些论坛的活跃版块，故这些活跃论坛仍有必要获得较重点的关注。从这些爆料和议论中，可以帮助我们了解社会乱象中的一些细节和侧面，也可以帮助改善政府机构的管理和服务能力。

（2）从政府机构的角度看，政府可以充分利用对论坛的内容分析，了解社会民众最为真实的声音，发现隐蔽的问题，提升工作开展的针对性；也可以将论坛内容作为官媒的有益补充，实现政策、理念、形象等的对外宣传，使宣传途径更为多样化，宣传受众更广泛；此外，当发生网络群体事件等可能引起民愤民怨的情况时，可以借助民间媒体，了解民众的疑点，并做出针对性的回应，迅速平息民众心中的不满和疑问。

（3）政府机构和民间媒体管理团队宜管控适度，不应以“大棒”这种粗暴的方式对待网民。这可能会导致网民对媒体平台的不信任，为后续的民意采集及疏导埋下隐患。

（4）可以利用存活较好的论坛，主动进行社情民意采集版块的信息收集，对网民的献计或者对各种问题反映应该有较为及时的反馈，增强网民与官方互动留言的热情。该方式比通过内容采集并分析的方式更为直接。

5.5 小结

本章主要介绍了网络舆情涨落研究中的常用方法，它们分别是：词云分析、基于词项距离的共现分析、基于网络拓扑和权值的虚拟团伙识别研究。其中基于词项距离的共现分析可以极大地压缩共现分析之后的网络规模，并且可以体现出词项之间的语义逻辑。而网络拓扑和权值的虚拟团伙识别研究，则呈现了如何在复杂社交网络当中通过权值策略识别其中的团伙。最后，笔者给出了一个案例，通过该案例展示了针对论坛数据的提取、分析、用户网络分析、内容分析等的应用。

6　网络舆情涨落研究之心
——网络舆情涨落机制研究

6.1 网络舆情的涨落机制

对于网络舆情的涨落，其深层要素就在于刺激、失真与环境差异。同时，信息传播的失真、环境差异导致的个体认知及群体认知差异，都会导致博弈的形成。因此在某种程度上，我们也可以说，网络舆情的涨落根源就在于刺激与博弈。下面笔者将分别展开说明。

6.1.1 涨落与刺激

刺激是舆情之源，自然也是舆情涨落之源。其中，外部刺激是其涨落的基本原因，内部刺激是其关键。当外部刺激足够大时，它将突破绝大多数特定环境下成长用户所构筑的认知阈值，化为强烈的内部刺激，此时外部刺激将成为主因，直接导致相关舆情信息的疯涨。舆情的跌落同样依赖于内部刺激或外部刺激，只是在不同的场合或案例中，主因可能会有所不同。

而且，除了舆情最初的原始刺激，在舆情演化过程中，每一条信息都有可能对其他用户形成新的刺激。这种持续性的刺激和涨落之间，在宏观上形成了互动。

在现实中，由于传播媒体的多样化和网络传播格局的变化，网络用户之间交流互动的积极性很高。互动包含多种形态：一般互动、互扬互动、互抑互动。其中互抑互动又可分为良性互抑互动和恶性互抑互动两种类型。

互扬互动：互扬互动指互动的各方是互相认可的探讨式互动，这主要体现在有着共同观点的现实或虚拟群体空间成员之间，或者有着共同利益的离散个体。

互抑互动：互抑互动指互动的各方是互不买账的争辩式互动，主要体现在观点不一致的现实或虚拟群体空间、成员，或者利益冲突的离散个体之间。其中良性互抑互动指的是互动各方虽然观点意见不一致，但却有着共同的追求目标（例如希望弄清事实本身），随着互动的深入（所谓事情越辩越明），各方有可能实现观点一致，即发展为互扬互动。而互抑互动则常常是互动各方恶意对垒，水火不容。

一般互动：除了上述两种之外的互动方式统称一般互动。

相关案例多不胜举，下面仅举一例。

案例：刺激与舆情的涨落

2011年3月14日前后，受日本地震引发的核泄漏危机影响，网传吃盐可以防辐射，且核辐射污染了海盐，由此导致国内多地爆发抢盐事件。大量超市的食盐被抢购一空，食盐价格暴涨数十倍，更有人因买下上万斤的食盐而被称为“抢盐帝”。当时关于抢盐盛况的图文消息，至今还大量留存。

参与抢盐的城市首先发生在东南沿海城市，继而席卷全国。这其中既有不知名的小城市，也有国际级别的大都市。仅仅20多个小时，微博上就有了数万条抢盐消息。

其中最值得关注的是时任浙江省委常委的蔡奇和浙江省副省长的郑继伟在微博上的互动，国家发改委等部门也发布紧急通知。短短5天，席卷全国的抢盐风波告一段落。

详情可以参阅《日本核辐射引发我国抢盐始末：风传5日谣言破灭》（法制晚报，2011），该文聚合了10篇相关主题的新闻报道，详细介绍了整个网络舆情的始末。

在上述案例中，一个小小的刺激（关于核泄漏危机与食盐的关系），瞬间成为热点网络舆情。5日后，该舆情也在强力的外部刺激下（浙江省领导、国家发改委等权威部门的介入和相关消息的发布）回落。在该过程中，网友和浙江省委领导的互动是该舆情能够回落的关键要素。

其实，类似的案例层出不穷。例如2003年非典时期抢购板蓝根、2020年新冠肺炎时期抢购双黄连和再次抢购板蓝根、2021年11月抢购大米等一连串的类似事件，此处列举的几个事件，时间跨度就差不多有20年，然而相似的事件还在反复上演。其背后的原因很复杂，且每次抢购的背后原因也不尽相同，此处不再一一展开详述。

6.1.2 涨落与失真

网络舆情正是以链式网状传播方式在传播媒体中传播。但是在传播过程中，舆情信息的保真度却无法被保证，并且失真程度随着传播距离的增加可能会越来越严重，甚至演变为若干版本。信息的传播失真导致了网络用户信息观点之间的博弈，它是激发现有生产者和消费者群体创作欲和参与度，并扩大舆情生产者和消费者群体的关键要素之一，它们共同推动了网络舆情的演化与涨落的形成。

一条网络舆情信息，从其生产者发布之后，可能会经由多个下层节点（其他生产者或消费者，甚至也包括发布者自身）继续传播，或原样发布（中介型消费者），或浅加工发布（生产型消费者），或深加工发布（消费型生产者），或引发次生舆情（新的一级生产者）。无论是前述哪一种情况，其合力就是同一条舆情信息的“错位发展”——失真。传播的层级越多，“错位”也将更为多样化，失真也就越大。对舆情信息接收方而言，信息的多样性将产生不同信息流之间的激荡，最终形成波涛汹涌的舆情信息之海，形成网络舆情在宏观层面的涨与落。

一条舆情信息尚且如此，真实的网络舆情中，舆情信息数目更是大得惊人，每条舆情信息都有可能会面临上面所述的问题。不同信息流的叠加撞击，将产生更多的舆情信息漩涡，形成更剧烈的涨落现象。正因为如此，失真是舆情涨落背后最为核心的要素之一。

6.1.3 涨落与环境差异

环境的差异以及环境在认知构建中的持续累积效应导致了个体的认知差异，而认知差异则导致了在同一刺激下个体的不同反应，这种不同反应之间同样也存在博弈，并最终实现了和失真异曲同工的效果。不同个体由于其所处环境（既包括宏观环境，也包括私密环境；既包括物理环境，也包括虚拟环境）的不同，由于环境作用的持续性和累积性，最终体现为不同个体或不同群体之间的认知差异。个体或群体的认知差异会导致不同个体或不同群体对同一刺激产生不同的反应，并导致博弈的形成。

研究表明，环境对个体或群体的认知影响显著。刘杰等（2021）从家庭、邻里、玩伴到校园这一逐渐向外辐射的个体成长圈层出发，分析发现个体早年成长环境中的 8 项不良经历可能会对其中老年时期的认知功能造成损害。赵后雨等（2021）则研究了特殊环境如沙漠、极地、高原、潜艇、潜水等对暴露个体的认知功能影响，确认了认知功能受影响的程度与特殊环境暴露时长、特殊环境应激源的强烈程度、认知任务的复杂程度以及一些个体因素有关。王协顺等（2020）则从头低位卧床、卡路里限制和幽闭环境 3 个因素出发，研究其对认知控制和情绪状态的影响。可见环境对个体或群体认知的影响是广泛存在的。

阅读作为一种个人私密环境中的活动，其对认知的影响也是被研究确认的：数字化阅读对未成年人的认知发展更具积极意义（王佑镁，2013），该文调查统计了数字化阅读对思维与问题解决的影响，如表 6–1 所示，从表中我们可以看到问题 28 正好与舆情研究相关。而徐文明等（2020）的研究则表明即使阅读的是被人认为是大众消遣娱乐的文学小说，也能够提升个体的社会认知水平。

表 6–1 数字化阅读对思维与问题解决的影响

思维与问题解决	平均值	标准差	方差	众数
22.遇到问题，我习惯于去网上搜寻相关对策	3.84	1.062	1.127	4.00
23.网上交流可以接触各种意见，培养我多角度看待问题的态度	3.99	0.976	0.953	4.00
24.对于网上的中奖或转发有奖等信息，我会抱着试一试的想法	2.11	1.330	1.768	1.00
25.利用网络学习平台，我可以通过和老师同学交流，解决难题、分享学习经验	3.87	0.983	0.967	4.00
26.数字化阅读内容具有丰富的故事和情境，能启发我进行发散思维	3.75	0.977	0.955	4.00
27.数字化阅读丰富了我的阅历，能够提供我生活中没遇到过的经历	3.90	0.911	0.830	4.00
28.在网上看到偏激的帖子时，我不会盲目地加入到口水战中	3.74	1.166	1.360	4.00
29.我觉得数字化阅读主要是浏览信息，对学习没有积极影响	2.70	1.096	1.201	2.00

6.1.4 刺激与失真

同一个刺激，可以经由不同的生产者或消费者进行传播，传播中的失真既可能引起不同个体之间的博弈，也可能引起不同群体之间的博弈，同时也会引起同一个体在私密心理环境中的博弈。

一项舆情对消费者和生产者的刺激越大越广，其激发的消费者和生产者越多，出现失真的概率就越大；反过来，失真越大，由于信息失真造成的消费者和生产者的内部刺激也将越大，这将进一步强化原始刺激并可能引发新的次生刺激。因此，刺激与失真是一对相辅相成的关系。刺激越大，可能造成更大的失真概率；失真越大，更会强化原始刺激并催生次生刺激，此时在宏观上，将会呈现出网络舆情演化的上涨状态。反之失真越小，亦即舆情信息是统一一致的，则涨落将不明显。

6.1.5 刺激与环境差异

上一节我们讲到当舆情信息统一一致时，从失真角度来讲，此时舆情信息不会导致涨落。但是在生活中我们很容易发现反例的存在。这意味着肯定还存在其他的涨落要素。那么此时的涨落是由什么形成的呢？导致涨落形成的博弈体现在哪些方面呢？结果就在于环境的差异。

虽然统一一致的信息不存在信息失真问题，不过它仍可能由于舆情信息与网络用户的微观心理环境的冲击而引发涨落。

从现实生活来讲，同样一个事情，每个人的观点都会不一样。对有些人来讲它造成的冲击力很大；但对另外一些人来讲，他们可能觉得这件事稀松平常。生活中的常用语“有什么大惊小怪的”正是对这一现象的真实写照。

如上现象，究其原因，就在于由于个体或者群体的环境差异而造成的认知差异，古语“近朱者赤，近墨者黑”正是这个道理。这种差异体现在两个层面，第一个层面是群体差异，第二个层面是个体差异。

首先说第一个层面：群体差异。群体差异往往是由宏观环境方面的要素所造成的，例如一个环境中的政治、文化等。正因为如此，对于相同的刺激，不同环境中的用户可能反差很大。比如在国家层面，或者同一个国家的省级层面。以我国来讲，有的省普遍喜欢麻，有的省则多数爱辣，有的则喜欢清淡的口味。在具体的舆情方面，该情况同样存在。

其次说第二个层面：个体差异。即使在同一个宏观环境下，也会存在个体差异。虽然具体的因素很多，但是我们不能忽视了微观环境的影响。微观环境也是多方面的，从不同的个体出发，其家庭环境不一样，接触的人、经历的事都不同，锻造了个体不同的品格和认知框架。此外，正如前文所述，虚拟环境同样塑造认知。人在阅读的时候，正是在和书籍生产者所构建的虚拟环境交流，当处于一种深度阅读状态时，个体早已嵌入到这种虚拟环境中，他可能会和书中的某些人物同欢乐共悲伤，接受虚拟环境中的方方面面，并利用它们来构筑自己的认知。因此，这也不难解释即使同住一个屋檐下的双胞胎也会形成不同的人格和认知。因此对于更广范围内的个体而言，其内在认知的巨大差异导致外在观点意见的不一，并不奇怪。

相关的舆情及案例有很多，例如古代就有“何不食肉糜”的故事。下面笔者将摘取网络上一个小案例进行呈现。

案例：相同刺激下的认知差异

今年年初，网络上曾经有人提出一个问题。如图 6–1 所示（取自 https：//wenda.so.com/q/1634868607218971）。

该问题后来在网络上有了更多的回答，摘录几条如下（更多的参见 https：//www.shangremen.cn/ask/2021051053473.html）。

回答 2：有一句话叫不经他人苦，莫劝他人善，用在这里是一样的。有夜里跑滴滴的，也有夜里跑代驾的，还有夜里送外卖的。每个人有每个人必须要做的原因，也有他必须要做的事。

回答 3：那是生活没把人逼到那份上，我去年就跑了几个月滴滴，白天跑 4 公里 5 块 1，晚上 11 点到早晨 6 点 4 公里 9 元，白天滴滴车多单少，晚上基本都是远程单，同样里程价格要好很多，白天路上车多行人多，注意力要非常集中，很累，晚上就好很多。没跑滴滴前花十元钱看都不看，跑滴滴以后，多花一元钱就觉得是罪过。跑滴滴真得太憋屈。

“深更半夜跑滴滴的人都是怎么想的，真的有人为了钱不顾一切吗？”？

2021.02.01 浏览4次　社会民生　分享　举报

1个回答

满意答案

芝士回答
来自：芝士回答 2021.02.03
咨询官方客服

深更半夜跑滴滴犯法吗？提这个问题的时候您的脑子在想什么呢？跑个夜班就叫为了钱不顾一切？那夜班的士司机呢？夜班公交司机呢？还有那些两班倒三班倒必须轮流上夜班的工人？每个人为了生活努力工作赚取他们应得的报酬有错吗？坑蒙拐骗偷鸡摸狗拦路打劫的那才叫为了钱不顾一切！

图 6-1　相同刺激下的认知差异

上述回答 2 中，“不经他人苦，莫劝他人善”中的“他人苦”表达的就是一种被评论方环境，而“他人善”中的“善”表达的就是一种评论方的认知观点。成长环境与应用环境的错配就会产生冲突。

另外我们观察多个回答，可以看到不同的回答者会基于不同的生活经验（也就是不同的环境而致），给出自己的意见。这些意见从宏观上讲是一致的，但是如果更深入一些，其微观的支撑未必一致。

通过如上案例我们可以发现，由于环境的差异导致个体（或群体）的认知差异，进而呈现出对宏观事务的意见观点分歧的情况是普遍存在的。同一事情、同一个宏观物理环境、同一时间，观点差别可以很大，不仅宏观环境造人，微观环境也造人。因此环境差异也是舆情涨落的重要因素。

6.1.6 小结

网络舆情正是在如上这些要素的互相强化的过程中演化发展，并最终达到某种相对的平衡。

当然，这种平衡并不一定必须是高位上的平衡。当其处于回落的过程中，同样会有这种相对的平衡关系存在。当经过一定程度地演化发展，由于各类可控或不可控的因素，一方面原本的消费者或生产者群体会发生注意力转移，另外当缺乏新的刺激驱动时，生产者和消费者的生产和消费精力及欲望都会呈现下降的趋势，此时失真的情况当然也会同步改善，宏观上即呈现出舆情演化的回落状态。

然而，微观层面的消费者和生产者私密环境的刺激难以被直接探知。当然，这也可以通过调查的方式去进行，不过其效率较低，而且愿意予以配合的人数往往不多。

因此我们更多的还是通过数据分析的角度从侧面来验证。这也是本章在后续若干节陈述中所期望达成的目的。

6.2 网络舆情涨落的探知研究

上文我们研究了网络舆情涨落的微观机制，但事实上，这些要素并没有那么容易获取到或者获取全面。通过调查进行统计是一个好方法，不过其工作量很大，也并非本书的重点。因此下文将介绍我们如何站在宏观的层面去探究网络舆情的涨落。

时间维度是从宏观的表象层面去呈现网络舆情的演化涨落情况的。宏观层面的演化涨落不仅对于舆情演化的态势预测很重要，更重要的是，可以方便研究者定位需要用“放大镜”来从微观层面进行深入分析的时间点。定位方式很直观也很简单，即定位到演化曲线的峰值点，并可以根据具体需要将时间粒度进行调整，如周、天、小时等，进而重点分析峰值点的前置时间环节。当然，按照舆情生命周期来研究其传播（李明德，2014），本质上也是对时间维度的演化分析。

用户维度是从用户（即生产者和消费者）网络的角度，探寻网络舆情演化过程中的关键激励节点。一般情况下，研究者对用户维度的分析并不是孤立进行的，而是常结合时间维度一起进行。在不同的时间截断面上，网络舆情的用户网络不尽相同。随着时间的推移，用户网络中经常会出现新的 hub 节点。并且，正是这些“黑马”hub 节点，才需要我们格外去关注。一旦定位了一些关键的 hub 节点，研究者就可以借助于这些节点的 ego — net 进行溯源分析，挖掘舆情演化涨落的微观激励要素。

媒体维度和用户维度存在极强的同质化，无论是研究方式方法还是其他方面都是如此。在微博等平台，用户和媒体一般无须特意分开且并不会对结果产生太大影响。不过在新闻门户等媒体平台，媒体更多的是指官方媒体和传统媒体。与微博等平台不同，在新闻门户等平台下的媒体，往往会更多地体现其生产者的角色，而非消费者角色。

文本挖掘分析是一个很宽泛的概念，其既具有宏观层面的分析功能，同时也兼具微观层面挖掘的能力。文本挖掘的基础在于分词、词性标注、句法分析、n — Grams 模型、信息抽取及词语、句子、篇章等各种表示模型和方法，以及基于其各种表示的分析方法，如词云、词项网络、分类、聚类、自动文摘、机器翻译、情感分析、话题检测与追踪等。前文已经介绍了词云分析、词项网络、聚类等，本部分将介绍情感分析在舆情涨落研究中的应用。

6.3 网络舆情涨落研究的一般范式

网络舆情研究虽然兴起较晚，但是在国内发展迅猛。在不到 20 年的时间内，光中文期刊就刊发了上万篇学术论文。经过对现有文献的梳理我们不难发现，针对网络舆情的研究主要集中在如下几个方面：

（1）定性研究。定性研究又可以分为两大类：纯思辨式和案例式。

（2）定量研究。定量研究也可以分为两类，分别是简单的定量分析研究和模型构建及仿真研究。

事实上，对任意一项网络舆情的涨落研究均可从如上两个方面展开，其研究范式可总结如图 6–2 所示。

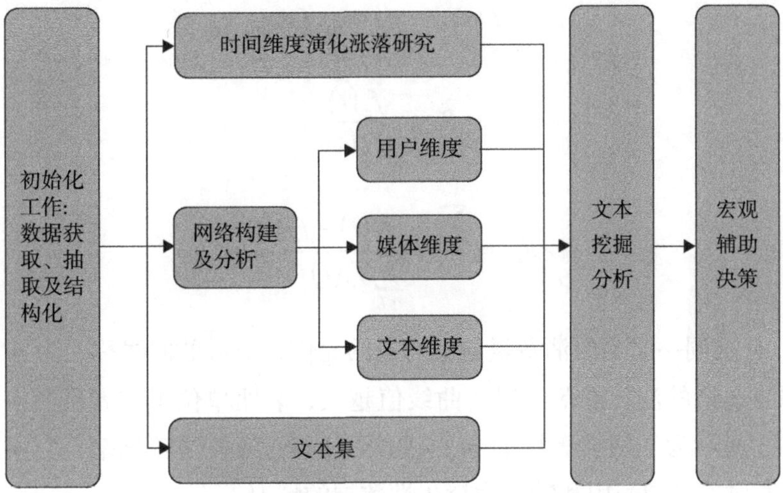

图 6–2　网络舆情涨落研究的一般范式

根据具体研究需要，研究者可能会舍弃其中的某些环节。

6.4 时间维度的演化涨落研究

时间维度的涨落分析是一种最基础最常见的涨落分析手段之一，其重点在于关注舆情信息量随着时间的变化情况与态势。其时间戳数据特征明显，抽取容易，分析过程简单易行。目前关于网络舆情时间维度相关的研究，并没有区分舆情信息的生产时间和消费时间。这种做法其实也没有什么太大的问题，这是因为无论是生产时间还是消费时间，都体现了网民的关注。

时间维度的研究重点在于网络舆情宏观上的涨落，而涨落的形成正是由于舆情生产者和消费者的关注。群体性的关注，总会有一部分会转化为持久性存储的网络舆情数据，具体而言，就是原生生产者、消费型生产者、中介型消费者、生产型消费者所发布的舆情数据。这类以持久性存储为目标形态的关注，我们称之为深度关注。这种关注向深度关注的转化率可以简单地借助于网络舆情的评论量和阅读量来粗略评估。

对于网络舆情，时间维度分析涉及到的时间主要是舆情信息的生产时间和消费时间。虽然研究者不对其进行细分一般也并无大碍，但是细分可获取更为精细的演化涨落趋势。基于这两类时间，不难知道存在着两类相应的时间维度涨落分析。

记时间为t，t时刻的网络舆情数据量为$f(t)$，其中生产的网络舆情数据量为$f_p(t)$，消费的网络舆情数据量为$f_c(t)$，终端型消费者的消费量为$f_{c_t}(t)$，网络舆情的分析时间跨度范围为T。由此 3 个数据量即可获知舆情在 3 个时间维度的演化曲线，并有如下关系：

$$f(t) = f_p(t) + f_c(t)$$

$$R_{cp} = \frac{f_c(t)}{f_p(t)}$$

$$R_{rw} = \frac{\sum_{t\in T}(f_c(t) - f_{c_t}(t))}{\sum\limits_{t\in T} f_c(t)}$$

其中，R_{cp}为同一时刻的消费量与生产量的比值，对应的曲线称之为 RCP 曲线，可用于衡量网络舆情的演化涨落阶段，曲线值越大，表明单位生产者所激发的消费者越多。如图 6–3 所示为某网络舆情的 RCP 曲线图。R_{rw}为关注转化率，它用来衡量舆情信息的接收者对信息的利用和转化为持久性数据的情况。

时间维度的涨落分析具有如下优点。

（1）分析所需要的数据获取简单。在已经拥有网络舆情数据的情况下，时间字符串数据具有明显的特征，可以比较简单地根据正则表达式从页面当中进行提取；在已经获取各个页面的时间戳数据的情况下，网络舆情信息量可以简单地通过计数来实现。

（2）分析过程简单易行。对于时间及与其相应的网络舆情数据量，通常的处理方式即将其呈现为$t - f(t)$曲线，即演化涨落曲线，如图 6–3 所示即为 5 项网络舆情的演化涨落曲线。

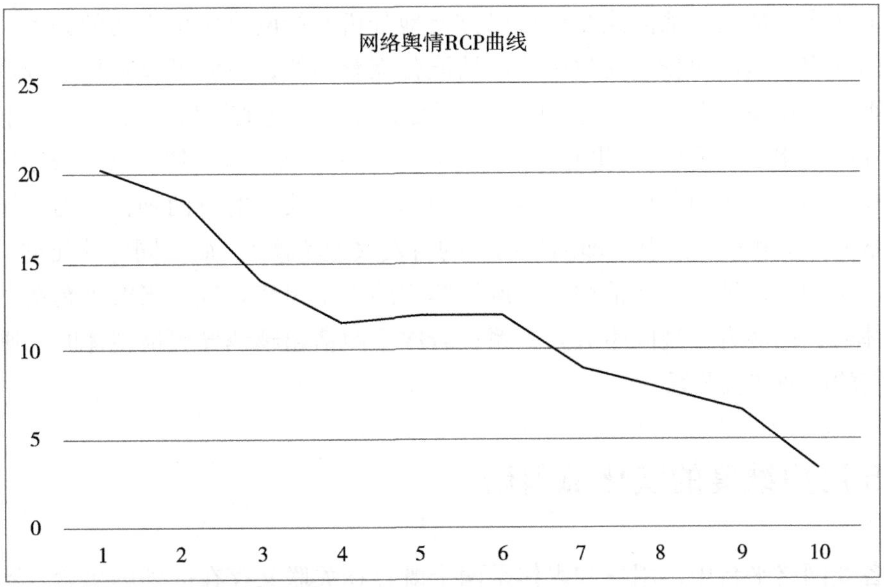

图 6-3 某网络舆情 RCP 曲线

（3）结果简单直观。通过网络舆情演化涨落曲线，研究者可以直观地判断网络舆情的演化涨落情况以及接下去可能的演化态势。显然，时间粒度不一样，则其对演化细节的解析程度不同。时间粒度的每一次细化，即相当于使用放大倍数更大的放大镜来审视舆情的演化细节。如图 6-4 所示即为“日”粒度上的演化情况。

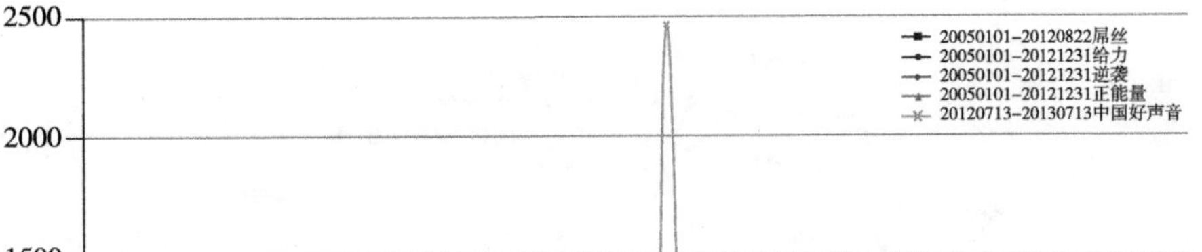

图 6-4 网络舆情演化涨落分析曲线

（4）分析灵活易控。可以根据需要以决定是否进行较为精细的时间维度涨落分析。通常情况下，我们只分析 $t-f(t)$ 曲线。事实上，我们还可以分析 $t-f_p(t)$ 曲线、$t-f_c(t)$ 曲线；此外，我们也可以通过 R_{cp}、R_{rw} 来从其他侧面了解舆情。

（5）网络舆情演化涨落曲线还可以方便地分析并行网络舆情之间的关系。当网络舆情空间选定合适的时候，通过网络舆情演化涨落曲线，我们可以轻易地分辨出舆情之间是否存在相关关系，例如这些舆情之间是否存在“此消彼长”关系或“同生共死”的相干性或类相干性关系。“此消彼长型”网络舆情之间关系密切，其形成原因即网络用户兴趣转移。至于引起用户兴趣转移的原因，最为典型的有两种：外力干预（如管控或网络公关）和自然消退（即网络用户的自发兴趣转移）。而“同生共死型”舆情间同样关系密切，这种并发舆情往往由网络舆情的次生舆情导致。当次生舆情不及诱导舆情主体时，则两者呈现同生共死关系；若次生舆情超越诱导舆情主体时，则也可能呈现一定的此消彼长关系。

6.5 用户维度的演化涨落研究

在各类网络平台中，用户和媒体是两个既存在关联又存在区别的概念。不过无论是用户还是媒体，他们要么是舆情信息的消费者，要么是舆情信息的生产者，当然也有可能兼具两种角色。

用户维度的演化涨落研究，即根据舆情信息流的方向（例如转发、评论、提及等都对应着舆情信息流）来确定用户之间的连接关系和连接强度，进而形成带权的网络拓扑图。例如图 6–5 所示即为某个网络舆情所涉及用户的网络拓扑图（未考虑权值）（谷琼等，2020）。这在社交网络研究中，已经成为一个常规主题，此处不再展开。

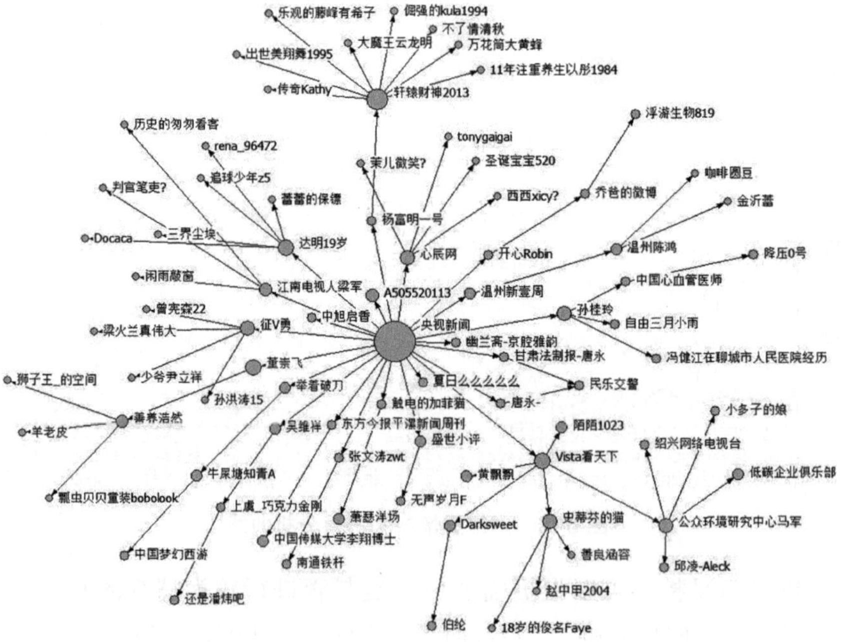

图 6–5　用户网络拓扑图

但对用户网络的涨落分析还需要厘清两个基础性问题：哪些是用户及用户的同一性问题。

广义地说，任何使用网络的实体（常为具体且较为固定的人）都可以被称为相应平台的用户。但若从较为具体的层面来看，则有如下几个问题需要厘清。

（1）注册用户和匿名用户。对于各类平台，包括新闻门户、论坛、微博等，虽然存在着海量的注册用户，不过同时也存在着大量的匿名用户。从技术角度来讲，这两类用户的分析手段会有所区别。对于注册用户，由于有明确的区分手段，因此其各类数据的获取和分析相对容易很多，尤其对平台营运方更是如此；对于匿名用户，则缺乏可信的手段去确认。对于个人电脑，在 Cookie 开启且允许持久化存储的情况下，对匿名用户还是有一定的区分能力的，但是在公用电脑（如网吧、图书馆等公共场所）或存在安全防护措施干扰的情况下（如用户使用了浏览器的痕迹清除功能，或者使用了安全软件或者各类相关清理工具），则很难跟踪到用户。对平台运营方而言，公用电脑的多个匿名用户，将会被视为是同一个用户。因此，从这个角度来看，通常的各类较细粒度下的分析中，其实更多的是指向注册用户。只有在部分面上分析的场合，才会考虑匿名用户，例如平台用户访问量分析统计等场合。

（2）机构用户和个人用户。所谓个人用户，即虚拟账号对应某一个物理空间个体的账号；所谓机构用户，即一个虚拟账号对应多个隶属于同一个机构（此处机构并不一定是现实物理世界中存在的真实实体机构）里的用户的账号。严格地说，一般很难区分真正的个人用户。因此一般意义上的个人用户和机构用户，更多地从账号名称及其介绍角度来进行区分的。正因为如此，一般地，个人用户和现实物理空间中的实体人其实并不是严格的一对一关系，即一个虚拟账号对应各位实体人的情况是大量存在的。不过，整体而言，个人用户还是相对简单一些，即网络虚拟世界中的个人用户绝大多数唯一的对应现实物理世界中一个物理实体人。机构用户则由群体控制或使用，即一个账号对应多个在现实世界中拥有某种共同利益、目标或追求的物理实体人。例如一个政府机关、一个虚拟社区、一个社团组织、一个班级、一个公司、一个兴趣共同体等都是机构用户。但这并不意味着机构用户必定直接的被多个物理实体人操作，在一个庞大的机构中，也有可能真正直接操作机构账号的就只有一位实体人。

（3）网络虚拟世界中的用户和现实物理世界中的人。这两者关系紧密，其间存在着复杂的映射关系。一个物理空间中的实体人，可能会对应着网络虚拟世界中的多个用户；反过来，一个网络虚拟空间中的用户，也有可能对应现实物理空间中的多个实体人。例如，同一个实体人，很有可能在微博和微信平台中使用不同的账户。

厘清了如上问题，用户维度的第一个问题也就出来了。即如何鉴别虚拟用户和现实物理人的对应关系，更具体地，即如何能鉴别出多个虚拟账号的同一性，亦即多个虚拟账号背后直接操控者的同一性。

这一以前不可能解决的问题，在大数据及其相关技术的支撑下，成为可能。当然，若拥有超越各个平台的能力，且在网络实名制的有力支持下，这一问题就轻松得多。不过这个并不能解决机构用户所带来的问题。况且，这种跨越平台的用户数据获取和把控能力，其获取并不容易。

基于大数据及相关技术，构建统一的用户模型（例如可以考虑利用网络用户的登录时间、地点、发布内容、发布时间、生产或消费时间等来构建），结合内容的挖掘分析，则是可能实现基于第三方的网络用户同一性识别的。

至于具体的研究方法，主要是基于复杂网络（社交网络）理论和技术来完成的，如王旭等（2017）采用社交网络分析研究了“魏则西事件”，王晰巍等（2015）采用社交网络分析了“雾霾”话题，石彭辉（2013）采用社交网络分析方法分析了“人社部拟延迟退休事件”。康伟（2012）则基于用户网络研究了其中关键节点的识别。其他的具体方法如小世界网络（刘常昱，2006）等。由于这些方法都是较为成熟的经典方法，此处不再赘述。

6.6 媒体维度的演化涨落研究

对微博、微信公众号等而言，媒体和用户其实没有本质的差别。在形式上，无论是“中国新闻网”还是某些个人，在这些平台上，他们都不过是一个账号而已，亦即网络虚拟社会中的实体对象。在功能上，他们都具备信息的采集、加工和发布能力，因此也没有本质上的差异。正因为如此，很多个人性或者非传统媒体的公司性账号常被称为自媒体。

不过在现实物理社会中，个人和媒体则有明显的区分界限。另外，随着 Web 的发展，除了少数技术类的，其他博客几乎都销声匿迹了；论坛则还有少量勉强存活；传统的新闻门户则由于其独特的地位至今仍然在网络上占据着重要地位。在尚存的论坛中，几乎没有传统媒体的身影；而在新闻门户中，一般个人与媒体都存在较为明显的区别。

自媒体和媒体并没有区分的必要，且分析也没有太大的差异，因此在媒体维度方面，我们仅针对新闻门户，亦即传统媒体。

媒体维度的演化涨落分析和用户维度的涨落分析其实是类似的，只是其重点是根据舆情信息的流向来确定媒体网络及各个媒体间的连接强度，与用户网络的信息流动判断方法不一样。

在网络舆情研究中，媒体维度的信息流向是通过两种方式来进行判断的。其一是根据舆情信息所在页面的来源标记识别其信息流向。例如绝大多数的新闻门户网站都明确标注了其信息的引用来源。其二是通过舆情信息附带的时间戳标记以及舆情下各信息之间的相似度来判断并接续缺失的媒体间信息流向。通俗地讲，也就是根据信息的发布时间以及信息文本之间的相似度来判断该信息最大的可能出处。有了这些信息之后，则媒体维度的媒体网络即可构建，至于其后的分析和用户网络则没有什么差别，此处不再展开。

6.7 网络舆情涨落中的文本情感分析研究

文本情感分析是近些年十分火热的研究课题，在舆情研究应用方面也备受关注，相关论文也较多（谭旭等，2020；牟冬梅等，2021），需要注意的是，无论是对舆情，还是对个人，其情感都是动态变化的。

情感认同度用于衡量受众对媒体发文的认同程度。其实现方法是利用情感计算方法，计算受众在阅读文章后的情感状态，通过统计受众的情感状态获知情感认同度。考虑到微博评论文本一般较短且包含表情符号，因此应有针对性地选用相关情感计算方法，例如文献（Jiang F，et al.，2015）中利用表情符号构建表情向量空间模型 ESM，并将词映射至表情向量空间，并基于此实现情感计算。

关于文本情感的具体计算（即下文 $S(x)$ ），可以通过百度 AI 开放平台提供的情感倾向分析功能（百度大脑 AI 开放平台，2021）来进行。对于每个给定的输入文本，该功能模块将输出 4 项值，分别为情感极性分类结果（0：负向，1：中性，2：正向）、分类置信度、正向情感概率和负向情感概率。例如，若输入“今天天气真好！”，输出则如下所示：


```
{
  "log_id": 4884801133307105286,
  "text": "今天天气真好！",
  "items": [
    {
    "positive_prob": 0.998438,
    "confidence": 0.996529,
    "negative_prob": 0.00156179,
    "sentiment": 2
    }
  ]
}
```


上述输出结果表明：“今天天气真好！”被判定为正向，正向的概率为 0.998438，置信度为 0.996529。

在此基础上，可以确立认同度的量化计算方法。首先定义文本情感计算函数为 $S(x)$，其中 x 表示待计算的文本，该函数结果为情感极性分类值，即 0、1、2 三者之一。另记某媒体发文为 $d_i(i=1,2\cdots\cdots f_1)$，第 i 篇发文的情感状态为 $s_i=S(d_i)$，f_1 为其发文量，第 i 篇发文对应的评论记为 $c_{ij}(j=1,2\cdots\cdots m_i)$，其情感状态记为 $s_{ij}=S(c_{ij})$，m_i 表示第 i 篇发文的评论数。则该媒体的情感认同度可以定义为：$f_9=\sum_{i=1}^{f_1}\sum_{j=1}^{m_i}\epsilon(c_{ij})$，其中 $\epsilon(c_{ij})=\begin{cases}1(s_{ij}=s_i)\\0(s_{ij}\neq s_i)\end{cases}$。

6.8 舆情涨落中的不当应对 10 字诀

对于网络舆情的应对，政府首先需要从思想上重视网络舆情，把网络媒体作为汇集民意、公开监督的平台，加强对网络舆情的引导；其次需要建立在对网络舆情的充分认识的基础上，只有对其特性有了全面的认识，才有可能掌握其应对方法；另外，为了合理地应对网络舆情，政府还需要掌握大量的客观数据，而不能凭主观臆测，在应对过程中，应讲求策略。国家层面，很早就对舆情和舆论工作提出了要求。

2004 年 9 月，党的十六届四中全会发布了《中共中央关于加强党的执政能力建设的决定》，强调“完善新闻发布制度和重大突发事件新闻报道快速反应机制”。

2006 年 1 月 8 日《国家突发公共事件总体应急预案》中强调“突发公共事件的信息发布应当及时、准确、客观、全面。事件发生后的第一时间要向社会发布简要信息，随后发布初步核实情况、政府应对措施和公共防范措施等，并根据事件处置情况做好后续发布工作”。

2008 年 5 月 1 日《政府信息公开条例》正式实施，其中提出政府要遵循“公开为原则，保密为例外”的原则。

2016 年，在党的新闻舆论工作座谈会上，舆论工作的地位和作用再次被强化（央视网，2021）。

2019 年，中央政治局在人民日报社的学习中，新闻舆论传播力、引导力、影响力、公信力的重要性多次得到国家领导人习近平的强调（李习文，2019），并且这一点在十九大报告中得到明显体现。

国务院新闻办前主任赵启正曾说：“你不主动，就要被动。你说等事情完了再发布，但那时消息早已传遍全国。你不讲故事，别人就会讲故事；你不讲真故事，别人就可能讲假故事，最后真假难辨。”

原安徽省委书记王金山曾总结：对待网络突发事件，“躲”难以平息事态，“堵”不是长久之计，“拖”只会积累矛盾，消极必然被动，积极才能主动，要杜绝失实信息误导，第一时间发布权威信息、第一时间抢占信息制高点，最大限度地打压谣言和小道消息的传播空间。

虽然目前网络实名制的实施使得互联网变得更为透明，但是具备这种透视能力的毕竟只是少数部门或人员。对更多的普通网络用户来讲，网络仍然具备较好的开放性和虚拟性，因此一定程度上决定了网络舆情具有即时性、情绪化、个性化与群体性极化的特点。由于其情绪化、群体性极化的特点，也就决定了特别的个体化观点容易导致群体化效应，造成较大的舆论，甚至有可能波及现实社会。

网络舆情对社会生活秩序的影响极为显著，一些重大的网络舆情事件使人们早已认识到网络对社会监督所起到的巨大作用。例如很多案件的审理或者重启审理都是受到舆情的监督作用。与此同时，网络舆情突发事件如果处理不当，极有可能诱发民众的不良情绪，引发民众的过激行为，或者演化为群体性事件（陈月生，2006），进而对社会稳定构成威胁。因此在舆情的处置过程中，相关人员需要注意方式方法。

根据前期的网络舆情研究，笔者总结了不当应对10字诀：谎恐推掩瞒，躲赖封语慢。

从目前网络中的典型网络舆情数据资料来看，管理方应对的典型不当做法简述如下。

（1）谎

在网络舆情应对中，对着媒体、民众撒谎，往往会得不偿失。官方消息不能被证实已是极其不利，倘若所发布的消息被网民轻易证伪，那就意味着是谎言了，这更是对自身权威角色的彻底否定，极有可能导致自身威信“一蹶不振”，从此不再被信任。若不珍惜自身的权威形象，当失去信任时，公众就会对一切都无法相信，那么此时他们就会相信一切（自然包括谣言）。

（2）恐

部分应对者由于对新媒体和镜头心理和技能准备不足，害怕直面民众和媒体。其思维和习惯可能更多地还停留在传统媒体时代的应对方法。网络舆情的不可控性、爆发性等往往使得他们惊慌失措、惊恐万分。由安全事故等引起舆情并被追责的人员不少，由于应对媒体不当引发舆情放大的也不少，因此使得部分应对者出现了对舆情的恐惧心理，应对时显得急躁、急于结束。

其实，主流的媒体，尤其网络媒体早已受到重视（陈明，2004；谈悠，2004），新华社“典论引导有效性和影响力研究”课题组（2004）则确定了主流媒体的判断标准。因此对于媒体，不仅不应该恐惧，反而应该主动接触影响较大的权威媒体、主流媒体，并利用影响较大的媒体做好引导解释工作。权威媒体作为重量级的生产者，威信高，对于网络舆情的分析与决策的制定发布等环节，都具有不可忽视的参考价值。

（3）推

即采取推卸责任、互相推诿的办法。出了问题，面对媒体记者，的确需要澄清事实、明确责任，但有的官员却忽视了自己应该承担的责任和义务，或推给上级，或推给下级，或推给其他部门。习近平总书记多次提及“党员干部要有担当”，党员干部理当以习近平总书记的话为标准，严格要求自己。

（4）拖

有些地方的政府及其官员由于缺乏责任心，或缺乏敏锐性，或缺乏应对能力，采取拖延的办法，不能在第一时间发出政府的第一个声音，不能提供及时、真实、有价值的新闻背景资料，用正确的导向防止和消除各种杂音和噪音的干扰，用真实的声音挤占谣言传播空间。他们往往会错过最佳时机，将可控的事态演化为不可控的局面。不善于抢占舆论先机，不能在第一时间发声，是许多管理方面对媒体时的“软肋”。他们的心理原则就是：事情不闹大就不处理。可是事情真的闹大的时候，却往往无从控制。

（5）瞒

即隐瞒不报、不说、不公开、或伪公开，最终导致恶果。如早期知名的“三鹿奶粉事件”“山西黑砖窑事件”、多次的矿难事件等都是因地方政府企图大事化小、小事化了而瞒报，并最终导致事态无法控制，成为影响全国的恶性事件。

建立合理公开透明的信息公开制度，实时对外界发布最新权威动态，避免网络用户在等待中猜测，在猜疑中被流量逐利者带偏。例如在浙江绍兴、宁波、杭州发生疫情期间，省政府利用自身权威形象，充分利用网络、电视等媒体每天对信息进行更新，广大市民、网民也因此不再恐慌，减少了不实的臆测和推断，从而能够积极配合政府的疫情防控措施。

（6）躲

即采取回避、逃避的办法，信奉“三十六计，走为上计”。有可能本来是一件小事，最后往往被政府“躲”出了大事。

例如，2021 年 11 月发生的，被媒体称为“安阳王”的事件，事件当事人王某，不正视自身过错，迟迟不肯道歉。而在河南广播电视台民生频道的“小莉帮忙”记者连续做了 9 期跟踪后，记者不但没有在实质上解决问题，甚至连王某本人都极难见到。记者歉意的眼泪瞬间点燃网络，一夜之间，网友都知道有个“安阳王”。此时，王某终于登门道歉，可是为时已晚。中纪委网站一篇锐评“狗咬人事件不能止于道歉”为此事的解决加了一剂强心针（尹健，2021）。

（7）赖

在舆情应对中，相关人员要敢于直面网络热点，直面问题所在，尊重事实，善于触及敏感问题。做到矛盾面前不回避、问题面前不逃避、质疑面前不遮掩、指责面前不冲动。对问题，要有作为，追查问题，解决问题，让民众放心。

（8）封

指封锁消息。部分政府官员一方面怕一旦公开，会造成公众恐慌，影响社会稳定；另外一方面也害怕承担相应的责任，往往来用封堵新闻来源或保持沉默的方式，导致政府或权威的声音在关键时刻缺失或滞后，给谣言的产生和传播以巨大的空间。“堵不如疏”，尊重民众的话语，认真听取民众的声音，即使这种声音中有些很尖锐。当然这也并不意味着政府就要一味迁就，而应该据实处理。

有关职能部门对待所谓的不完全失实的舆情信息（即可能其中有真实的部分，但同时也有可能有不实部分）的态度上不能放任不管任其自生自灭，但同样也不能一味强制打压封堵，不然有时可能导致“此地无银三百两”的猜测。这类问题的解决，不仅要做好舆情信息如何来（从哪里来？如何来？）的问题，同样也要考虑谣言信息如何去（消除不实部分）的问题。充分利用所掌握的资源调查事实真相，并将真相公之于众，用事实来驳斥不实言论；对于确实存在问题的，则应该尊重事实，公平公正的处理。

关于“封”与“瞒”，两者的差异在于，封的对象是舆情信息，主要面向民众；而瞒的对象既包括民众，也包括上级。

（9）语

古语言：“一言知贤愚”，可见语言表达的重要性。政府官员尤其应该注意舆情处理时的语言表达及话语策略。在舆情应对中，发言人的发言话语可以说是应对成功与否最为重要的要素之一。与普通民众的要求不同，官方（员）在发布对舆情的观点意见消息时，应该把握用语尺度。要有足够的耐心，不宜采取个体相对时的那种气愤用语、强硬用语、偏激用语等。有时充满人情味的表述不仅能减缓危机，也能避免危机。对于授权有限或太敏感的问题，或者还没有核实的消息，或自身了解不清的，应该限制表达评论。另外，有些事实不一定必须自己说，让公正的第三方来说可能效果会更好。

（10）慢

慢是指应对反应迟缓。网络舆情传播快，也不会去等待任何人或部门。因此若传播的谣言内容或者质疑不能够得到权威信源的及时印证澄清或其他处理方式，各方逐利者便会乘机而上（例如在抢盐风波等事件中，就有趁势牟利者），相关舆情信息也会快速的传遍整个传播空间，从而形成难以控制的局面。

据统计，一条信息，特别是关注度较高的负面信息，只需要在门户网站首页上停留 5 分钟，这条信息平均就会被 1400 家网站转载，20 分钟后，这条信息的点击率将超过1000万人次。也就是说，只需要短短不到半个小时的时间，负面信息就会传遍全网。

对网络这种传播广而快的媒介来说，及时地处理往往可以防止滋生无端的猜测，避免不应该发生的群体事件。而要解决其造成的传播影响，应立即作出反应，赢得舆论先机，调查核实真相，及时解答公众疑问，即可避免网民被恶意操控。

此外，即时性的处理，还可以在广大网民之中建立起“有作为”的积极正面印象，提升政府公信力。倘若采用拖延或者置之不理的方式，一方面负面新闻的传播会越来越广，次生灾害亦有可能发生；另一方面还有可能加剧情绪对立，给自身带来“不作为”的形象。

6.9 小结

本章深入地研究了网络舆情涨落的机制。探讨了网络舆情的涨落与刺激、失真及环境差异之间的关系，并且也探讨了刺激与失真、刺激与环境差异之间的相互影响关系。同时也从宏观的角度，总结了网络舆情涨落探知研究的方法及其一般范式。笔者还分别对时间维度、用户维度、媒体维度的舆情演化涨落分析做了研究，最后笔者总结了可能导致舆情涨落的不当应对 10 字诀，供政府舆情应对时参考。

7　网络舆情涨落研究之因——网络舆情中形形色色的安全问题

根据中国互联网络信息中心所发布的第 48 次《中国互联网络发展状况统计报告》，截至 2021 年 6 月，网民遭受了各种不同类型的安全问题，其中个人信息泄露的比例为 22.8%，遭受网络诈骗的网民比例为 17.2%，遭遇病毒或木马的网民比例为 9.4%，账号或密码被盗的网民比例为 8.6%。这些数据清晰地警醒着我们：网络安全问题不容忽视。

可以说，网络舆情研究之所以受到国家层面的重视，其根本原因在于网络舆情是与社会安全、国家安全息息相关的。正因为如此，笔者将本章的标题取为：网络舆情涨落研究之因，即根本原因的因。

在此我们并不打算按上面的安全类别来进行深入阐述。我们将围绕着与网络舆情相关的安全问题来进行展开，简述如下。

（1）网络舆情载体平台的安全。典型的例如网站平台及相关软硬件所存在的漏洞等问题。

（2）网络舆情载体本身内容的安全。典型的例如网络上各种形式的谣言。

（3）基于网络舆情载体的信息隐藏安全。这是一个相对比较小众的安全问题，涉及的载体，比较典型的如图像文本等。具体内容笔者将在下文展开详述。

其中，载体平台的安全是基础性安全问题，载体内容安全是广泛存在的核心安全问题，载体的信息隐藏问题则是目前尚未全面受到重视的新兴安全问题。

7.1 网络舆情载体平台安全

所谓网络舆情载体平台，是指网络舆情信息存储和传播所依赖的各类载体平台，其安全问题又可以细分为硬件和软件两部分，这也是常规意义上的安全问题。据工业和信息化部网络安全威胁和漏洞信息共享平台数据显示，2021 年上半年共收集信息系统安全漏洞 11656 个，其中高危漏洞为 2353 个，中危漏洞为 5985 个，这些漏洞可能导致平台面临着各种各样的安全问题，例如网页被篡改、被挂马等。

在长期的网络舆情研究过程中，我们利用特征提取和分析的手段，对所采集到的大量的网页数据进行分析，发现了不少网页由于网站的安全问题而被篡改。虽然下面的举例是以温州市为例，但这个问题在其他城市也是普遍存在的。

当我们对温州市中小企业网站数据进行分析时，发现温州网站面临着两个突出的浅层次问题，其一是网站设计粗糙，设计理念落后，界面美观程度欠佳；其二就是网站安全防范不到位，漏洞严重。此处对于上述第一个问题不予展开，仅就第二个问题作简要说明。

从温州地区中小企业网络的安全现状中我们管中窥豹，整个网络舆情的平台安全问题可见一斑。

不过值得庆幸的是，随着政府管控和社会宣传的有效化，以及中小网站数量的减少，近年来该问题得到了明显改善。

7.2 网络舆情载体的内容安全

网络舆情信息的载体包括网页、文本、图像、音频、视频及各种其他二进制格式的文档数据等。因此载体的内容安全就是指这些载体所包含内容的安全性问题。其中以网络舆情领域的错误信息和捏造信息最为突出。错误信息主要是指信息的生产者在无意识或者无特定目的的情况下产生的信息；捏造信息则是指生产者有目的、有意识而编造的那些信息，绝大多数的谣言正是属于这一类。

事实证明，有相当多的自媒体经常捏造各类耸人听闻的谣言（马宁、刘怡君，2020），制造各类阴谋论，给国家和社会带来诸多麻烦，引起了众多对该类现象进行惩罚的呼吁（黄秋荻，2020；关不羽，2021；中国青年网，2021）。这些都可以归结为网络舆情载体的内容安全问题。鉴于国内网民的现实分布情况，这类问题今后应当受到应有的重视。

当前网络普及率地提高，有力地促进了社会进步，为百姓的日常生产生活提供了极大的便利，然而，也由于接入网络门槛的大幅降低，大量网民的素质和分辨能力不足，给很多反智文章及谣言提供了存活空间。在这种状况下，倘若网民受到危害更大、诱惑性更强的一些网络主播或网络舆论的误导，则有可能在网络虚拟空间甚至在真实的社会中对他人造成更大的危害。这充分说明了网络舆情内容载体安全的重要性和迫切性。

7.3 基于网络舆情载体的信息隐藏安全问题

在正式进入正题前，我们先看一个案例，现给定如下文本。

～呜嗷呜嗷～～～啊～呜啊呜～啊啊嗷嗷嗷～呜啊啊呜啊呜～嗷啊嗷～呜嗷呜～呜呜呜嗷～～呜嗷～嗷嗷啊～呜～啊～啊～啊～呜呜啊嗷呜～啊～呜啊啊～～嗷嗷嗷啊呜嗷啊

相信一般人看了，更多的感觉是：这乱七八糟的文本，肯定是一个无聊的人发的。但是，如果在信息隐藏专家眼里，这将会引起他们极大地怀疑。

事实上，这一段看似无聊的文本，正是网络上流传的兽语（音）文本，可以通过相关的解码器解密其原文，如图 7-1 所示（其网址为：https：//roar.iiilab.com/）。

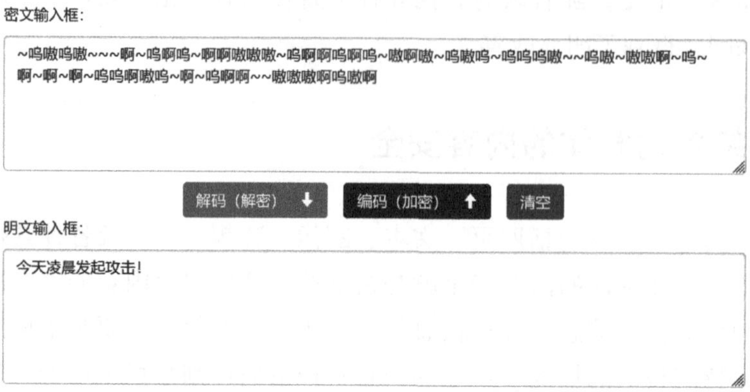

图 7-1　兽语编解码

类似上面这类现象，研究者将其归结为信息隐藏。上文的文本极易引起人们的关注和怀疑，因此是一种低级别的信息隐藏。更高级别的信息隐藏，能够做到在传递秘密信息的同时，也不会被人怀疑。

信息隐藏是一种很古老的安全性问题，无论是在东方还是西方，其思想自古就有，只是长久以来没有得到应有的普及和应用。现代化的信息隐藏技术是随着电子、计算机、通信和网络等方面的技术发展而逐渐开发出来的。目前，针对文本、CSS、Javascript、图像、音频、视频以及网页，都有大量的信息隐藏研究成果。然而在网络舆情研究领域，信息隐藏安全问题长久没有受到关注。现有的各种网络信息发布平台，其审核也主要是以关键字等形式而进行的。这种检测机制十分机械化，不仅不能很好地解决明文信息内容的安全问题，更无法解决隐藏信息内容的安全问题。

由于本书并非专门的信息隐藏专著，因此下文将不会对其做太深入地探讨，而仅挑取若干较为直观的案例进行讲解说明。

在网络舆情各种典型的载体中，网页是一种特别的存在。网页除了包含其固有的 HTML 格式标签，还包含了网页最主要的内容——文本，此外，网页中往往还嵌入了大量的其他的内容，例如 CSS、Javascript、图像、音频、视频等各种其他二进制格式文档。因此，网页是一种极好的复合型信息隐藏载体。

网页是网络舆情信息最为重要的载体，我们无论是看新闻、逛论坛、刷微博，还是看视频，几乎都离不开网页。为了下文阐述的需要和方便，此处先对网页格式做简单的介绍。

网页的构成比较简单。它主要由两类内容组成。首先是用于结构和格式控制的 HTML 标签代码，其次就是嵌入这些标签代码之间的各类数据，例如文本、图片、视频等。

如下是一段精简的且未嵌入数据内容的 HTML 代码。

```
<html>
<head>
    <title></title>
    <meta charset=’utf–8’>
</head>
<body>
    <p></p>
</body>
</html>
```

对其嵌入网页标题文字和部分正文文本后的代码如下。

```
<html>
<head>
    <title>这里嵌入的是标题</title>
    <meta charset=’utf–8’>
</head>
<body>
    <p><font color=’#000000’>这里是嵌入在正文部分的一些文字。</font></p>
</body>
</html>
```

在浏览器中的效果如图 7–2 所示。

图 7–2 嵌入文字后在浏览器中的效果

从上述最为简单的 HTML 代码和效果图，我们可以看出，网页中所显示的仅仅只是一部分，更多的部分都是无法被用户直接看见的。针对这两个部分，我们可以从如下两个方面来设计信息的隐藏。

（1）HTML 代码部分：即看不见的部分，这部分的冗余度比较大，因此极为适合进行信息的隐藏。

（2）文字部分：即用户看得见的部分，也是我们一般各类发布系统所重点关注和检测的部分。

案例1：网页信息隐藏

网页信息隐藏可供使用的特征和方法非常多。例如标签和属性名称的大小写、属性名前后的空格、属性值的引号、属性默认值的有无、标签的配对、标签结束标记之前的空格、文字的颜色、文字的大小等。

此处仅仅只针对文字的颜色来设计一个简单的信息隐藏的案例，并不考虑信息隐藏的容量、鲁棒性、隐蔽性等问题。另外，一般情况下，执行信息隐藏前都会将待隐藏的信息转换为二进制的表达，即0、1序列。在此，我们仅使用中文文字的嵌入，因此不进行二进制的转换，仅以一种比较简单的方式来进行信息嵌入。

算法核心原理思想如下。

（1）我们人眼对颜色的分辨能力有限，也就是说，有很多颜色其实不一样，不过在我们肉眼看来他们是一样的。例如在网页中，“#000000”表达黑色，但是诸如“#010101”“#101010”“#212022”等颜色，在我们肉眼看来也同样是黑色。

（2）汉字在计算机中是以内码来进行表示的，而内码又是由区位码的区码和位码同时加上十六进制A0所得到。因此，通过获取汉字的内码，可以很容易地得到其区位码（四位十六进制）。

（3）为了执行信息隐藏后，人眼不至于轻易地发现文字的颜色变化，因此将区码和位码都一分为二，并将分割之后得到的数字作为字体的颜色。

实现信息隐藏的核心伪代码如下，具体代码参见附录1。

```
输入：待隐藏的信息——sToHide，用作载体的信息——sText
输出：携带隐藏信息的载体信息——sResult
Algorithm InformationHiding(sToHide, sText)
    for (int i = 0; i < sToHide.Length; i++)
        sTemp = sToHide[0];                          // 取出第一个待隐藏的信息
        codeArr = GetCode(sTemp);                    // 获取内码表达
        regionCodeArr = codeArr -160;                // 内码转换为区位码
        regionHex = Hex(regionCodeArr);              // 区位码转为十六进制
        color += Join(regionHex);                    // 十六进制区位码串接

        for (int i = 0; i < color.Length; i++)
            sResult=sResult+ Join(color[i], sText[i]); // 完成颜色与载体的拼接
        return sResult;
```

如上代码经过信息隐藏后，得到如下代码。

```
<html>
<head>
    <title> 这里嵌入的是标题 </title>
    <meta charset=’ utf–8’ >
</head>
<body>
    <p><font color=’ #020202’ > 这 </font><font color=’ #030303’ > 里 </font><font color=’ #050505’ > 是 </font><font color=’ #070707’ > 嵌 </font><font color=’ #020202’ > 入 </font><font color=’ #080808’ > 在 </font><font color=’ #030303’ > 正 </font><font color=’ #050505’ > 文 </font><font color=’ #010101’ > 部 </font><font color=’ #090909’ > 分 </font><font color=’ #000000’ > 的 </font><font color=’ #050505’ > 一 </font><font color=’ #010101’ > 些 </font><font color=’ #0B0B0B’ > 文 </font><font color=’ #050505’ > 字 </font><font color=’ #070707’ >。</font></p>
</body>
</html>
```

虽然通过肉眼对比，我们也能够知道该代码和原始代码发生了比较大的变动，但是在实际上网的过程中，我们往往接触不到这种网页的源代码，我们接触到的仅仅只是网页源代码经过浏览器解析之后所呈现的效果。况且，即使用户上网过程中知道如何查看网页的源代码，但是用户无法判断当前网页是否隐藏了信息，更没法知道该网页所对应的原始网页代码。

上述隐藏了信息之后的代码，在浏览器中呈现的效果如图 7–3 所示。

图 7–3　经过信息隐藏之后的网页执行效果

通过对比图 7–2 和图 7–3，可以看出，仅凭肉眼，我们无法区分两者的差别。这正是信息隐藏的魅力所在，它可以以极具隐蔽能力的形式，通过人眼的审查，同时也能够通过一些简单的自动化审查。

实现隐藏信息提取的核心伪代码如下，具体代码参见附录 1。

输入：携带隐藏信息的载体信息——sText

```
输出：隐藏信息——sResult
Algorithm InformationExtraction(sText)
    iPos=sText.IndexOf( "color=' #" , iPos); // 寻找特殊标记的位置，方便后续提取
    while(iPos>-1)
        sColor+=Extraction(sText, iPos);         // 根据标记位置提取颜色，即隐藏的信息
        iPos++;
        iPos=sHTML.IndexOf( "color='" , iPos);


    regionHex=Extraction(sColor);                // 从颜色串恢复十六进制区位码
    codeArr=regionHex+160;                       // 恢复内码
    sResult=GetString(codeArr);                  // 从内码恢复隐藏文字信息
    return sResult;
```

该提取过程无须原始载体的支持，只需要载密文本即可成功提取。实际运行效果如图 7–4 所示。

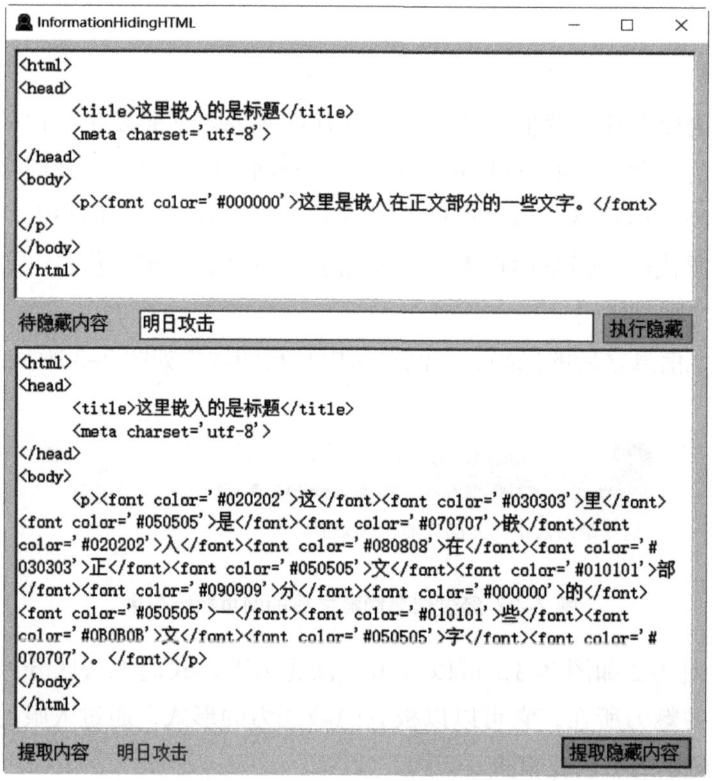

图 7–4　网页信息隐藏演示

案例 2：文本信息隐藏

文本信息隐藏主要分为两类：有格式的文本信息隐藏和无格式的文本信息隐藏。其中有格式的文本信息隐藏，主要是基于二进制化的文档，例如 PDF、Word 等格式；无格式的文本信息隐藏主要是以纯文本作为载体，因此其难度更大。目前无格式的文本信息隐藏的研究，主要采用的是自然语言处理相关理论和技术，其中尤其以基于自然语言处理的文本生成为最新和最热的研究主题。

本案例将通过一个简单易懂的操作方式来实现基于纯文本载体的信息隐藏。案例文本如下。该文本也就是信息隐藏的原始文本，一般专业术语称为载体文本。

本专著系统的研究了“基于网络大数据的网络舆情涨落分析方法”，内容方面主要是围绕着网络舆情的涨落研究而系统展开的。具体而言，包括如下几个方面。

（1）网络舆情（有的译作 network public opinion，有的译作 internet public sentiment，还有的译作 internet public opinion 或 online public opinion）的涵义和媒体平台特性研究。作为大数据处理的前置环节，结合前人研究成果和客观实际情况，我们对网络舆情的涵义进行了解读和延展，并对各种媒体平台进行了较为深入的研究，提出了一些新的观点，例如“操作代价”、“操作收益”等。

（2）网络数据抽取研究。作为大数据研究的基础，自动化的获取和处理网络数据是一种基本功能。因此我们深入的研究了各类网页的信息提取及结构化处理。主要包括基于逻辑链接快的网页正文抽取、多特征融合的网页正文抽取等。

（3）网络舆情热点识别研究。舆情研究必须找到研究的对象，因此是自动化识别出网络舆情热点，成为舆情涨落研究的基石。网络舆情热点的识别最重要的方面之一即文本的聚类。在该部分我们研究了基于随机 n-grams 文本相似度计算的随机策略以及相应的文本聚类方法。

（4）研究了形形色色的网络安全问题，例如平台安全、内容安全等。

为了信息隐藏的不可见性，我们首先将待隐藏的信息转化为二进制的表达。然后将二进制表达通过不可见字符进行表达，并将其嵌入原始文本中，即可实现信息隐藏。算法核心伪代码如下，具体代码参见附录 2。

```
输入：待隐藏的信息——sToHide，用作载体的信息——sText
输出：携带隐藏信息的载体信息——sResult
Algorithm InformationHiding(sToHide, sText)
sBinary=GetBinary(sToHide);            // 获取待隐藏信息的二进制表达
listPunc=GetPuncList(sText);           // 获取所有的标点符号
```

```
listSeg=SplitTextByPunc(listPunc);          //根据标点符号将载体文本切割为片段
listPunc=InsertSpace(listPunc, sBinary);    //根据待隐藏信息的二进制表达在各标点两侧
                                              插入空格
sResult=Join(listPunc, listSeg);            //将各个文本片段和进行信息隐藏的标点串接
return sResult;
```

执行信息隐藏后的文本如下，也称其为载密文本。

本专著系统研究了“基于网络大数据的网络舆情涨落分析方法”，内容主要是围绕着网络舆情的涨落研究而系统展开的。具体而言，包括如下几个方面。

（1）网络舆情（有的译作 network public opinion，有的译作 internet public sentiment，还有的译作 internet public opinion 或 online public opinion）的含义和媒体平台特性研究。作为大数据处理的前置环节，结合前人研究成果和客观实际情况，我们对网络舆情的含义进行了解读和延展，并对各种媒体平台进行了较为深入地研究，提出了一些新的观点，例如“操作代价”“操作收益”等。

（2）网络数据抽取研究。作为大数据研究的基础，自动化的获取和处理网络数据是一种基本功能。因此我们深入地研究了各类网页的信息提取及结构化处理。 主要包括基于逻辑链接块的网页正文抽取、多特征融合的网页正文抽取等。

（3）网络舆情热点识别研究。舆情研究必须找到研究的对象，因此自动化识别出网络舆情热点就成为舆情涨落研究的基石。网络舆情热点的识别最重要的方面之一即文本的聚类。在该部分我们研究了基于随机 n-grams 文本相似度计算的随机策略以及相应的文本聚类方法。

（4）研究了形形色色的网络安全问题 ，例如平台安全、内容安全等 。

对比原始载体文本和上述载密文本，我们发现，对阅读来讲，语义没有任何影响。若没有原文对照，可能一般人也很难意识到这份文本有问题。这正是信息隐藏与加密最大的不同之处——秘密信息可以“堂而皇之”的传播而不被无关人发现，而不像加密，表面看似很安全，但是是否加密，普通人也能很快地发现。因此从这个角度来讲，信息隐藏更为高明。

对接收方，只需要按照约定的解码方式（与隐藏编码相反）进行解码即可以从中提取出秘密信息。

解码的核心算法伪代码如下，具体代码参见附录 2。

输入：携带隐藏信息的载体信息——sText
输出：隐藏信息——sResult
Algorithm InformationExtraction(sText)

```
listPunc=GetPuncList(sText);              // 获取所有的标点符号
listSeg=SplitTextByPunc(listPunc);        // 根据标点符号将载体文本切割为片段
sBinary=GetBinary(listSeg);               // 依次检测各个片段的头尾空格，根据空格情况恢复 0
                                             或 1
codeArr=GetCode(sBinary);                 // 从提取的隐藏信息二进制表达中恢复内码
sResult=GetString(codeArr);               // 从内码恢复隐藏文字信息
return sResult;
```

解码后，可以从载密文本中提取出密文“明日进攻”，隐藏（编码）和提取（解码）效果如图 7–5 所示。

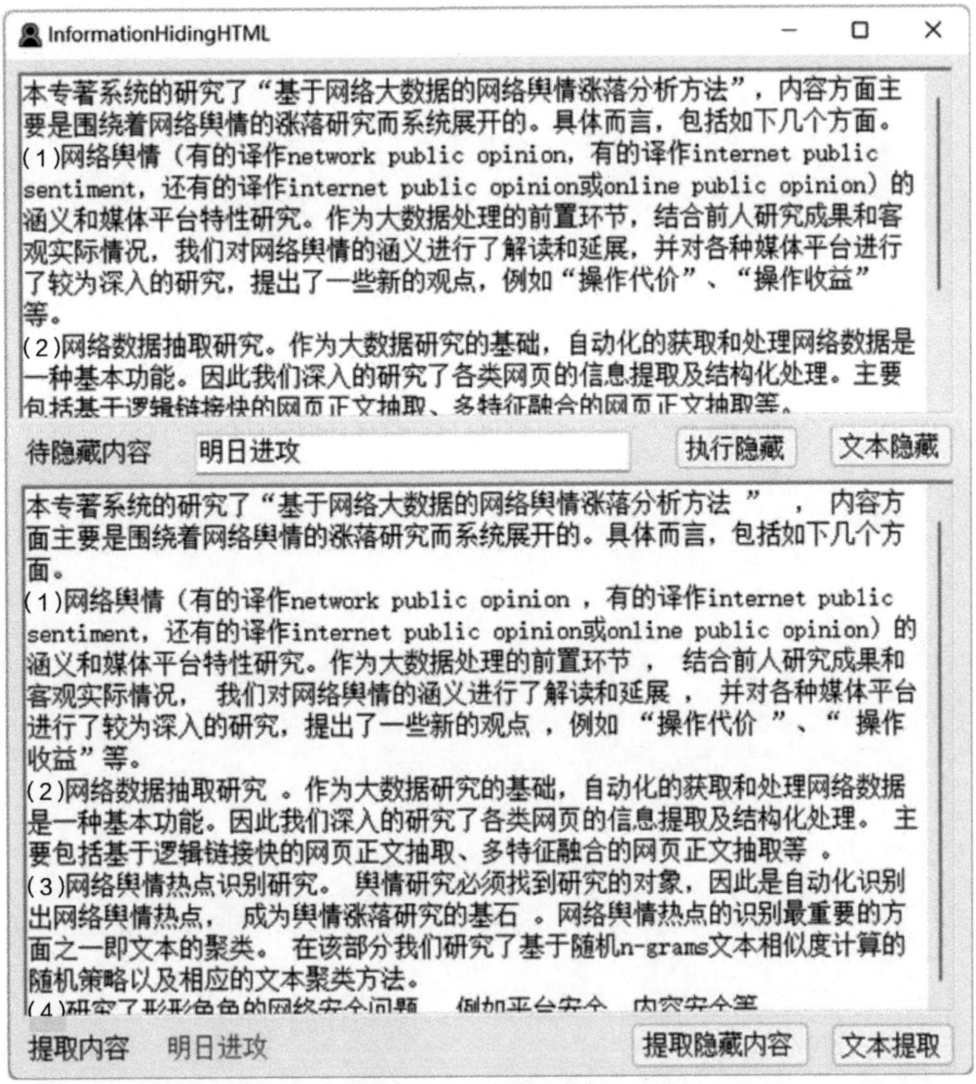

图 7–5　文本信息隐藏

7.4 小结

本章重点研究了网络舆情当中的安全问题，从某种意义上讲，这也是网络舆情研究的根本性目的。具体内容包括网络舆情载体平台的安全、网络舆情载体的内容安全以及目前还未被网络舆情研究人员所关注或重视到的基于网络舆情载体的信息隐藏安全问题等。

附　录

附录 1　网页信息隐藏与隐藏信息提取

信息隐藏的关键代码如下。

```
string sToHide =“待隐藏的信息”, sTemp=null;
byte []bResult;
int []code=new int[2];
string []codeHex = new string[2];
string sResult=null;
string sColor = null;

for (int i = 0; i < sToHide.Length; i++){
    sTemp=sToHide.Substring(i, 1);
    bResult = Encoding.GetEncoding(“GB2312”).GetBytes(sTemp);
    code[0]= bResult[0]-160;
    code[1]=bResult[1]-160;

    codeHex[0]= code[0].ToString(“X”);
    if (codeHex[0].Length<2)
        codeHex[0]=”0”+codeHex[0];

    codeHex[1]= code[1].ToString(“X”);
    if(codeHex[1].Length<2)
        codeHex[1]=”0”+codeHex[1];

    sColor+=string.Join(“”, codeHex);
}

string sText =”这是对应着用来隐藏的正文文本”;
for (int i = 0; i < sColor.Length; i++){
    sResult=sResult+“<font color=’#”+“0”+sColor.Substring(i, 1)+“0”+sColor.Substring(i, 1)+
“0”+sColor.Substring(i, 1)+”’>”+sText.Substring(i, 1)+”</font>”;
}
```

```
// 得到隐藏之后的结果
if (sText.Length>sColor.Length)
    sResult=sResult+sText.Substring(sColor.Length);
```

隐藏信息提取的关键代码如下。

```
string sColor=null;

int iPos=0;
string sHTML=" 这里是待提取的网页代码";
iPos = sHTML.IndexOf("color='#", iPos);
while(iPos>-1){
    sColor += sHTML.Substring(iPos+9, 1);
    iPos=iPos+9;
    iPos=sHTML.IndexOf("color='", iPos);
}

string []code =new string[sColor.Length/2];
byte []bCode =new byte[code.Length];

for (int i = 0; i < code.Length; i++){
    code[i]=sColor.Substring(i*2, 2);
    bCode[i]=(byte)(byte.Parse(code[i], System.Globalization.NumberStyles.HexNumber)+160);
}

// 恢复隐藏的信息
string sResult = Encoding.GetEncoding("GB2312").GetString(bCode);
```

附录 2　文本信息隐藏与隐藏信息提取

文本信息隐藏关键代码如下。

```
string sToHide=”待隐藏的文本”;
string s=null, sText=”载体文本”;
string sBin =null, sResult=null, sTemp=null;
byte []bResult;
for (int i = 0; i < sToHide.Length; i++){
    s=sToHide.Substring(i, 1);
    bResult = Encoding.GetEncoding( “GB2312” ).GetBytes(s);
    sBin+=Convert.ToString(bResult[0], 2)+Convert.ToString(bResult[1], 2);
}

// 定义要处理的标点符号
char []cPunc=new char[]{ ‘。’,’,’,’ “‘,’”’,’：’,’！’ };
string sPunc =new string(cPunc);

List<string> listChars =new List<string>();
for (int i = 0; i < sText.Length; i++){
    if (sPunc.Contains(sText.Substring(i, 1)))
    {
        listChars.Add(sText.Substring(i, 1));
    }
}

string []sSegs = sText.Split(cPunc, StringSplitOptions.None);

// 开始实现信息隐藏
for (int i = 0; i < listChars.Count; i++){
    sTemp=listChars[i];
    if(2*i+1<sBin.Length)
    {
```

```
        if (sBin[2*i]==' 0' )//0 加空格，1 不加空格
            sTemp=" "+sTemp;

        if(sBin[2*i+1]==' 0' )
            sTemp=sTemp+" " ;

        listChars[i]=sTemp;
    }
    sResult=sResult+sSegs[i]+sTemp; // 为含隐藏信息的结果文本
}
```

隐藏信息提取关键代码如下。

```
// 定义要处理的标点符号
char []cPunc=new char[]{ '。',',',',' "',"',':',' ! ' };
string sText=" 载密文本";
string []sSegs = sText.Split(cPunc, StringSplitOptions.None);

string sBin=null;

for (int i = 0; i < sSegs.Length; i++){

    if (i==0)
    {
        if (sSegs[i].EndsWith( " "))
           sBin=sBin+" 0" ;
        else
           sBin=sBin+" 1" ;
     }
else
{
    if (sSegs[i].StartsWith( " "))
       sBin=sBin+" 0" ;
    else
        sBin=sBin+" 1" ;

    if(sSegs[i].EndsWith( " "))
      sBin=sBin+" 0" ;
```

```
        else
            sBin=sBin+" 1" ;
        }
}

sBin = sBin.Substring(0, 8*(sBin.Length/8));

byte []bCode=new byte[sBin.Length/8];
for (int i = 0; i < bCode.Length; i++){
    bCode[i]= Convert.ToByte(sBin.Substring(8*i, 8), 2);
}

sHide = Encoding.GetEncoding("GB2312").GetString(bCode); // 提取出的隐藏信息
```

参考文献

[1] 21 世纪网 -《21 世纪经济报道》. 温州多家企业资金链断裂 大多倒在房产投资上 [EB/OL]. (2014-07-09) [2021-12-13].http：//news.sohu.com/20140709/n401973498.shtml.

[2] Adi S S, Braga M D V, Fernandes C G, et al. Repetition-free longest common subsequence [J]. Discrete Applied Mathematics, Elsevier B.V., 2010, 158 (12)：1315-1324.

[3] AHMADI H, KONG J. User-centric adaptation of Web information for small screens [J]. Journal of Visual Languages & Computing, 2012, 23 (1)：13 - 28.

[4] Ahmet Selman Bozkir, Ebru Akcapinar Sezer. Layout-based computation of web page similarity ranks [J]. International Journal of Human-Computer Studies, 2018, 110：95-114.

[5] Aimmanee P. Automatic Plagiarism Detection Using Word-Sentence Based S-gram [J]. Chiang Mai Journal of Science, 2011, 38 (Special Issue)：1-7.

[6] Alessandro Cucchiarelli, Christian Morbidoni, Luca Spalazzi, et al. Algorithmically generated malicious domain names detection based on n-grams features [J]. Expert Systems with Applications, 2021, 170 (15)：114551.

[7] AL-GHURIBI S M, ALSHOMRANI S. A Comprehensive Survey on Web Content Extraction Algorithms and Techniques [C] //2013 International Conference on Information Science and Applications (ICISA). IEEE, 2013：1 - 5.

[8] ÁLVAREZ M, PAN A, RAPOSO J, et al. Extracting lists of data records from semi-structured web pages [J]. Data & Knowledge Engineering, 2008, 64 (2)：491 - 509.

[9] Antonio Si, Hong Va Leong, Rynson W. H. Lau .CHECK：A Document Plagiarism Detection System [C]. In Proceedings of ACM Symposium for Applied Computing, 1997.

[10] Baroni M, Chantree F, Kilgarriff A, et al. Cleaneval：a Competition for Cleaning Web Pages [C] // International Conference on Language Resources and Evaluation, Lrec 2008, 26 May - 1 June 2008, Marrakech, Morocco. DBLP, 2012：638-643.

[11] Bharti Kusum Kumari, Singh P K. A three-stage unsupervised dimension reduction method for text clustering [J]. Journal of Computational Science, 2014, 5：156-169.

[12] CAFARELLA M J, HALEVY A, WANG D Z, et al. WebTables：exploring the power of tables on the web [C] //Proceedings of the VLDB Endowment. Auckland, New Zealand：2008：538 - 549.

[13] Cai D, Yu S P, Wen J R, et al. VIPS：a vision-based page segmentation algorithm, Microsoft Technical Report, MSR-TR-2003-79, 2003.

[14] CAPONETTI L, CASTIELLO C, GÓRECKI P. Document page segmentation using neuro-fuzzy approach [J]. Applied Soft Computing, 2008, 8 (1)：118 - 126.

[15] Carretero-Campos C, Bernaola-Galv á n P, Coronado AV, Carpena P. Improving statistical keyword

detection in short texts: Entropic and clustering approaches. Physica A, 2013, 392: 1481–1492.

[16] Choi DJ, Ko B, Kim H, Kim P. Text analysis for detecting terrorism–related articles on the web. Journal of Network and Computer Applications, 2014, 38: 16–21.

[17] D. Gitchell, N. Tran. A utility for detecting similarity in computer programs [C]. Proceedings of 30th SCGCSE Technical Symposium, New Orleans, USA., 1998.

[18] Damashek M. Gauging Similarity with n–Grams: Language–Independent Categorization of Text [J]. Science, 1995, 267 (5199): 843 - 848.

[19] David Insa, Josep Silva, Salvador Tamarit. Using the words/leafs ratio in the DOM tree for content extraction [J]. The Journal of Logic and Algebraic Programming, 2013, 82 (8): 311–325.

[20] Emilio Ferrara, Pasquale De Meo, GiacomoFiumara, et al. Web data extraction, applications and techniques: A survey [J]. Knowledge–Based Systems, 2014, 70: 301–323.

[21] Gianni Costa, Riccardo Ortale. Jointly modeling and simultaneously discovering topics and clusters in text corpora using word vectors [J]. Information Sciences, 2021, 563: 226–240.

[22] Gong LH, Zeng JP, Zhang SY. Text stream clustering algorithm based on adaptive feature selection. Expert Systems with Applications, 2011, 38: 1393–1399.

[23] H. T. Jankowitz. Detecting plagiarism in student pascal programs [J]. The Computer Journal, 1988, 31 (1): 1–8.

[24] Hassan A. Sleiman, Rafael Corchuelo. A class of neural–network–based transducers for web information extraction [J]. Neurocomputing, 2014, 135: 61- 68.

[25] Hassan A. Sleiman, Rafael Corchuelo. TEX: An efficient and effective unsupervised Web information extractor [J]. Knowledge–Based Systems, 2013, 39: 109–123.

[26] HE J, GU Y Q, LIU H Y, et al. Scalable and noise tolerant web knowledge extraction for search task simplification [J]. Decision Support Systems, 2013, 56: 156 - 167.

[27] Hirschberg D. A linear space algorithm for computing maximal common subsequences [J]. Communications of the ACM, 1975, 18 (6): 341–343.

[28] Inma Hern á ndez, Carlos R. Rivero, David Ruiz, et al. CALA: An unsupervised URL–based web page classification system [J]. Knowledge–Based Systems, 2014, 57: 168–180.

[29] Inma Hern á ndez, Carlos R. Rivero, David Ruiz, et al. CALA: ClAssifying Links Automatically based on their URL [J]. The Journal of Systems and Software, 2016, 115: 130–143.

[30] Jan Zeleny, Radek Burget, Jaroslav Zendulka. Box clustering segmentation: A new method for vision–based web page preprocessing [J]. Information Processing and Management, 2017, 53: 735 - 750.

[31] JI X W, ZENG J P, ZHANG S Y, et al. Tag tree template for Web information and schema extraction[J]. Expert Systems with Applications, 2010, 37 (12): 8492 - 8498.

[32] Jiang F, Liu Y Q, Luan H B, Sun J S, Zhu X, Zhang M, Ma S P. Microblog Sentiment Analysis with Emoticon Space Model. Journal of Computer Science and Technology, vol 30, no. 5, 2015. pp.1120–1129.

[33] Karpagalingam Thirumoorthy, Karuppaiah Muneeswaran. A hybrid approach for text document clustering using Jaya optimization algorithm [J]. Expert Systems with Applications, 2021, 178 (15): 115040.

[34] Kusum Kumari Bharti, Pramod Kumar Singh. Hybrid dimension reduction by integrating feature selection with feature extraction method for text clustering [J]. Expert Systems with Applications, 2015, 42:

3105–3114.

[35] Kusum Kumari Bharti, Pramod Kumar Singh. Opposition chaotic fitness mutation based adaptive inertia weight BPSO for feature selection in text clustering [J]. Applied Soft Computing, 2016, 43: 20–34.

[36] Leandro Neiva Lopes Figueiredo, Guilherme Tavares de Assis, Anderson A. Ferreira. DERIN: A data extraction method based on rendering information and n–gram. Information Processing and Management, 2017, 53: 1120 - 1138.

[37] Lin YS, Liao TY, Lee SJ.Detecting Near–Duplicate Documents Using Sentence–Level Features and Supervised Learning.Expert Systems with Applications, 2013, 40 (5): 1467–1476.

[38] Liu YC, Wu C, Liu M. Research of fast SOM clustering for text information. Expert Systems with Applications, 2011, 38: 9325–9333.

[39] Majid Y, Andrei PB. Computing text semantic relatedness using the contents and links of a hypertext encyclopedia. Artificial Intelligence, 2013, 194: 176–202.

[40] Matsubara W, Inenaga S, Ishino A, et al. Computing longest common substring and all palindromes from compressed strings [A]. Proceedings of the 34th International Conference on Current Trendsin Theory and Practice of Computer Science (SOFSEM' 08), volume 4910 of Lecture Notes in Computer Science [C]. Springer, 2008: 364 - 375.

[41] Michael Cormier, Karyn Moffatt, Robin Cohen, et al. Purely vision–based segmentation of web pages for assistive Technology [J]. Computer Vision and Image Understanding, 2016, 148: 46–66.

[42] Mohamed A.A. An effective dimension reduction algorithm for clustering Arabic text [J]. Egyptian Informatics Journal, 2020, 21 (1): 1–5.

[43] Nidal Nasser, Lutful Karim, Ahmed El Ouadrhiri, et al. n–Gram based language processing using Twitter dataset to identify COVID–19 patients [J]. Sustainable Cities and Society, 2021, 72: 103048.

[44] Özel SA. A Web page classification system based on a genetic algorithm using tagged–terms as features. Expert Systems with Applications, 2011, 38: 3407 - 3415.

[45] PASTERNACK J, ROTH D. Extracting article text from the web with maximum subsequence segmentation [C] //Proceedings of the 18th international conference on World wide web. New York, USA: ACM Press, 2009: 971 - 980.

[46] Patricia Jiménez, Rafael Corchuelo. On learning web information extraction rules with TANGO [J]. Information Systems, 2016, 62: 74 –103.

[47] PETERS M, LECOCQ D. Content extraction using diverse feature sets [C] //Proceeding WWW' 13 Companion Proceedings of the 22nd international conference on World Wide Web companion. Geneva, Switzerland, 2013: 89 - 90.

[48] Salton G, Buckley C. Term–weighting approaches in automatic text retrieval [J]. Information Processing & Management, 1988, 24 (5): 513–523.

[49] Salton G, Wong A, Yang C S. A Vector Space Model for Automatic Indexing [J]. Communications of the ACM, 1975, 18 (11): 613–620.

[50] SON J–W, PARK S–B. Web table discrimination with composition of rich structural and content information [J]. Applied Soft Computing, 2013, 13 (1): 47 - 57.

[51] Song W, Liang JZ, Park SC. Fuzzy control GA with a novel hybrid semantic similarity strategy for text clustering. Information Sciences, 2014, 273: 156–170.

[52] UZUN E, AGUN H V, YERLIKAYA T. A hybrid approach for extracting informative content from web pages [J]. Information Processing & Management, 2013, 49 (4): 928 - 944.

[53] Vivek Mehta, Seema Bawa, Jasmeet Singh. Stamantic clustering: Combining statistical and semantic features for clustering of large text datasets [J]. Expert Systems with Applications, 2021, 174 (15): 114710.

[54] W3C. Cascading Style Sheets (CSS) Snapshot 2010 [S/OL]. [2018-10-08]. http: //www.w3.org/TR/CSS/.

[55] W3C. Document Object Model (DOM) [S/OL]. [2018-10-08]. http: //www.w3.org/DOM/.

[56] Wan X. Beyond topical similarity: a structural similarity measure for retrieving highly similar documents [J]. Knowledge and Information Systems, 2006, 15 (1): 55-73.

[57] WANG J F, CHEN C, WANG C, et al. Can we learn a template-independent wrapper for news article extraction from a single training site? [C] //Proceedings of the 15th ACM SIGKDD international conference on Knowledge discovery and data mining. New York, USA: ACM Press, 2009: 1345 - 1353.

[58] WANG J F, HE X F, WANG C, et al. News article extraction with template-independent wrapper [C] //Proceedings of the 18th international conference on World wide web. New York, USA: ACM Press, 2009: 1085.

[59] WANG J Q, CHEN Q C, WANG X L, et al. Basic semantic units based web page content extraction [C] //2008 IEEE International Conference on Systems, Man and Cybernetics. IEEE, 2008: 1489 - 1494.

[60] Wang, X.M., Wu, Z.D., Huang, Y.N., Gu, Q. A new recognition approach for logical link blocks in webpages. Journal of Digital Information Management, 2015, 13 (2): 76-85.

[61] Wei Song, Jiu Zhen Liang, Soon Cheol Park. Fuzzy control GA with a novel hybrid semantic similarity strategy for text clustering [J]. Information Sciences, 2014, 273: 156 - 170.

[62] Wen Aihong, Yan Nan, Xu Caocao. An efficient Particle Swarm Optimization approach to cluster short texts [J]. Cluster Computing, 2019, 22: S4119 - S412.

[63] WONG T L, LAM W. An unsupervised method for joint information extraction and feature mining across different Web sites [J]. Data & Knowledge Engineering, 2009, 68 (1): 107 - 125.

[64] Wu Gong-Qing, Li Lei, Li Li, Wu Xindong.Web News Extraction via Tag Path Feature Fusion Using DS Theory [J].Journal of Computer Science and Technology, 2016, 31 (4): 661 - 672.

[65] XUE Y, HU Y, XIN G, et al. Web page title extraction and its application [J]. Information Processing & Management, 2007, 43 (5): 1332 - 1347.

[66] Yan T W, Garcia-Molina H. Duplicate Removal in Information Dissemination [A]. Proceedings of the 21st International Conference on Very Large Data Bases [C]. Zurich, Switzerland: Morgan Kaufmann Publishers, Inc, 1995.

[67] Yang LB, Cai XY, Zhang Y, Shi P. Enhancing sentence-level clustering with ranking-based clustering framework for theme-based summarization. Information Sciences, 2014, 260: 37-50.

[68] Yao MY, Pi DC, Cong XX. Chinese text clustering algorithm based k-means. Physics Procedia, 2012, 33: 301-307.

[69] Yu-Chieh Wu. Language independent web news extraction system based on text detection framework [J]. Information Sciences, 2016, 342: 132 - 149.

[70] Zhang W, Yang L C, Sun X M, et al. A copy detection method for chinese text by character based N-gram [J]. Journal of Convergence Information, 2011, 6（3）: 277-282.

[71] Zhang W, Yoshida T, Tang XJ, Wang Q. Text clustering using frequent itemsets [J]. Knowledge-Based Systems, 2010, 23（5）: 379-388.

[72] 百度大脑 AI 开放平台:《情感倾向分析》, https: //ai.baidu.com/ai-doc/NLP/zk6z52hds, 2021 年 1 月 1 日。

[73] 包婷婷. 温州政府应对企业资金链断裂的对策研究 [D]. 上海, 华东政法大学, 2016.

[74] 鲍军鹏, 沈钧毅, 刘晓东, 等. 自然语言文档复制检测研究综述 [J]. 软件学报, 2003, 14（10）: 1753-1760.

[75] 北大方正技术研究院. 以科技手段辅助网络舆情突发事件的监测分析——方正智思舆情辅助决策支持系统 [J]. 信息化建设, 2005,（10）: 52-54.

[76] 曹玉娟, 牛振东, 赵堃, 等. 基于概念和语义网络的近似网页检测算法 [J]. 软件学报, 2011, 22（8）: 1816-1826.

[77] 曾润喜, 王晨曦, 陈强. 网络舆情传播阶段与模型比较研究 [J]. 情报杂志, 2014, 33（5）: 119-124.

[78] 陈福集, 陈婷. 基于 SEIRS 传播模型的网络舆情衍生效应研究 [J]. 情报杂志, 2014, 33（2）: 108-113, 160.

[79] 陈国琴. "红色的水不等于不达标"想糊弄谁? [EB/OL].（2013-04-05）[2021-12-05].http: // opinion.people.com.cn/n/2013/0405/c159301-21028354.html.

[80] 陈健瑶, 翟姗姗, 夏立新, 刘德印. 融合句法特征和句法相似度的网络舆情突发事件识别方法研究 [J]. 图书情报工作, 2021, 65（09）: 41-50.

[81] 陈力丹. 关于舆论的基本理念 [J]. 新闻大学, 2012,（5）: 6-11, 21.

[82] 陈力丹. 论我国舆论监督的性质和存在的问题 [J]. 郑州大学学报（哲学社会科学版）, 2003,（4）: 7-10, 14.

[83] 陈力丹. 舆论学——舆论导向研究 [M]. 北京, 中国广播电视出版社, 1999.

[84] 陈丽菲, 林凡凡, 施隽南, 熊慧. 从甬温动车事故微博舆情看自媒体的成长 [J]. 编辑学刊, 2013,（01）: 100-104.

[85] 陈明, 杨国炜, 陈樵哥. 中国网络舆论现状及舆论引导 [J]. 瞭望新闻周刊, 2004,（35）: 58-59.

[86] 陈涛, 林杰. 基于搜索引擎关注度的网络舆情时空演化比较分析——以谷歌趋势和百度指数比较为例 [J]. 情报杂志, 2013, 32（3）: 7-10, 16.

[87] 陈笑蓉, 刘作国. 文本聚类的重构策略研究 [J]. 中文信息学报, 2016, 30（2）: 189-195.

[88] 陈月生. 群体性突发事件构成要素、特征和类型的舆情视角 [J]. 理论月刊, 2006,（2）: 82-85.

[89] 崔鹏, 张巍, 何毅, 等. 突发公共事件网络舆情演化及政府应对能力研究 [J]. 现代情报, 2018, 38（2）: 75-83, 95.

[90] 邓新民. 网络舆论与网络舆论的引导 [J]. 探索, 2003,（5）: 78-80.

[91] 丁柏铨. 略论舆情——兼及它与舆论、新闻的关系 [J]. 新闻记者, 2007,（6）: 8-11.

[92] 丁晟春, 刘笑迎, 李真. 融合评论影响力的网络舆情热点主题演化研究 [J]. 现代情报, 2021, 41（08）: 87-97.

[93] 丁晟春, 俞沣洋, 李真. 网络舆情潜在热点主题识别研究 [J]. 数据分析与知识发现, 2020, 4

（Z1）：29–38.
［94］杜若. 瞭望台［J］. 世界知识，1949（01）：4–6.
［95］杜智涛，谢新洲. 利用灰色预测与模式识别方法构建网络舆情预测与预警模型［J］. 图书情报工作，2013，57（15）：27–33.
［96］段然."舆论 /public opinion？"：一个概念的历史溯源［J］. 新闻与传播研究，2019，（11）：94–110.
［97］法制晚报. 日本核辐射引发我国抢盐始末：风传 5 日谣言破灭［EB/OL］.（2011–03–27）［2021–12–07］.https：//news.sina.com.cn/c/2011–03–27/170922189785.shtml
［98］方雪琴. 信息公开与媒体理性——试论危机传播中的舆论引导策略［J］. 中州学刊，2004，（6）：183–185.
［99］甘惜分. 新闻学大词典［Z］. 郑州：河南人民出版社，1993.
［100］谷琼，王贤明. 网络舆情分析：理论、技术与应用［M］. 清华大学出版社，2020.
［101］顾秋阳，琚春华，鲍福光. 融入用户关系强度的社交网络舆情信源发现方法［J］. 系统科学与数学，2020，40（09）：1578–1596.
［102］关不羽."大棋论"不是爱国，是害国［EB/OL］.（2021–09–29）［2021–12–13］.https：//mp.weixin.qq.com/s/b0Bd4QXUBssrU1izWqUcHA.
［103］郭光华. 论网络舆论主体的"群体极化"倾向［J］. 湖南师范大学社会科学学报，2004，（6）：110–113.
［104］郭乐天. 互联网虚假信息的控制与网络舆情的引导［J］. 新闻记者，2005（02）：23–26.
［105］郭小安. 舆论的寡头化铁律："沉默的螺旋"理论适用边界的再思考［J］. 国际新闻界，2015，37（5）：51–65.
［106］郭镇之. 舆论监督、客观性与新闻专业主义［J］. 电视研究，2000，（3）：70–72.
［107］韩冰，林鸿飞. 基于语义结构的科技论文抄袭检测［J］. 情报学报，2010，39（3）：517–523.
［108］韩普，王泽. 基于重复模式的论坛信息抽取研究［J］. 南京师范大学学报（工程技术版），2010，10（3）：74–77.
［109］韩运荣，高顺杰. 微博舆论传播模式探究［J］. 现代传播（中国传媒大学学报），2012，34（7）：35–39.
［110］贺超波，汤庸，张琼，等. 基于增量式鲁棒非负矩阵分解的短文本在线聚类［J］. 电子学报，2019，47（05）：1086–1093.
［111］侯东阳. 舆论传播学教程［M］. 广州：暨南大学出版社，2009.
［112］胡宏伟，杨亚东. 温州模式是如何横空出世？读懂温州不死的中国价值［EB/OL］.（2015–05–11）［2016–07–06］. http：//news.66wz.com/system/2015/05/11/104443687_01.shtml.
［113］胡适. 红楼梦考证［M］. 北京：北京出版社，2015.
［114］黄秋荻."多国渴望回归中国"？这样的"爆款文章"该重罚［EB/OL］.（2020–04–16）［2021–10–13］.https：//baijiahao.baidu.com/s?id=1664122471769212288&wfr=spider&for=pc.
［115］黄微，李瑞，孟佳林. 大数据环境下多媒体网络舆情传播要素及运行机理研究［J］. 图书情报工作，2015，59（21）：38–44，62.
［116］黄贤英，谢晋，龙姝言. 基于公共词块及 N–gram 模型的问句相似度算法［J］. 重庆理工大学学报（自然科学），2017，31（10）：175–179，197.
［117］吉小安，龙克虎. 当前社会收入分配不公的舆情分析［J］. 社会学研究，1992（01）：87–91.

[118] 贾瑞玉，陈胜发. 结合新概念分解和频繁词集的短文本聚类 [J]. 小型微型计算机系统，2020, 41 (06)：1321–1326.

[119] 姜胜洪，殷俊. 微信公众平台传播特点及对网络舆论场的影响 [J]. 新闻与写作，2014,（4）：41–44.

[120] 姜胜洪. 网络舆情形成与发展规律研究 [J]. 兰州学刊，2010,（5）：77–79.

[121] 蒋乐进. 论网络舆论形成与作用 [J]. 北京理工大学学报（社会科学版），2006,（4）：10–14.

[122] 九派观察. 判决书现 “安徽省南京市” 责任心缺失让错误抢镜 [EB/OL]. (2021–11–24) [2021–12–02] https：//new.qq.com/omn/20211124/20211124A054Q700.html.

[123] 康伟. 基于 SNA 的突发事件网络舆情关键节点识别——以 “7·23 动车事故” 为例 [J]. 公共管理学报，2012, 9 (3)：101–111, 127–128.

[124] 康伟. 突发事件舆情传播的社会网络结构测度与分析——基于 “11·16 校车事故” 的实证研究 [J]. 中国软科学，2012,（7）：169–178.

[125] 李彬，刘挺，秦兵，等. 基于语义依存的汉语句子相似度计算 [J]. 计算机应用研究，2003, 20 (12)：15–17.

[126] 李昌祖，许天雷. 舆论与舆情的关系辨析 [J]. 浙江工业大学学报（社会科学版），2009, 8 (4)：393–398.

[127] 李昌祖，张洪生. 网络舆情的概念解析 [J]. 现代传播（中国传媒大学学报），2010,（9）：139–140.

[128] 李超，刘辉. 一种基于关联分析与 N–Gram 的错误参数检测方法 [J]. 软件学报，2018, 29 (8)：2243–2257.

[129] 李金海，何有世，熊强. 基于大数据技术的网络舆情文本挖掘研究 [J]. 情报杂志，2014, 33 (10)：1–6, 13.

[130] 李明德，蒙胜军，张宏邦. 微博舆情传播模式研究——基于过程的分析 [J]. 情报杂志，2014, 33 (2)：120–127.

[131] 李茹，王智强，李双红，梁吉业，Collin Baker. 基于框架语义分析的汉语句子相似度计算 [J]. 计算机研究与发展，2013, 50 (8)：1728–1736.

[132] 李习文. 提高新闻舆论传播力引导力影响力公信力 [EB/OL]. (2019–02–11) [2021–12–04]. http：//theory.people.com.cn/n1/2019/0211/c40531–30616990.html

[133] 李振鹏，陈碧珍，罗静宇. 基于文本挖掘的网络舆情分类研究 [J]. 系统科学与数学，2020, 40 (05)：813–826.

[134] 李振鹏，黄帅. 基于 LDA 主题模型的网络舆情研究 [J]. 系统科学与数学，2020, 40 (03)：434–447.

[135] 李志文，沈之锐. 基于自然标注的网页信息抽取研究 [J]. 情报学报，2013, 32 (8)：853 – 859.

[136] 廖建军. 基于标签样式和密度模型的网页正文自动抽取 [J]. 情报科学，2018, 36 (7)：123–129.

[137] 刘常昱，胡晓峰，司光亚，等. 基于小世界网络的舆论传播模型研究 [J]. 系统仿真学报，2006,（12）：3608–3610.

[138] 刘继，李磊. 大数据背景下网络舆情智能预警机制分析 [J]. 情报杂志，2019, 38 (12)：92–97, 183.

[139] 刘建明，纪忠慧，王莉丽. 舆论学概论 [M]. 北京：中国传媒大学出版社，2009.

[140] 刘杰，郭超. 早年成长环境对中老年人认知功能的影响研究 [J]. 西北人口，网络首发时间：2021-11-02 13：09：22.
[141] 刘美萍. 演化博弈视角下网络社会组织参与网络舆情治理研究 [J]. 南通大学学报（社会科学版），2021，37（06）：71-80.
[142] 刘鹏程，胡骏，吴共庆. 基于文本块密度和标签路径覆盖率的网页正文抽取 [J]. 计算机应用研究，2018，35（6）：1645-1650.
[143] 刘怡君，陈思佳，黄远，等. 重大生产安全事故的网络舆情传播分析及其政策建议——以"8·12 天津港爆炸事故"为例 [J]. 管理评论，2016，28（3）：221-229.
[144] 刘毅. 略论网络舆情的概念、特点、表达与传播 [J]. 理论界，2007，（1）：11-12.
[145] 刘毅. 内容分析法在网络舆情信息分析中的应用 [J]. 天津大学学报（社会科学版），2006，（4）：307-310.
[146] 刘毅. 网络舆情研究概论 [M]. 天津：天津人民出版社，2007.
[147] 刘颖莹，刘培玉，王智昊，等. 一种基于密度峰值发现的文本聚类算法 [J]. 山东大学学报（理学版），2016，51（1）：65-70.
[148] 罗素，徐甘棠. 学校与工业 [J]. 教育与职业，1920（00）：213-224.
[149] 马宁，刘怡君. 微博中谣言信息与辟谣信息综合影响力对比研究 [J]. 情报资料工作，2020，41（3）：41-48.
[150] 马永军，杜禹阳，蔡润身. 可调节聚类系数的 BBV 网络舆情传播模型研究 [J]. 情报科学，2019，37（11）：34-37，93.
[151] 毛伟，徐蔚然，郭军. 基于 n-gram 语言模型和链状朴素贝叶斯分类器的中文文本分类系统 [J]. 中文信息学报，2006，20（3）：29-35.
[152] 每日经济新闻. "多国渴望回归中国" 引争议，微信回应：删文、封号！人民日报发声：病态的自媒体该治了 [EB/OL].（2020-04-17）[2021-10-08].http：//finance.sina.com.cn/wm/2020-04-17/doc-iircuyvh8375802.shtml.
[153] 孟骊超，来爽. 网络舆情演变过程的主体博弈及对策研究 [J]. 现代情报，2020，40（12）：114-129.
[154] 牟冬梅，靳春妍，邵琦. 基于情感分析的突发公共卫生事件网络舆情热度预测模型仿真 [J]. 现代情报，2021，41（10）：59-66.
[155] 彭鹏. 网络舆论的功能及调控策略 [J]. 南京政治学院学报，2005，（3）：115-117.
[156] 齐中祥. 舆情学 [M]. 南京：江苏人民出版社，2015.
[157] 祁凯，韦晓玉，郑瑞. 基于系统动力学模型的政务短视频网络舆情动力演化分析 [J]. 情报理论与实践，2021，44（03）：115-121，130.
[158] 钱志森，黄瑞章，魏琴，等. 半监督语义动态文本聚类算法 [J]. 电子科技大学学报，2019，48（06）：803-808.
[159] 饶毓和，凌志浩. 一种结合主题模型与段落向量的短文本聚类方法 [J]. 华东理工大学学报（自然科学版）. 2020，46（03）：417-429.
[160] 任卓君，陈光，卢文科. 基于 N-gram 特征的恶意代码可视化方法 [J]. 电子学报，2019，47（10）：2108-2115.
[161] 桑春艳，胥文，贾朝龙，文俊浩. 社交网络中基于注意力机制的网络舆情事件演化趋势预测 [J]. 计算机科学，2021，48（07）：118-123.

[162] 石彭辉. 基于社会网络分析的网络舆情实证研究 [J]. 现代情报，2013，33（2）：27–31.

[163] 宋焕斌，杨绍辉. 舆情概论 [M]. 沈阳：东北大学出版社，2011.

[164] 宋玲，马军，连莉，等. 文档相似度综合计算研究 [J]. 计算机工程与应用，2006：160–163.

[165] 宋英华，夏亚琼，方丹辉，王璀. 基于改进 SIR 的正负面网络舆情信息传播模型与仿真 [J]. 计算机应用研究，2021，38（11）：3376–3381.

[166] 搜狗实验室. 全网新闻数据（SogouCA）[EB/OL]. [2018–05–06] http：//www.sogou.com/labs/resource/ca.php.

[167] 苏云升，周如俊. 网络舆情与思想政治教育 [J]. 广东青年干部学院学报，2005，19（62）：73–76.

[168] 孙玲芳，周加波，林伟健，等. 基于 BP 神经网络和遗传算法的网络舆情危机预警研究 [J]. 情报杂志，2014，33（11）：18–24.

[169] 谈悠. 主流媒体在危机传播中的舆论缓释作用 [J]. 南京理工大学学报（社会科学版），2004，（2）：33–35.

[170] 谭伟. 网络舆论概念及特征 [J]. 湖南社会科学，2003，（5）：188–190.

[171] 谭伟. 网络舆论与大学生“三观”的形成 [J]. 湖南商学院学报，2002（S1）：12–13.

[172] 谭旭，庄穆妮，毛太田，张倩. 基于 LDA–ARMA 混合模型的大规模网络舆情情感演化分析 [J]. 情报杂志，2020，39（10）：121–129.

[173] 谭章禄，彭胜男，王兆刚. 基于聚类分析的国内文本挖掘热点与趋势研究 [J]. 情报学报，2019，38（06）：578–585.

[174] 谭章禄，王兆刚，胡翰，等. 基于文本聚类的煤矿安全隐患类型挖掘研究 [J]. 中国安全科学学报. 2019，29（03）：145–148.

[175] 唐涛. 基于大数据的网络舆情分析方法研究 [J]. 现代情报，2014，34（3）：3–6，11.

[176] 田夏利，熊莹. 融入新的特征选择机制的文本数据聚类算法 [J]. 计算机工程与设计，2021，42（3）：734–741.

[177] 童兵，陈绚. 新闻传播学大辞典 [Z]. 北京中国大百科全书出版社，2014.

[178] 王国维. << 红楼梦 >> 评论 [M]. 杭州：浙江古籍出版社，2012.

[179] 王海艳，曹攀. 基于节点属性与正文内容的海量 Web 信息抽取方法 [J]. 通信学报，2016，37（10）：9–17.

[180] 王家辉，夏志杰，王诣铭，阮文翠. 基于句法规则和社会网络分析的网络舆情热点主题可视化及演化研究 [J]. 情报科学，2020，38（07）：132–139.

[181] 王金宝，高宏，李建中，等. RM 树：一种支持字符串相似性操作的索引 [J]. 计算机学报，2011，34（11）：2142–2154.

[182] 王来华，林竹，毕宏音. 对舆情、民意和舆论三概念异同的初步辨析 [J]. 新视野. 2004，（05）：64–66.

[183] 王来华. 舆情研究概论——理论、方法和现实热点 [M]. 天津：天津社会科学院出版社，2003.

[184] 王来华. 论网络舆情与舆论的转换及其影响 [J]. 天津社会科学. 2008，（04）：66–69.

[185] 王楠. 网络舆情群体极化的形成机理与传播路径研究 [J]. 思想教育研究，2021，（09），99–103.

[186] 王平，谢耘耕. 突发公共事件网络舆情的形成及演变机制研究 [J]. 现代传播（中国传媒大学学报），2013，35（3）：63–69.

[187] 王青，成颖，巢乃鹏. 网络舆情监测及预警指标体系构建研究［J］. 图书情报工作，2011，55（8）：54–57，111.

[188] 王腾，朱青，王珊. 基于语义相似度的 Web 信息可信分析［J］. 计算机学报，2013，36（8）：1668–1681.

[189] 王铁套，王国营，陈越. 基于模糊综合评价法的网络舆情预警模型［J］. 情报杂志，2012，31（6）：47–51，58.

[190] 王晰巍，贾若男，韦雅楠，张柳. 多维度社交网络舆情用户群体聚类分析方法研究［J］. 数据分析与知识发现，2021，5（06）：25–35.

[191] 王晰巍，邢云菲，韦雅楠，王铎. 大数据驱动的社交网络舆情用户情感主题分类模型构建研究——以“移民”主题为例［J］. 信息资源管理学报，2020，10（01）：29–38，48.

[192] 王晰巍，邢云菲，赵丹，等. 基于社会网络分析的移动环境下网络舆情信息传播研究——以新浪微博“雾霾”话题为例［J］. 图书情报工作，2015，59（7）：14–22.

[193] 王贤明，谷琼，胡智文. 基于 R-Grams 的文本聚类方法［J］. 计算机应用，2015，35（11）：3130–3134.

[194] 王贤明，胡智文，谷琼. 一种基于随机 n-Grams 的文本相似度计算方法［J］. 情报学报，2013，32（7）：716–723.

[195] 王贤明，潘佳玲，胡智文. AR-Grams：一种应用于网络舆情热点发现的 文本聚类方法［J］. 中国传媒大学学报（自然科学版），2021，28（5）：59–65.

[196] 王协顺，王亚平，杨心玥，高世欢，苏彦捷. 头低位卧床、卡路里限制和幽闭环境对个体认知控制和情绪状态的影响［J］. 航天医学与医学工程，2020，33（05）：457–463.

[197] 王旭，孙瑞英. 基于 SNA 的突发事件网络舆情传播研究——以“魏则西事件”为例［J］. 情报科学，2017，35（3）：87–92.

[198] 王一洲，陈星，戴远飞. 基于网页聚类的正文信息提取方法［J］. 小型微型计算机系统，2018，39（1）：111–115.

[199] 王艺. 对微博舆论场的传播学解构——以“温州动车事故”的微博传播为例［J］. 新闻界，2012，（01）：6–9.

[200] 王英杰，胡漠，张津赫，丁磊. 信息疫情下短视频网络舆情预警指标体系构建研究［J］. 情报科学，2021，39（11）：38–44.

[201] 王佑镁. 数字化阅读对未成年人认知发展的影响研究［J］. 中国电化教育，2013，（11）：6–11.

[202] 王玉珠. 微信舆论场：生成、特征及舆情效能［J］. 情报杂志，2014，33（7）：146–150.

[203] 王曰芬，王一山，杨洁. 基于社区发现和关键节点识别的网络舆情主题发现与实证分析［J］. 图书与情报，2020，（05）：48–58.

[204] 王子文，马静. 网络舆情中的“网络推手”问题研究［J］. 政治学研究，2011，（2）：52–56.

[205] 韦秋宇，刘洁，张君涵，等. 基于百度指数的新型冠状病毒肺炎疫情与网络舆情监测分析［J］. 中国预防医学杂志，2021，22（01）：4–9.

[206] 魏静，丁乐蓉，朱恒民，洪小娟，林萍. 基于情感和亲密度的社交网络舆情传播模型研究［J］. 情报科学，2021，39（04）：37–46.

[207] 沃尔特·李普曼. 舆论［M］. 常江、肖寒译. 北京：北京大学出版社，2018.

[208] 吴锦池，余维杰. 融合知识库语义的文本聚类研究［J］. 情报杂志，2021，40（05）：156–164.

[209] 吴平博，陈群秀，马亮. 基于特征串的大规模中文网页快速去重算法研究［J］. 中文信息学报，

2003，17（2）：28-35.

[210] 郗家贞，郭岩，黎强，等. 一种短正文网页的正文自动化抽取方法［J］. 中文信息学报，2016，30（1）：8-15.

[211] 夏芬娟. 连续三家温州企业资金链断裂 问计民企成长之道［EB/OL］.（2011-04-25）［2021-11-28］.http：//news.66wz.com/system/2011/04/25/102513303.shtml?from=timeline&isappinstalled=0.

[212] 夏火松，李保国，杨培. 基于改进 K-means 聚类的在线新闻评论主题抽取［J］. 情报学报，2016，35（1）：55-65.

[213] 夏火松，甄化春. 大数据环境下舆情分析与决策支持研究文献综述［J］. 情报杂志，2015，34（2）：1-6，21.

[214] 夏立新，毕崇武，梅潇，陈健瑶，叶光辉. 基于事件链的网络舆情事件演化研究［J］. 情报理论与实践，2020，43（05）：123-130.

[215] 夏立新，陈健瑶，余华娟. 基于事理图谱的多维特征网络舆情事件可视化摘要生成研究［J］. 情报理论与实践，2020，43（10）：157-164.

[216] 谢海光，陈中润. 互联网内容及舆情深度分析模式［J］. 中国青年政治学院学报，2006，（3）：95-100.

[217] 谢耘耕，陈虹. 舆论学研究（第一辑）［M］. 北京：社会科学文献出版社，2016.

[218] 新华社. 债务高达 24.5 亿元的浙江信泰集团重整案通过重整计划草案［EB/OL］.（2013-05-20）［2019-12-08］. http：//industry.caijing.com.cn/2013-05-20/112801799.html.

[219] 新华社“典论引导有效性和影响力研究”课题组. 主流媒体如何增强舆论引导有效性和影响力之一：主流媒体判断标准和基本评价［J］. 中国记者，2004，（1）：20-21.

[220] 新浪财经. 温州老板跑路事件起底：跑路潮引来各方大救赎［EB/OL］.（2016-06-01）［2019-11-14］. http：//finance.sina.com.cn/china/dfjj/20111014/081310621136.shtml.

[221] 熊绍辉，张继良. 牢牢掌握网络条件下宣传思想工作的主动权［J］. 江西社会科学，2000，（11）：18-24.

[222] 徐文明，方岚，王瑞明. 阅读改变人生吗？阅读文学小说提升社会认知的争议［J］. 心理学探新，2020，40（05）：412-416.

[223] 徐小龙，杨春春. 一种基于主题聚类的多文本自动摘要算法［J］. 南京邮电大学学报（自然科学版），2018，38（5）：70-78.

[224] 徐晓日. 网络舆情事件的应急处理研究［J］. 华北电力大学学报（社会科学版），2007，（1）：89-93.

[225] 薛祥洋. 温州老龄人口达 151 万余人［EB/OL］.（2019-03-13）［2021-12-08］.http：//www.wenzhou.gov.cn/art/2019/3/13/art_1217832_30998261.html.

[226] 央视网. 持续增强主流媒体的传播力引导力影响力公信力［EB/OL］.（2021-02-18）［2021-11-11］.https：//baijiahao.baidu.com/s?id=1692035611494717335&wfr=spider&for=pc.

[227] 杨柳青，李晓东，耿光刚. 基于布局相似性的网页正文内容提取研究［J］. 计算机应用研究，2015，32（9）：2581-2586.

[228] 杨思春. 一种改进的句子相似度计算模型［J］. 电子科技大学学报，2006，35（6）：956-959.

[229] 杨玉娟，冯霞，王永利.QH-K：面向新闻文本主题抽取的改进 H-K 聚类算法［J］. 南京邮电大学学报（自然科学版），2020，40（1）：82-88.

[230] 尹健. 狗咬人事件不能止于道歉［EB/OL］.（2021-11-22）［2021-12-03］.https：//www.ccdi.gov.

cn/pln/202111/t20211122_150437.html.
[231] 俞平伯. 红楼梦研究 [M]. 上海：上海古籍出版社，2005.
[232] 喻国明. 大数据分析下的中国社会舆情：总体态势与结构性特征——基于百度热搜词（2009—2012）的舆情模型构建 [J]. 中国人民大学学报，2013，27（5）：2-9.
[233] 袁红，李佳. 行动者网络理论视域下社会热点事件网络舆情治理策略研究 [J]. 情报资料工作，2021，42（06）：31-44.
[234] 袁逸铭，刘宏志，李海生. 基于密度峰值的改进 K-Means 文本聚类算法及其并行化 [J]. 武汉大学学报（理学版）. 2019，65（05）：457-464.
[235] 张继东，蒋丽萍. 融入用户群体行为的移动社交网络舆情传播动态演化模型研究 [J]. 现代情报，2021，41（05）：159-166，177.
[236] 张克生. 舆情机制是国家决策的根本机制 [J]. 理论与现代化，2004，（4）：71-73.
[237] 张蕾. 李扬：减少政府对市场的干预是供给侧结构性改革关键 [EB/OL].（2016-03-19）[2018-09-08].http：//finance.sina.com.cn/china/gncj/2016-03-19/doc-ifxqnskh0990005.shtml.
[238] 张旭，孙玉伟，成颖. 不同特征对文本聚类效果的比较研究——以新闻文本为例 [J]. 情报理论与实践，2020，43（1）：169-176.
[239] 张亚明，杜翠翠，苏妍嫄. 多主体干预的网络舆情传播建模与仿真研究 [J]. 现代情报，2020，40（05）：130-139.
[240] 张一文，齐佳音，方滨兴，等. 基于贝叶斯网络建模的非常规危机事件网络舆情预警研究 [J]. 图书情报工作，2012，56（2）：76-81.
[241] 张颖怡，章成志，陈果. 基于关键词的学术文本聚类集成研究 [J]. 情报学报，2019，38（08）：860-871.
[242] 张玉亮. 基于发生周期的突发事件网络舆情风险评价指标体系 [J]. 情报科学，2012，30（7）：1034-1037，1043.
[243] 张元龙. 关于"舆情"及相关概念的界定与辨析 [J]. 浙江学刊，2009，（03）：182-184.
[244] 张志安，晏齐宏. 网络舆论的概念认知、分析层次与引导策略 [J]. 新闻与传播研究，2016，23（5）：20-29，126.
[245] 张卓. 网络舆情"次生灾害"的演化机制及其应对 [J]. 人民论坛，2019，（24）：218-219.
[246] 赵后雨，屠志浩，瞿靖芮，沈兴华. 特殊环境对军人认知功能的影响 [J]. 第二军医大学学报，2021，42（04）：432-438.
[247] 赵华茗，余丽，周强. 基于均值漂移算法的文本聚类数目优化研究 [J]. 数据分析与知识发现，2019，（9）：27-35.
[248] 赵锡元. "舆论"溯源 [J]. 史学集刊，1999，（4）：18-20.
[249] 中国青年网. 坚决反对！为了博取眼球，有人复制编造"爱国流量故事"[EB/OL].（2021-09-28）[2021-10-12].https：//mp.weixin.qq.com/s/X3ik04Z__vIxFuihi_k3xA.
[250] 中国社会科学院语言研究所词典编辑室. 现代汉语词典（第6版）[Z]. 北京：商务印书馆，2012.
[251] 中国证券报. 温州部分企业资金链断裂或再现 [EB/OL].（2011-12-06）[2021-11-26].http：//stock.10jqka.com.cn/20111206/c524911196.shtml.
[252] 周江勇. 与时俱进创新发展"温州模式"[N]. 浙江日报，2017-09-13（6）.
[253] 周汝昌. 红楼梦新证 [M]. 南京：译林出版社，2012.

[254] 周晓燕. 建设因特网上的马克思主义理论阵地——党校图书馆面临的新任务 [J]. 今日浙江，1999，(24)：43.
[255] 朱泽德，李淼，张健，等. 基于文本密度模型的 Web 正文抽取 [J]. 模式识别与人工智能，2013，26 (7)：667–672.
[256] 庄穆妮，李勇，谭旭，毛太田，蓝凯城，邢立宁. 基于 BERT-LDA 模型的新冠肺炎疫情网络舆情演化仿真 [J]. 系统仿真学报，2021，33 (01)：24–36.
[257] 祖坤琳，赵铭伟，林鸿飞. 基于有序聚类的专利知识演化研究 [J]. 计算机工程与科学，2016，38 (4)：786–791.

图书在版编目（CIP）数据

基于网络大数据的网络舆情涨落分析方法与机制研究 / 王贤明著. -- 北京：经济日报出版社，2022.3
ISBN 978-7-5196-1036-4

Ⅰ. ①基… Ⅱ. ①王… Ⅲ. ①互联网络-舆论-研究 Ⅳ. ①G206.2

中国版本图书馆 CIP 数据核字（2021）第 276467 号

基于网络大数据的网络舆情涨落分析方法与机制研究

作　　者	王贤明
责任编辑	张　莹
助理编辑	王　真
责任校对	张　政
出版发行	经济日报出版社
地　　址	北京市西城区白纸坊东街 2 号 A 座综合楼 710（邮政编码：100054）
电　　话	010-63567684（总编室）
	010-63584556（财经编辑部）
	010-63567687（企业与企业家史编辑部）
	010-63567683（经济与管理学术编辑部）
	010-63538621　63567692（发行部）
网　　址	www.edpbook.com.cn
E-mail	edpbook@126.com
经　　销	全国新华书店
印　　刷	中煤（北京）印务有限公司
开　　本	787 mm×1092 mm　1/16
印　　张	13
字　　数	261 千字
版　　次	2022 年 3 月第 1 版
印　　次	2022 年 3 月第 1 次印刷
书　　号	ISBN 978-7-5196-1036-4
定　　价	68.00 元